总　序

“明经学堂·新闻传播实务系列教材”是南京大学新闻传播学院针对数字时代新闻传播教学与实践中的现实问题，在“明理求真、经世致用”的核心理念指引下做出的原创性探索，也是使命意识与创新精神的集中展现。

面对全球信息格局的深度变革、技术革命的深入影响以及社会对新闻传播人才需求的转变，我国新闻传播教育正在自觉加快转型步伐。如何培养出适应新传播环境、能够把握新场域中的传播规律、驾驭多种新技术的优秀新闻传播人才，是转型中的新闻传播教育亟待解决的关键命题。其中，新闻传播实务教学的改进无疑更具紧迫性，对上述命题的回应也更具针对性。这主要是基于两个层面的原因：其一，新闻传播实践能力是推进国家和社会发展的必要能力，特别是在媒介化程度日渐提升的当下，新闻传播实践能力对于维护社会稳定、促进公共利益、打造国家形象、增强国家软实力和推动全球有序传播的重要作用不可忽视；其二，卓越的新闻传播实践能力也是行动者快速进入媒介场域、深入理解新媒介运作方式、有效提升实战能力和综合素质，以及在多变的媒介格局中保持竞争力的关键要素。由此观之，契合时代要求的新闻传播实践教学，既是社会发展之需，也是个人发展之需。

南京大学新闻传播学院经过多年尝试，已在新闻传播实务领域总结出了独特的发展经验，以实际行动为回应上述国家与个人之需做出了努力。比如依托学院优秀的师资和硬件资源，创造性地打造出品牌性实践课程——“未来编辑部”，课程下设多个新媒体公众信息平台，并围绕信息平台组建了教学一体的实践团队，真正做到了将知识应用于实践，又以实践所获之经验来反哺知识。此外，学院还全力引进业界师资，用新华社、中央广播电视总台、《新华日报》、江苏省广播电视总台等一线优秀媒体人的前沿经验来提升学生们的专业能力，帮助其树立职业理想。正是凭借在实务教学方面的创新性发展，学院近年来持续收获了包括“挑战杯”“大学生广告艺术大赛”“全国数据新闻大赛”等在内的一批品牌性实践教学成果。南京大学新闻传播学院也在教育部第五轮学科评估中跻身A类学科行列。学院本次策划的“明经学堂·新闻传播实务系列教材”即基于上述实践教学经验，以“创造实干”的时代精神与创新锐气编写完成。该系列教材提供了丰富的实务教学案例和操作技巧，注重理论与实践的结合，提供了“干中学”的知识和技能体系，旨在培养读者在数字时代从事新闻传播的实际操作能力和创新精神。

“明经学堂·新闻传播实务系列教材”中的“明经”二字，得名于南京大学新闻传播学科的奠基人——金陵大学的孙明经先生。孙先生是我国传媒领域杰出的研究者和实践者，是中国影音教育的奠基人之一。从20世纪30年代起，孙先生就以高远的社会视野和浓厚的家国情怀投身影音传播的教学实践。1936年，南京大学的前身之一——金陵大学创立“电影与播音专修科”，这是中国最早的电影广播教育单位，也是中国影音传播高等教育的起源。从此，孙明经先生就开启了他的影音教育之旅。他一生倡导“干中学、学中干”的教育理念，亲自或组织拍摄了近200部科教和纪录电影，拍摄的胶卷数以千计。以孙明经先生为代表的金陵大学人创造了诸多第一：中国第一部彩色有声纪录片《民主前锋》，第一部获得国际奖项的影片《农人之春》，世界上第一部彩色日全食电影、中国第一部彩色电影《民国二十五年之日食》……就连中国的第一台电视原型机和“电视”这个中文译名都出自他们之手。“筚路蓝缕，以启山林”，先生在民族危亡之际埋下的学科火种，如今已在一代又一代南大新传学人的持之以恒中踵事增华。此次新闻传播实务系列教材以先生之名为义，既是对先生的纪念与缅怀，亦希望借此承续先生“科学兴国”“实践报国”的家国情怀与实干精神。

实践是检验真理的唯一标准，也是推动理论发展的最佳助力。“明经学堂·新闻传播实务系列教材”彰显了“明经学堂”明理求真、经世致用的建设宗旨，也展现了南大新传人团结一心、励学敦行、求真务实、勇攀高峰的学风院风。与这么多可爱的同事共事，是我莫大的荣幸与骄傲。真挚地感谢“明经学堂·新闻传播实务系列教材”的每一位作者，感谢悉心细心的编委会同事们，感谢中国传媒大学出版社专业敬业的编辑老师们。是大家的共同努力，才让明经先生的志向不至于蒙尘，让“明经学堂”的教育传统得以唱响。

衷心希望无论是新闻传播专业的学生、刚步入传媒界的职场新人，还是希望提升自己的新闻传播从业者，都能在“明经学堂·新闻传播实务系列教材”中有所收获。

是为序。

张红军

2023年10月22日

序　言

乔·罗根（Joe Rogan）是一位经历丰富的美国著名喜剧演员，他主持着一档名为《乔·罗根经历》（*The Joe Rogan Experience*）的播客节目，该节目在全球最大的音乐和播客平台Spotify上平均每期有1,100万听众，在YouTube上有1,260万订阅者。乔·罗根播客的特点是：长和“透明”。节目时长经常超过3小时、没有剪辑，“原汁原味”地发布访谈素材，而且话题广泛，从搏击、健身、心理健康、天文、迷幻药物、性别议题等无所不包。

2021年12月，乔·罗根做了一期引发巨大争议的节目，他邀请的极端反疫苗人士罗伯特·马龙（Robert Malone）在节目上大谈美国研发的新冠疫苗的害处，称身体健康的年轻人不应该打疫苗。270位美国医生、科学家、健康专家和研究人士随后给Spotify写公开信，抗议这个节目传播关于疫情和疫苗的虚假信息。乔·罗根本人则在视频中回应：“我不知道他们是否正确。我不知道，因为我不是医生，我也不是科学家。我只是一个人，坐在这里和人们聊天而已。”此外，他在节目中经常说的是：“瞧，我可不是记者，我才不管记者那一套。我是一个有播客的喜剧演员，我只是问问题。”[①]

在传播节点空前多元的今天，全世界大大小小的“乔·罗根”们在这类“有闻即录”的说辞下，制造了空前的虚假信息。的确，我们没法笃定自己或任何人所说的每一句话都是“正确”的，但这并不意味着所有的“声称”都是同等“正确”的。毫无疑问，它们中会有一些更加符合事实和逻辑，另一些则不是。人类理性的可贵之处在于具有分辨和判断的能力。在一个信息爆炸的时代，相信理性并努力提升信息分辨和判断能力较之过去更加重要，我们将这种能力称为“事实核查”（fact-checking）的能力。“事实核查”不仅是数字时代的公民必备的信息素养之一，而且在很多情况下，

① The New York Times. The Sage of Joe Rogan[EB/OL].(2022-2-11)[2022-9-5]. https://www.nytimes.com/2022/02/11/podcasts/the-daily/joe-rogan-spotify.html.

“事实核查”已经超出了普通人所能承担的时间、精力、知识和能力要求，必须由专业组织和受过训练的行动者，通过一系列规范的专业实践来完成。

本书的宗旨即通过讲授新闻专业有关“事实核查”的理念、规范、操作和案例，让新闻专业学生强化新闻生产中的“核实”（verification）传统，掌握数字时代的事实核查报道新类型。在我们看来，前者仍然非常重要，而后者是前者的延续和创新。

此外，本书的作者们也希望为非新闻专业学生提供一本信息素养读物，成为他们在信息迷雾中穿行时可靠的指南。即便我们的读者无暇去实践书中所讲授的全部技能，但通过了解事实核查工作秉持的理念和方法，会更容易判断哪些信息和信源可信，哪些则不能投注信任。我们认为，这也是重建数字时代新闻业与公众之间健康关系的重要前提。

本书作者来自一个教学团队，团队成员包括南京大学新闻传播学院白净教授、王辰瑶教授、庄永志副教授和周奕欣助理研究员。作者们同时也是南京大学新闻传播学院“事实核查”课程的授课教师，据我们所知，南京大学新闻传播学院是国内较早开设“事实核查”课程的新闻学院。四位作者从不同方向聚焦“事实核查”问题，希望构建一个关于事实核查的较为完整且务实的知识体系。

本书各讲的撰写情况是：序言、第一章“事实核查是什么”以及第二章“事实的‘敌人’”由王辰瑶撰写，前两章主要讨论事实核查的理念；第三章“传统新闻生产中的事实核查”（庄永志撰写）、第四章“视觉形式虚假信息与事实核查”（周奕欣撰写）、第五章“科学传播中的事实核查问题”（周奕欣撰写）、第六章“事实核查选题与制作”（白净撰写），这四章主要介绍事实核查的工作方法、技巧、工具以及在特定领域的应用；第七章“社交机器人、算法与事实核查”（周奕欣撰写）、第八章“公众与事实核查”（周奕欣撰写）、第九章“全球事实核查媒体”（白净撰写），这三章侧重介绍国际和国内事实核查组织、平台媒体等事实核查行动者们的丰富实践，以及事实核查与数字时代公众的关系。

我们希望通过这样的教材，打通新闻课堂教学与校园媒体实践。因此本书特别选用了我们指导的部分“事实核查”课程和“未来编辑部”校园媒体的学生作品作为教学案例，附录中有“事实核查”课程师生与国内事实核查从业者的访谈对话，期望学生读者和指导教师能更方便地使用本教材去开展事实核查实践。

王辰瑶

目 录

第一章　事实核查是什么?

本章要点

1. 如何理解“事实”?
2. 新闻事实的特性是什么?
3. 了解事实核查的渊源与不同类型。
4. 掌握事实核查的功能和局限。

第一讲的任务是开宗明义地说明本教材关注的“事实核查”到底是什么。但要说清楚这个问题并不容易，因为它首先涉及对一个异常复杂的、颇多争议的概念——“事实”的理解。英国哲学家罗素甚至认为，“严格地说，事实是不能定义的”，足见要理解“事实”的困难。本讲先从讨论“新闻学视野中的事实”入手，从新闻学视角给出对“事实”这个复杂概念的理解，将事实核查界定为可操作化的新闻实践。再进一步讨论事实核查的渊源、定义与类型，以及它的功能和局限。

第一节　新闻学视野中的事实

一、“事实”是什么?

“这是事实”“这不是事实”。我们在日常生活中经常这样说，对“事实”的理解似乎并不困难。但正如中国哲学家、逻辑学家金岳霖所言：“大多数的人都有事实感，有事实感的人也许不能说出事实究竟是怎样一回事。事实感很容易得到，说明事实似乎不是一件容易的事。”[1]

甚至罗素本人在处理事实问题的时候也有明显的自相矛盾。比如他曾经清楚地指

① 金岳霖. 知识论[M]. 北京：中国人民大学出版社，2010：548.

出，“事实”与“事物”是不同的：“现存的世界是由具有许多性质和关系的许多事物组成的。对现存世界的完全描述不仅需要开列一个各种事物的目录，而且要提到这些事物的一切性质和关系。……当我谈到一个‘事实’时，我不是指世界上的一个简单的事物，而是指某种性质或某些事物有某种关系。因此，例如我不把拿破仑叫作事实，而把他有野心或他娶约瑟芬叫作事实。”① 但后来，他在写《人类的知识》时又说“世界上的每一件事物我都把它叫作一件‘事实’。太阳是一件事实；恺撒渡过鲁比康河是一件事实”②。把太阳也作为事实，这明显违反了罗素自己提出的“事实”应不同于“事物”的区分。

实际上，“事实”一词无论是在生活中还是在文献中，通常是多义的。③ 可以说，正是因为哲学家们在不同的理论框架下对“事实”有不同的理解，所以他们也在事实与价值、真理、知识的关系上产生了重要的分歧。④

这也使得“事物”“事实”“真理”“真相”等概念容易混淆在一起。本书作为新闻实务教材，并不打算花过多笔墨去铺陈和评述形形色色的“事实观”，但新闻实践离不开清晰的观念，对人们在一般意义上理解的“事实”进行一番辨析还是需要的。

首先，事实不等于事物，事实是事物的实际状况。太阳本身不是事实，只是事物，但“太阳是一颗恒星”就是一个事实，它表述了太阳的实际属性。“拿破仑娶了约瑟芬”也是一个事实，它表述了实际发生过的拿破仑与约瑟芬的关系。事实不仅总是关于客观存在的事物（对象或现象），而且是客观事物的实际状况。当我们的表述符合事物的实际状况时，我们说“这是事实”，反之则是“这不符合事实”。

其次，事实总是受一定时间和空间限制。因为事实表明的是具体事物的实际状况，不可能抽象地谈论事实，因此事实也不是理论。比如，“普遍现象”实际上是指同类事实在不同时空中多次发生，以至于可以用“普遍”来概括。但我们不能说“普遍现象”是一个单一事实，相反，“普遍现象”是一种理论的抽象。“虽然我们用一件件的事实去发现‘理’、去揭示自然界和人类社会等各个领域的规律，形成不同领域的系统知识即理论，但事实并不因此而就是理论，理论也并不因此而就是事实。”⑤ 金岳霖还有一个很深刻的洞见：“东西”是可以搬动的，而“事实”是不可搬动的。比如一张书桌，从东屋搬到西屋，还是这张桌子，但是“从前书桌在床底西边”这个时空关系下的事实，过去是事实，现在也仍然是事实。⑥

---

① 罗素．我们关于外间世界的知识哲学上科学方法应用的一个领域［M］．陈启伟，译．上海：上海译文出版社，1990：39.

② 罗素．人类的知识其范围与限度［M］．张金言，译．北京：商务印书馆，1983：176.

③ 彭漪涟．论事实——关于事实的一般涵义和特性的探讨［J］．学术月刊，1991（11）：13-16，42.

④ 阮凯．事实的建构何以可能：论金岳霖事实观的当代价值［J］．哲学分析，2021，12（04）：21-34，196.

⑤ 彭漪涟．略论金岳霖关于事实与理论相互关系的基本观点——金岳霖事实观探析之二［J］．华东师范大学学报（哲学社会科学版），1995（06）：20-24.

⑥ 金岳霖．知识论［M］．北京：中国人民大学出版社，2010：545.

最后，事实与价值不同，但并不能用二分法去认识它们。自从18世纪英国哲学家休谟提出从“是”（to be）不能推导出“应是”（ought to be）以来，事实与价值的关系就成为哲学上一个探讨很多争议也很多的问题。休谟、康德、波普尔等哲学家坚持事实与价值二元的立场，认为事实命题的评判标准是“真假”，价值命题的评判标准是“善恶”。“在这两种命题中，有一条不可逾越的逻辑缺环。”①但这种来自经验主义的事实与价值截然二分的观点，并不符合我们的生活经验。比如，当我们要表述一个事实的时候，无法脱离“概念”，而概念又是在我们在社会生活中生成或者说建构的。

金岳霖曾举例说，“某人只有四十岁，青年会到清华园不过十多里，他的大褂长四尺四寸，罗斯福是美国总统，我欠他五百元法币；假如这些话都是真的，它们都表示事实。”②可是，“岁”“里”“尺”“寸”“总统”“法币”这些都是概念。所以说，事实本身就是用概念、范畴去统合杂乱的感觉材料的结果。

美国当代哲学家普特南在《事实与价值二分法的崩溃》中指出，事实与价值是“缠结”在一起的，价值和规范渗透在经验之中。普特南在论证中可能存在把价值泛化的问题，也因此遭到了一些批评，但他强烈批判事实与价值二分法的出发点特别值得重视。普特南说：“关于事实与价值的二分法最糟糕的事情是，它在实践中的功能就是讨论的阻止者，而且不但是讨论的阻止者，还是思想的阻止者。”③因为如果价值和观点与客观事实完全无关，那以什么作为人类交往的基准？如何判断一种观点比另一种观点“更有道理”？“讲理”又将在什么基础上展开呢？事实与价值的分离容易导致人们在观点丛林中陷入相对主义和虚无主义。

本章在讨论“事实核查能核查什么、不能核查什么”等问题时，还会再涉及事实与价值关系的问题。

总之，在我们启航“事实核查”之旅的时候，有必要对“事实”这个看似简单实则困难的概念下一番思辨的功夫。事实不是事物或对象，而是事物的实际情况。从这个意义上说，表述事实至少得是一个句子，而不能是一个词；事实是客观的，因为事物实际上怎么样，并不依赖于我们的表述。事实命题靠真假来判断，符合事物实际情况的是真，反之为假；事实是具体的，因为事物对象的实际情形不能脱离具体的时空规定。

我们可以把很多件事实摆在一起，从中概括出某种“普遍现象”，但后者已经不是单一事实，而是基于对许多事实的汇总归纳了；事实与价值不同，但两者并非完全无关，而是具有一种辩证关系。这一点其实比较违反传统新闻学的“直觉”，因为客观主义新闻学一直认为应该“将报道与观点分开”。比如美国编辑人协会1923年制定的早期新闻界自律公约《报业信条》中就明确指出：“新闻的记载与意见的发挥，

① 张云鹏．波普尔的批判理性主义的“事实”与“价值”二元论［J］．学术月刊，2005（8）：64-69.

② 金岳霖著．论道［M］．北京：中国人民大学出版社，2005：5.

③ 普特南．事实与价值二分法的崩溃［M］．应奇，译．北京：东方出版社，2006：53-54.

两者是有区别的，不可混淆。意见与事实分开，是美国报界的优良习惯，每一新闻不可掺杂任何私见或带有任何偏见。”《欧洲委员会新闻职业道德准则》也指出：“对新闻业的任何道德伦理研究最基础的规则就是要严格区分新闻和观点，绝不能将它们混为一谈。”从新闻记者“自律”的角度讲，客观主义新闻学中对事实和观点进行彻底的区分有进步意义。这样做可以尽最大可能防止记者把个人偏见混入新闻作品中。

国内有学者援引“将事实与观点分开”的标准，批评中国新闻界一度流行的“夹叙夹议”新闻写作，也是有现实针对性的。① 尤其是，当我们将新闻事实观和新闻真实观与其他领域的事实观、真实观进行比较的时候，可以明显看出，从实践出发的新闻学对事实和真实是有独特看法的。但新闻学对事实的认识，不能完全不顾哲学上对事实问题和“真之理论”的讨论，如前文提到的事实与价值的缠结等复杂问题。历代思想家们对事实问题的讨论应该成为新闻实践不断提升处理事实之能力，不断更新认识水平的重要精神给养。陆定一在《我们对于新闻学的基本观点》中说得很清楚：“新闻的本源乃物质的东西，乃事实……”② 事实对于新闻理念和实践来说，具有根本的重要性，不可不对事实问题做全面而深入的考察。

二、不同领域的事实观与真实观

可能大家已经觉得“事实”这个概念就够令人头疼了，但我们还只是谈论了它的“元问题”——“事实是什么？”而在不同的社会领域中，事实问题又衍生出了很多“子问题”，比如“社会事实是什么？”“历史事实是什么？”以及我们更关心的“新闻事实”和“新闻真实”问题。新闻学视角对事实的看法是符合其自身实践特点的，这种独特性可以从与其他领域的事实观和真实观的比较中被发现。

我们可以看一下与新闻学相近的、关于过去和现在之社会现实的学科怎么理解事实。历史和新闻常被认为具有某种亲近关系，常有“新闻是历史的脚本”“今日之新闻，明日之历史”之类的说法。似乎新闻与历史的差别只是关切对象的时间远近而已，新闻是新近的，历史是久远的。但美国社会学家罗伯特·帕克在《作为知识形态的新闻》中就明确指出，“新闻不是历史，它的事实也不是历史性事实”③。也就是说，并不是今日的新闻时过境迁之后就变成了未来的历史。当然，帕克这里所说的历史是作为历史性知识的历史，不是泛指过往一切的历史。

新闻和历史都关注发生过的事件，帕克为何认为它们本质上不同？原因是在帕克看来，构成新闻事实和历史事实的标准不同。帕克认为，历史学家不仅关注事件，而且要致力于把它们放置在历史进程的恰当位置中加以叙述，并在这样做的过程中发现

① 徐迅．将事实与观点分开［J］．新闻三昧，2003（3）：48-49.

② 陆定一．我们对于新闻学的基本观点［N］．解放日报，1943-09-01.

③ Park R E. News as a form of knowledge：a chapter in the sociology of knowledge［J］. American journal of sociology, 1940，45（5）：669-686.

暗藏的历史趋势性力量。

英国历史学家爱德华·霍列特·卡尔则在《历史是什么？》一书中更明确地指出历史事实的关键在于解释。过去发生过的一切事实，并不都是历史事实，因为绝大多数曾经发生的事实再没有人提及，从而“落入有关过去的非历史事实的深渊之中”。而成为历史事实的身份的关键，“就在于解释这一问题上。解释这一因素渗入每一件历史事实之中。”卡尔对历史事实的比喻是，游泳在广阔的、有时是深不可及的海洋里的鱼。历史学家能钓到什么，这一部分要靠机会，要靠他到海洋的哪一地区去钓，他用的钓具是什么——这两个因素当然由他要钓哪种鱼决定。

卡尔认为，历史学家的主要任务不在于记载，而在于评价，因为如果他不评价，他又如何知道什么是值得记载下来的？[①] 历史事实当然要真实，但它的主要价值在于解释，要能把人类过往编织成可理解的“故事”（指故去之事），以便人们能明了，从前人世界至当下世界的路径。新闻则不同。帕克说新闻“处理的是孤立的事实，并不寻求它们之间的联系，也不研究因果”[②]。

考虑到帕克发表此文是在 1940 年，他所参照的“新闻”实际上主要是我们今天所说的新闻类型中的“消息”。此后新闻业创新发展出了“调查性报道”“解释性报道”“特稿”“数据新闻”“语境化新闻”等多种新的新闻知识类型，已经不能说新闻只处理孤立的事实，不考虑事实之间的关系了。但新闻领域要处理的新闻性事实的确与历史事实、社会事实的标准有显著不同。一件事实是否具有社会关注度、对公共生活有多大影响力、能否得到关于这一事实的素材、是否符合公开传播的法律和规范、是否契合新闻媒体特性和新闻生产常规等与“传播”相关的因素，才是判断新闻事实的实际考量。

法国社会学家迪尔凯姆（旧译“涂尔干”）提出了“社会事实”这个社会学核心概念，他主张要将社会事实看作社会学所独有的研究对象，而“各种社会事实总和起来便构成了社会”。迪尔凯姆从社会结构思想出发，将社会事实定义为对个人施加约束并为个人所感受到的各种固定或不固定的行为方式，他概括出“社会事实”的特征是：强制性、外在性和集体性。[③] 比如，在《自杀论》的研究中，迪尔凯姆关心的不是个别性的自杀事件，而是特定社会中总体性和一般性的自杀现象。迪尔凯姆把这种有别于个体的、客观存在于社会的现象界定为社会学的研究对象——社会事实，的确给社会学带来了很大便利，因为这个概念可以把存在于社会上的那些重要的抽象存在比如各种制度等凸显出来，体现了社会学研究的独特贡献。不过这里所讲的“社会事

① 卡尔，E H. 历史是什么？1961 年 1 月 3 日间在剑桥大学乔治·麦考利·特里维廉讲座中的讲演［M］. 吴柱存，译 . 北京：商务印书馆，1981.

② Park R E. News as a form of knowledge：a chapter in the sociology of knowledge［J］. American journal of sociology，1940，45（5）：669-686.

③ 迪尔凯姆 . 社会学研究方法论［M］. 胡伟，译 . 北京：华夏出版社，1988：3-12.

实"已经和我们在一般意义上谈论的"具体事实"不是一个层面的问题了。

新闻学和社会学一样都关心社会现实，但关切的方式不同，造成这种差异的关键点在于，它们分别要处理的新闻事实与社会事实侧重点不同。新闻事实是具体的、有明确时空限定的、有足够新闻素材做支撑的，并有可公开传播潜能的事实。因为现代社会复杂性程度的提高，新闻业处理新闻事实的手段也在不断创新变化以适应新的需要。比如新闻传播者可以借鉴一些社会科学的方法和逻辑，在零散的新闻事实中发现它们之间的深层关系，更为全面深入地再现社会现实。但毕竟新闻学不是社会学，新闻学处理的事实要符合新闻传播自身的特性和规律。

文学常被拿来与新闻对比，一个强调故事，一个强调真实。新闻不是文学，报道不是创作的观点人尽皆知。但文学创作中同样有真实性问题。比如中国著名现代文学研究者王富仁认为，文学中所讲的真实性是对特定的现实主义文学作品的创作要求，而且这种真实性不是在真理意义上而是在"存在"意义上被运用的，是通过艺术的想象将读者更深地引领到现实社会人生之中，在他们的心灵中留下不可磨灭的直觉印象。[①] 这里可看出新闻与文学所说的真实性有本质不同，新闻所讲的真实性必须包含新闻所呈现的事实与现实世界的直接对应关系，文学性真实则不需要这种对应，它强调的是读者从文学作品中得到的真实感。因此，文学所说的"纪实"是一种创作上的艺术风格，绝不能与新闻领域对事实真实的要求混同。

还有一些文学和影视艺术作品本身就会把"什么是真"作为故事主题，对人们的认知形成冲击和挑战。比如著名的日本电影《罗生门》以及美国奇幻电影《大鱼》等，都属此类。但艺术创作中对"真相"认知的挑战，与新闻实践中对真实的追求完全是两回事，如果根据前者得出真相不可知的结论并因此否定后者的实践意义，那就会因为把不同领域的真实观混同起来，导致对新闻产生虚无主义的错误认知。

法律和新闻对事实真实的看法也不相同。比如在一些新闻诉讼案例中就出现了因为对"事实"看法不同而产生的新闻与法律领域的张力。新闻传播法著名学者魏永征等人曾在多部著作和论文中撰文讨论过这类处在新闻学与法学交叉地带的案例，提供了了解这一交叉领域的重要资料。

总之，事物的特性是在比较中显现的，从不同领域中的事实和真实问题反观新闻领域的事实和真实问题，就容易把握新闻事实和新闻真实的实际特征。建立这样的认知基础，方能自觉理性地进行包括事实核查在内的新闻工作和新闻性实践。

三、新闻事实的特性

由此，我们也可以谈谈新闻领域到底如何看待事实问题以及由此产生的新闻真实原则了。1925 年 12 月 5 日，毛泽东主编的《政治周报》发表了题为《〈政治周报〉发

① 王富仁. 文学真实论[J]. 中国政法大学学报，2010（2）：100-122，159-160.

刊理由》的发刊词："我们反攻敌人的方法，并不多用辩论，只是忠实地报告我们革命工作的事实。《政治周报》的体裁，十分之九是实际事实之叙述，只有十分之一是对于反革命派宣传的辩论。"① 陆定一曾对采访他的《新闻战线》记者说："新闻工作，搞来搞去，还是个真实性问题。新闻学千头万绪，根本还是这个问题。有了这一条，就有了信用了，有信用，报纸就有人看了。"② 对于新闻这种面向公众的专业而言，公众得接受并认为所看到的新闻是关于当下世界的真实叙述，这是新闻业持续存在的基础。

新闻，作为一种文化形式，最首要的规定就是对现实世界之具体事实的真实叙述，这形成了一种普遍的规范性。尽管在不同社会中，人们对新闻的社会功能看法不同，但对新闻如何履行其社会功能的看法高度一致，那就是叙述实际事实。

从实践层面看，新闻、事实与新闻真实的关系是：新闻通过对现实世界某些事实的如实叙述，使人们得以了解现实世界的面貌。新闻真实是对这一功能的规范性表述，做到了即为体现新闻真实原则，否则即为违反新闻真实原则。从这个意义上说，能称为新闻就等同于接受其是对事实的真实表述，否则就不是新闻。所以"假新闻"其实是一个不甚准确的名词，它会让人误会新闻还可以有真新闻和假新闻之分。严格来说，"假"与"新闻"是不能放置在一起的。当人们一旦意识到一个曾经被当作新闻看待的叙述实际上是假的，在那一刻，它的"新闻"地位就被取消了。不过"假新闻"一词已经约定俗成地在日常语言中占据了一席之地，我们在讨论新闻真实问题的时候，还是常常会讨论假新闻的问题。只不过我们要意识到所谓"假新闻"根本就不是新闻，它是曾经被误认为新闻的虚假信息，本书第二讲还会专门讨论这个问题。

新闻不是事实本身，而是对事实的真实叙述。只要是新闻，也就内置了事实真实的规范性。真实作为新闻的规范性要求，在理念上是容易理解和被广泛接受的，但在操作层面上落实新闻真实规范则是困难的。我们把这个操作层面的新闻真实问题表述为：在考虑到诸多现实条件的情况下，新闻行动者如何在新闻实践中，通过对新闻事实的处理达到新闻真实的要求？新闻真实的实践之所以是一个难题，其实并不是因为新闻真实不可企及，而是人们容易在观念上对新闻真实的标准定得过高，而且缺乏对如何达到新闻真实标准的实践方式的探讨。对新闻真实的目标定得高，但实践手段跟不上，历来是新闻工作的一大困扰，以至于科瓦奇等人把"真实"称为是新闻业"首要且最令人困惑的原则"③。

不过显而易见，新闻业发展创新的方向应该是不断提升实践能力，使其符合人们对新闻业的真实要求，而不是宣扬新闻真实不可能实现。如果对新闻真实的可实现都抱有怀疑态度，那是在用现实的不完美论证理念的不现实，这是一个显而易见的逻辑

① 毛泽东.《政治周报》发刊理由[N].政治周报，1925-12-05.

② 刘海贵，尹德刚.新闻采访写作新编[M].2版.上海：复旦大学出版社，1997：9.

③ 科瓦齐，罗森斯蒂尔.新闻的十大基本原则：新闻从业者须知和公众的期待[M].刘海龙，连晓东，译.北京：北京大学出版社，2014：41.

错误。

作为一个实践领域，新闻业与其他领域一样也有自己独特的事实观和实践方式。尽管新闻业的事实标准和规范可能随着时代发展而变动，也可能与其他领域中的事实观、真实观有重合或冲突，但我们应该首先承认新闻领域中事实和真实问题的特殊性，这样新闻实践才能有行动的方向和标准。不能一股脑儿把古往今来哲学家们思辨的“真”之难题，把形形色色社会实践领域中大相径庭的事实观、真实观，都塞给新闻，再据此批评——看，新闻没办法做到某某标准下的真实吧。这是新闻工作不能承受之重。通过与其他领域的比较，新闻事实的特性可以提炼为如下三点：

首先，新闻领域关注的主要事实除了具有前文所说的事实的共性外，还应该具有“公共属性”这一特点。公共属性表明，新闻关心的事实不能仅仅是纯私人和纯个体的。新闻事实可能发生在个体身上，但对它的兴趣、好奇、求知需要，却超出了单独个人和小群体。比如一位高考生今年考了多少分？一般情况下只有考生本人和师友亲朋关心这个事实，超出这个范围之外的人恐怕就不关心了。这样的事实就不是新闻事实。但 2022 年 6 月底，一位江苏考生以总分 685 分的成绩考取清华大学的消息不仅被地方新闻媒体关注，还被《人民日报》和央视新闻报道，成为全国性新闻事件。原因是这位考生的家庭是非常普通的农民家庭，但家中三个孩子不仅都考入一流大学，其中有两个更是都考上了清华大学。这一事实不仅发生概率很低，容易让人好奇，而且很多人都想知道，这个家庭是怎么做到在孩子教育上如此成功的。这一事实就因为它具备的新闻价值，成为一个能够被事件相关小群体之外的公众关注的新闻事实。新闻记者的重要工作之一就是判断社会上发生的哪些事实具有新闻价值，能够被共同关注。具备这种被公众关注属性的事实才是新闻事实。

其次，新闻事实应是可验证的，要有相应的素材支撑，这是由新闻必须面向公众的特点和新闻的叙述性决定的。有时候记者通过多方面的了解，的确已经相信了某个事实一定存在，但如果没有足够的凭据和事实性素材支撑，是不能将其作为新闻事实表述的。因为新闻并不是事实本身，而是对事实的表达和叙述，需要有可供表述的材料，我们称之为新闻素材。如果关键性的新闻素材缺失，新闻就无法完成对事实的表述工作。何况公众不能像记者那样在现场，在与被访者的交谈中直接感知和判断事实，而只能通过新闻对事实的呈现，形成感受，做出判断。做新闻的人是在现实世界中做判断，而看新闻的人是在符号世界中做判断，可见做新闻的人和看新闻的人在信息获取上是不对等的，这就要求新闻在叙述事实时，必须有足以让不在现场的公众也能信服的支撑素材。新闻人与受众的信息接收差，以及新闻需要素材叙述这两个现实问题，在实践中常被忽视，甚至会导致在新闻官司中败诉。

王强华、魏永征主编的《舆论监督与新闻纠纷》中记录过不少这样的案例。其中一例是：1990 年上半年，南通市法学会主办的内部刊物《南通法苑》的主编得知南通市通州区某村二组青年妇女李某因不堪父母包办婚姻和家庭成员的欺侮，逃到南通市得到众人热心帮助的新闻线索，遂与同事去妇联采访。他们根据李某向妇联反映的情况写了一篇《为了一个多难的女子》，文章先是发表在内部刊物《南通法苑》上，后又外投并被北京一家报纸在头版刊登。文章都以“珍女”（即李某）自叙的方式呈现，叙述了她所遭受的“丧失人伦的虐待”，指控她嫁入的陈某一家三兄弟对她实行“共妻”。陈家三兄弟遂对作者及刊发媒体提起诉讼。作者辩称，文章的素材来自南通市妇联，并走访了周围群众，初稿也征求了市妇联的意见，市妇联认为情况属实。但 1993 年南通中院先后两次进行不公开审理，表明涉讼文章中所谓“共妻”及相关情节无旁证证实，被告构成了侵权。此后该案件被告方上诉，1996 年 4 月江苏省高级人民法院做出了终审判决，认为涉讼文章对李某所述的三兄弟“共妻”的重要事实在缺乏证据证实的情况下加以宣扬，上诉人行为均构成侵权，判决驳回上诉，维持原判。像这样没有目击、物证和权威信源佐证的事项，仅凭当事人自述，是不能作为新闻事实表述的。该书作者对这一案例所得教训的概括是：“无法证实的事不可报道。”①

有人认为，记者只要确认某人的确说过某话即可，因为这也是一个“声称性的事实”，至于声称的内容是否属实，不能要求记者去一一核实，否则对新闻工作的要求就太高了。这就是新闻实践中曾经采用但已被新闻业抛弃了的“有闻必录”观念。比如清末中法战争期间，上海《申报》对战况的报道是：“中西各报所载之越南战事，亦多未尽真确，本馆唯有照‘有闻必录’之例，无论传言，无论电音，无论转载中西各报，但有关于法越军情者，一概登录，以供众览。其消息之真假，则不能臆断，故亦不复强为区别，任意弃取，请诸君自能辨之。”“至于孰确孰否，固不能臆决也。”

中国新闻学先驱徐宝璜明确反对“有闻必录”，因为这等于把新闻降格为街谈巷议了。“那些未经核实之闻，不过是新闻之略示，有了略示要亲至某地调查是否真有其事才能编成新闻，否则就有可能将谣言登之报上。正确的做法应该是‘有问必查，’查其属实，然后录之。”②徐宝璜所说“新闻之略示”是可能产生新闻的线索，它能不能成为新闻事实，正是需要记者去搞清楚的。对于可以核实的线索，记者如能采访到足够的新闻素材，就可以把“新闻之略示”升级为可报道的新闻事实。对于一些“死无对证”式的线索，比如某人声称发生了一件仅其本人知晓，而没有任何其他资料和信源可以佐证的事，记者不能将这样的事作为新闻事实采用。

但在一种情况下，记者如果未加核查即引用了声称性事实，即便事后发现是错误信息也应予以免责。这种情况是：声称本身就具有应被公众知晓的价值。比如政要对公共事务的表态、法院的判决、政府部门或社会机构的公告等，因为这些信源在社会结构中享有很高的权威度，它们发出的“声称”本身就会产生社会影响，要求新闻媒体对这些权威信源发出的内容也要一一核实后才能作为新闻事实报道是不合理的，既

① 王强华，魏永征．舆论监督与新闻纠纷［M］．上海：复旦大学出版社，2000：143.
② 王蔚著．新闻真实观探究一种历史与实践的视角［M］．北京：中国广播电视出版社，2014：76-77，102.

难以做到，也不符合新闻媒体的社会功能。新闻官司中就有新闻媒体根据权威机构间接提供的情况做了报道，后来证明报道内容错了但无须承担责任的案件。比如，某地检察院曾经宣布某处长因为涉嫌犯罪而对他立案审查，新闻媒体报道了这件事实，后来查明某处长的行为并不构成犯罪，予以撤案。某处长遂起诉新闻媒体当初没有弄清事实就作报道，内容严重失实，侵害了他的名誉权。法院认为新闻媒体报道的是检察院立案的事实，内容真实，不构成侵权，驳回了处长的诉求。[①] 但这种情况并不意味着新闻媒体要放弃追求真相，比如也有通过媒体曝光的“冤案”后得到改判的情况，这样的新闻会得到人们更大的尊敬。

最后，新闻事实的特点还表现为它的可传播性，这也主要体现为关于新闻传播的法律法规政策和新闻职业道德的规范性要求。陈力丹在《新闻理论十讲》中提到，尽管我国还没有出台单独的新闻传播法，但现在有效的各种法律、法规、行政规章和政策文件（大约 4,000 种）里有关信息传播的条款，几乎涉及新闻传播领域的所有事项[②]。新闻职业道德对哪些是可报道的新闻事实也具有约束力，但这样的约束不同于法律和规定，更多表现为争议和不同价值之间的冲突。

克里斯琴斯等人在《媒介伦理：案例与道德推理》中分析了不少新闻报道中出现伦理冲突的实例，其中一个著名案例是：1985 年 7 月 29 日，美国贝克尔斯菲市《加利福尼亚人》报刊登了一起溺水事故后一个家庭心碎崩溃的照片：地上躺着 5 岁溺水男孩的遗体，他的家人们围着他，一个哥哥跪在男孩旁边，另一个哥哥在极度惊恐中尖叫着捂住眼睛，母亲（摄影记者后来指出，在现场的并不是母亲而是小姨）从身后抱住这个儿子，脸上是令人心碎的痛苦表情。该报摄影师约翰·哈特在当地电视台放弃拍摄的情况下，蹲到警长的胳膊下，用自动对焦相机连拍了八张照片。尽管《加利福尼亚人报》有不拍摄尸体的原则，但总编辑罗伯特·本特还是决定刊登这一照片，理由是：这张照片将提醒读者在孩子游泳时要小心。照片见报后遭到当地读者的强烈反对，报社收到 400 个电话、500 封信和 80 个取消订阅的要求，甚至收到炸弹威胁。总编辑本特在新闻编辑室备忘录中承认“犯下了一个严重的判断错误”[③]。在这个至今仍有争议的案例中，摄影记者所拍摄下的毫无疑问是确切发生过的事实的影像，且有极强的为他人关注的新闻价值，媒体甚至也找到了刊发照片的功利理由——可以警告其他家长，但当地读者的反应说明这是不可接受的无情和对这个痛苦家庭隐私的侵犯，这种反应应该被新闻媒体尊重而不是忽视。尽管法律和职业道德的规定并非一成不变，但相对来说仍然是稳定的规范。当事实或事实的某些方面违背法律或新闻职业道德的规约，即便它们具有新闻价值，也不可传播。

---

① 魏永征．卢跃刚的困惑：什么是事实？——四说新闻媒介和人格权[J]．新闻三昧，2001（3）：44-45.

② 陈力丹著．新闻理论十讲[M]．上海：复旦大学出版社，2020：273.

③ 克里斯琴斯，法克勒，理查森，克里谢尔，伍兹．媒介伦理案例与道德推理：第 9 版[M]．孙有中，郭石磊，范雪竹，译．北京：中国人民大学出版社，2014：96-97.

由此，我们讨论了新闻事实的特性，明确了并非所有的事实都可以成为新闻工作者要处理的事实这一观念。是否有能引起公共关注的价值、是否有足够的事实性素材支撑、是否能在法律和道德规范下传播，是新闻行动者判断新闻事实的实践标准。在此基础上，我们也就容易理解新闻真实这一原则如何具有可操作性了。

四、新闻真实的操作性

新闻学和新闻实践中强调最多的就是真实性原则，而对新闻真实最有共识的理解是：新闻叙述必须与外部事实相符合。如“新闻真实的本质是新闻（报道）与相应的新闻事实的符合性”①“新闻的真实是事实的真实……事实是检验新闻真实的标尺”②等。这里所谓的“相符”并不是“同一”。新闻工作的特点如追求时效、基于新闻价值确定选题、必须借助媒介符号才能呈现和叙述事实、作品篇幅有限等，不可能让新闻报道“镜像式”符合新闻所报道的事实。我们要特别强调，这些是新闻工作的特点，而不是弱点。因为如果新闻报道“镜像式”符合现实世界，只会让我们陷在无数杂乱的信息中无法行动或盲目行动。新闻业通过专业方法和程序，选择和报道新闻事实，才能让新闻有效地呈现现实世界。

那么，如何把新闻真实的规范要求落实于新闻工作？马克思对新闻工作的两个经典命题可视为新闻真实的两大操作性原则。

其一，“要根据事实来描述事实”。1843 年 1 月，马克思为抗议《莱比锡总汇报》被查禁，在《莱茵报》上一连发表了 7 篇文章。其中一篇题为《好报刊与坏报刊》的文章写道：“究竟什么样的报刊（‘好的’或‘坏的’）才是‘真正的’报刊？谁是根据事实来描写事实，而谁是根据希望来描写事实呢？谁在表达社会舆论，谁在歪曲社会舆论呢？因此，谁应当受到国家的信任呢？”③

2016 年 2 月 19 日，习近平在党的新闻工作舆论座谈会上详尽论述了新闻舆论工作必须坚持真实性的问题，强调“要根据事实来描述事实，不能根据愿望来描述事实”④，可见马克思的这个经典命题至今仍然是指导新闻实践的法则。

新闻学者李彬对此阐述为：“‘谁是根据事实来描写事实，而谁是根据希望来描写事实呢？’这句话区分了两种基本的新闻观，一是唯物论的，一是唯心论的。唯物论的新闻观自然是根据事实描写事实，唯心论的新闻观则根据希望描写事实，也就是根据记者头脑中的想象描写事实。”⑤

① 杨保军．论新闻真实[J]．阴山学刊，2003（4）：11-18.
② 陈力丹．新闻理论十讲[M]．上海：复旦大学出版社，2020：73.
③ 马克思，恩格斯．马克思恩格斯全集第 1 卷[M]．中共中央马克思恩格斯列宁斯大林著作编译局，编译．北京：人民出版社，1956：191.
④ 陈力丹．坚持党性，尊重规律，以人民为中心——习近平新闻舆论观的两个要点和一个落脚点[J]．新闻记者，2018（7）：8-10.
⑤ 李彬．再塑新闻魂——浅谈马克思主义新闻观及其科学与价值[J]．新闻记者，2016（06）：4-16.

我们对此的理解是：新闻记者不仅要向公众真诚地报告所掌握的新闻事实，不得虚构捏造，而且在把握事件或事物的全貌、分析事实本质时也得基于事实材料，实事求是。源于事实，基于事实，通过对事实的全面掌握和客观分析反映社会现实，这就是新闻工作的基本使命。从这个意义上说，新闻工作就是通过发掘和分析新闻事实来真实呈现社会现实的工作。新闻学中有“全面真实”“宏观真实”“本质真实”这样的提法，从可操作的角度而言，这都是指对具体新闻事实的分析性呈现，而不是说抽象的宏观真实和本质真实，可以脱离具体的新闻事实。

其二，在“有机地运动”中实现新闻真实。马克思反驳过那种认为报道一开始就必须毫无差错的人，称这些人是“愚蠢的朋友”。相反，他把报纸报道新闻看作一个有机运动的过程。报纸新闻的真实性，表现为从不同角度对所发生事实报道的综合。陈力丹结合马克思的其他表述，进一步阐释为：“诚然，比较成熟的报纸在新闻报道方面的准确性会高些，但不论差误大小、有无，报纸都只能在循环往复的有机运动中逐步使新闻事实完整地表达出来。因而，马克思把报纸看作一个个不停转动的磨车，并对这方面的特点做了如下描写：‘它不断从现实世界中涌出，又作为越来越丰富的精神唤起新的生机，流回现实世界。’‘如同生活本身一样，报刊总是常变常新，永远也不会老成持重。……今天它所报道的事实或所发表的见解中的错误之处，明天它自己就会推翻。’”①

马克思的时代只有报纸和通讯社，没有其他新闻媒介，但他所表达的报纸的有机运动观念同样适用于更加复杂的当代新闻业。实事求是地从新闻工作实际出发，必然要承认新闻业需要在有机运动中实现真实，否认这一点则像是在真空中谈论一个不存在的幻影新闻业。新闻业之所以只能在有机运动中追求真实，是因为社会现实并非一副静态图画，而始终是通过不间断的行动流涌现的动态过程。新闻业之所以可以在有机运动中追求真实，是因为新闻事实具有可验证性的特点。记者可能正确报道了一个当时并不能体现事情本质或全貌的事实，比如上文提到的例子，新闻媒体根据法院判决发表了报道，但事后发现是错判。一旦出现新的足以改变事件性质的事实时，新闻媒体只要继续正确报道，就可以在有机运动中实现新闻真实。

近年来，一些人对“新闻反转”现象颇为厌恶，认为这是新闻媒体盲目求快导致的恶果。所谓“新闻反转”，指的是媒体对同一件事的报道前后反差很大，与之同步的是舆论对同一件事的反应也反差很大，形成“舆论反转”。因为互联网时代的传播条件，客观上加速了“新闻时间”，所以往往媒体刚刚报道了一个新闻事件，马上就会有相反的事实冒出来，甚至足以推翻此前报道体现出的事件性质，这会让很多网民产生在短时间内对同一事件的判断发生大反转的感受。

对于在社会信息传播和交换速度大大加快的环境中出现的新现象，我们不能仅凭

① 陈力丹．马克思主义新闻观百科全书［M］．北京：中国人民大学出版社，2018：10.

感受上的好恶来评判。有很多让人感受到“反转”的新闻事件，反转前后的报道都是符合新闻工作正常标准的，是发现了新的事实并及时跟进报道后呈现的动态真实。人类全面进入网络时代还不到一代人的时间，出现一些不适应新传播环境的症候是难以避免的，但随着社会普遍适应这种加速的新闻时间和信息交换速度，人们可能会认为这种状况将是常态。

事实上这样的变化已经出现，一些热点事件发生后，网民会在评论时相互提醒：“让子弹多飞一会儿。”当然，也有一类新闻反转的确是因为新闻媒体的失误、错误造成的，比如偏信孤证信源，把不可验证之事当成新闻事实报道等。这说明新闻媒体也需要不断检视和提高新闻工作能力、创新新闻工作方法，来适应社会传播语境的变化。比如要有能力在更短时间内求证事实、向公众适当展示新闻生产过程、采用节制的新闻叙述风格、留下对话的余地等。

本节分析了新闻事实的特性和新闻真实的操作性，这是包括事实核查在内的新闻实践得以开展的观念基础。接下来，我们将让本书主角——“事实核查”登场。

第二节　事实核查的渊源、类型与定义

一、事实核查的早期形态

如果从宽泛的意义上理解对事实的核查，那可以说它就是对新闻工作本质的概括。“新闻工作的实质是用核实进行约束”，科瓦齐和罗森斯蒂尔在《新闻的十大基本原则》中这样写道。他们甚至远溯到公元前 5 世纪古希腊历史学家修昔底德在《伯罗奔尼撒战争史》中的一段自述：“关于事件事实的报道……我定下了一条原则：绝不轻易写下我听到的第一个故事，甚至也不接受自己的一般印象的引导；我描述的事件，有的是我亲历的，如果是从目击者那里听来的，我一定尽可能详尽地进行检查。”①

这是一个很有意思的引用，它说明一切以告诉人们真实情况为目的的表达——不论历史、科学还是新闻，也同时有义务说明叙述者是如何做到“所说为真”的。当然，正如我们在第一章所说，不同学科领域有各自对事实和真实的理解。比如修昔底德承认他作品中的“演说词”有些是他亲耳听到的，有些则不是对事实的记录，而是事后创作出来的。② 现代新闻规范肯定不能接受这种方式的“直接引语”。

新闻工作确保事实准确的方法有很多，比如亲自去发现和挖掘事实，确保新闻中

---

① 科瓦齐，罗森斯蒂尔．新闻的十大基本原则：新闻从业者须知和公众的期待［M］．刘海龙，连晓东，译．北京：北京大学出版社，2014：94-95.

② 祝宏俊，张俊．论修昔底德的历史写作［J］．江海学刊，2020（5）：196-204.

事实要素如时间、地点、人物姓名等无误，搞清楚新闻中每一个事实的出处，核验这些出处和信源的可信度，核验引语的准确性，确保不会断章取义，对新闻事实进行概括、推断和分析时要警惕偏见、武断和不科学的认知方式，避免文学性叙述手法，等等。这些方法可以统称为核实（verification），它存在于新闻生产的各个环节和阶段，共同为最后的新闻作品提供真实准确的保障。核查（check）则与核实有所不同，它在实践中多指对一个已经完成的新闻作品进行事实表述是否真实准确的检查。但毫无疑问，它们都服务于新闻真实这一目标。

1938年，美国的《科利尔周刊》（*Collier's*）刊登了《时代》周刊（*Time*）的招聘广告，其中提到要把“研究员和事实核查员从10人扩大到22人”。这可能是新闻业第一次公开出现专门的“事实核查员”（fact-checker）这个词，尽管当时这一制度已经在《时代》周刊、《纽约客》等期刊存在十余年了。[①]首位被人们知道姓名的新闻事实核查员是南希·福特（Nancy Ford），她在1923年加入《时代》周刊，不久后就开始核实已经完成但尚未发表的杂志文章中的基本日期、姓名和事实要素，并且时常要通过咨询纽约公共图书馆查询处来完成她的工作。类似今天的事实核查员通过搜索引擎、数据库查询资料。有意思的是，在当初全是男性记者、编辑和作家组成的杂志稿件生产系统中，由南希·福特和她的同事——全都是女性组成的事实核查员团队，进行出版前的事实核查工作。

20世纪30年代，事实核查员都是刚刚大学毕业的年轻女性，她们的工作内容比较模糊，只能笼统概括为确保每个细节都正确并在整个作品中得到了正确的表达。但并不公平的是，如果最终还是出现了错误，通常要由这些女性事实核查员负责，而不是由男性作者负责。[②]事实核查的早期形态是辅助性的，由“细心”的女性在新闻作品发表前帮助检查其中可能存在的错误，并被不恰当地要求承担没有检出错误的风险。直到20世纪70年代，这一岗位才开始有男性加入，而作者自己也要承担部分自我核查的责任（图1-1）。

事实核查早期形态是新闻生产链条上的一种媒体内部把关工作，是为了尽可能避免即将流向读者市场的新闻作品中可能出现的错误，提高新闻作品的质量。它体现了在以核实为主要工作的新闻编辑部里的一种内部劳动分工。在新闻作品发表前进行事前核查的新闻工作方式，最早由杂志发明并实践并非偶然。因为新闻杂志的新闻周期较长，而且强调新闻作品的精品化，通过成立内部事实核查团队，可给原来的新闻采编工作又加上一重保险，也可提升媒体品牌的信誉。正如前文所说，新闻工作本身就是以核实为特征的，新闻工作内部出现了专门的事实核查分工，正是这种核实文化在实践中细化、专业化的表现。媒体内部事实核查员们的工作、其理念方法与新闻工作

① FABRY M. Here's how the first fact-checkers were able to do their jobs before the internet[J]. Time. https://time.com/4858683/fact-checking-history/, 2017.

② DONALD A. History of fact-checking[EB/OL].[2023-05-11].https://library.bu.edu/c.php?g=1045402&p=7643422.

中判断信源、交叉验证等核实方法一脉相承，都是为了保证新闻报道的准确性。

图 1-1 1933 年美国《时代》周刊的女性事实核查员在工作

图片来源：时代 / 生活杂志图片库

二、作为新闻工作的事实核查

从将近百年的新闻实践来看，事实核查首先应被看成新闻工作方法。这不仅是因为在作为报道类型的事实核查被大众熟知之前就已经是新闻生产链条上的一环，并逐步发展出了成熟的团队、工作流程等组织和制度要素，更重要的是，事实核查体现了新闻业看待和处理事实的特性，与事实发掘（如新闻选择、新闻采访工作）和事实呈现（如新闻叙述、编辑、可视化）一样，是新闻业履行其社会职责的重要实践方式。

在新闻生产的不同阶段，新闻工作者应掌握的核心技能和工作方法并不会截然分开，比如在事实发掘过程中就需要不断判断与核实，并同时考虑新闻事实应如何呈现等问题。但研究者还是指出，作为新闻方法的事实核查与其他一些特定的实践能力高度相关，需要引起新闻学习者和教育者的重视。例如，瑞典卡尔斯塔德大学的两位研究者在访谈了 20 名记者后提出，数字时代进行事实核查工作应掌握的核心能力包括：

（1）能批判性地评估“爆料”内容。

（2）掌握先进的事实核查技术。

（3）具备关于社交媒体的知识。

（4）具备新闻领域之外的其他相关知识。①

① HIMMA-KADAKAS M，OJAMETS I. Debunking false information：investigating journalists' fact-checking skills[J]. Digital Journalism，2022：1-22.

数字时代，新闻工作者可以方便地获取网络上海量的新闻线索，是否能在第一时间准确评估这些材料的价值至关重要。批判性评估主要可围绕新闻事实的特性展开，评估爆料是否是可验证的、是否具有公共价值、是否具备传播可能性。批判性评估能力不足，可能会让记者漏掉有价值的“爆料”或者在无价值的“爆料”上浪费时间；新闻工作者需要知晓各类数字取证工具以应对多种数字化的信息造假，比如通过反查图像、地理定位照片等工具识别那些被改动的图片等，这些知识和技能不仅需要专门的学习培训，而且要时常更新；在数字时代进行事实核查，新闻工作者还需要熟悉社交媒体的信息传播方式，包括一些特定的社交平台规则，这样可以辨识出哪些账号是“正常的”，哪些是机器操控的或是“水军”，找到信息在社交平台上被编辑、搬运、流动和扩散的轨迹。此外，事实核查工作往往与特定领域的专业知识有关，这不仅需要记者在新闻领域之外还要具备一定其他领域的知识储备，更需要记者有与其他领域专家合作的能力。

不难看出，数字时代对新闻记者在事实核查方面提出的新的工作要求与新闻业核心能力是一脉相承的，只是随着传播环境的变化，这些要求和能力也需要随之更新。学习“事实核查”，应该学习事实核查的支撑性理念、贯穿新闻工作始终的核实能力、不断更新的适应数字传播环境的核验工具，并具备多领域的知识和协作能力，而不是仅仅模仿“事实核查”的形式。

三、作为新闻类型的事实核查

作为一种独立报道形式出现的“事实核查”，最早也出现在美国，其产生背景与美国媒体与政府之间的关系变化以及美国公众越来越强烈的政治不信任态度有关。

1950—1954 年间，美国政坛“麦卡锡主义”泛滥，对新闻媒体和媒体中的一些进步人士多有打压。当时美国新闻界的一些有识之士痛苦地意识到，像参议员约瑟夫·麦卡锡（Joseph McCarthy）这样的反共极右人士，因为他们的权威身份和极端的“不寻常”言论，新闻媒体无法不对此进行报道，但更多的报道又增加了他们的话语权和影响力。

美国广播电视新闻史上的先驱人物爱德华·R. 默罗（Edward R. Murrow）在主持哥伦比亚广播公司的电视新闻节目《现在请看》（*See It Now*）时，制作了一期有名的反击麦卡锡的节目，其方法是展示麦卡锡在此前采访中前后不一、自相矛盾的言论。1954 年 3 月 9 日的这期节目，播出后引起很大反响，再加上麦卡锡制造的恐怖氛围也越来越让民众反感，很快麦卡锡主义就退出了美国政治舞台。这期节目虽然还不能说是事实核查节目，因为它仍然受当时美国新闻界盛行的客观主义影响，只是把麦卡锡的各种发言编辑在一起，让观众看到其言论的极端和矛盾之处。而且这一节目是新闻界在受到打压迫害后的一次反击，并没有就此形成对政治人物言论的核查机制。但可以说，这一节目已经体现了美国新闻媒体主动运用新闻工作方式揭露政治人物极端言论及其危害性的初步理念。

一般认为，作为独立报道类型的“事实核查”产生于20世纪80年代末美国新闻机构对政治竞选广告的监督。1988年美国总统大选期间，共和党候选人乔治·布什竞选团队投放的广告中，出现了对民主党候选人杜卡基斯的错误指控。电视时代出现了总统候选人竞选广告公然撒谎的情况，这引起了新闻界的警觉，很快媒体上就出现了一种特定的“广告观察”（AD watches）栏目，专门监督大选中总统候选人政治广告中的夸大其词和不实表述。美国新闻界逐渐给这类具有政治性监督和分析功能的新闻作品赋予了“事实核查”之专名，比如美联社就把“事实核查”一词写到了头条新闻大标题中。这些行动助推了“事实核查”开始具备独立新闻类型的地位，而不仅仅只是新闻编辑部内部的把关核验工作。

随着互联网的兴起，催生了自媒体、网络原生媒体等多种新传播者，“事实核查”也走出了传统新闻编辑部，成为数字时代由多种主体参与的全球性运动，这也给事实核查带来了空前的复杂性。

2004年，美国新闻学会（API）曾试图对事实核查运动给出一个“指导性定义”：“事实核查个体和事实核查机构，通过重新报道并探究政治人物和其他有影响力人士在已公开发表材料中声称的事实，旨在增加社会公众在这些问题上的知识。事实核查者要对可验证的事实展开调查，他们的工作应独立于党派、利益和游说。”[①]严格来说，这不是对事实核查的定义，而是对事实核查行动目的和规范的一种理想化表述。事实核查运动的多主体性和广泛的参与性，提升了事实核查的能见度，但也有一些怀有各种目的的人借机用事实核查的名义行事，这也使得作为全球运动的事实核查发展得并不如预期乐观。第三节还会进一步讨论这一问题。

作为一种独立类型的事实核查作品，其内容特征是：第一，核查选题来自已经公开发表并有一定传播影响力的文本。尽管事实核查类型最早是从核查政治人物的竞选广告开始的，也因为新闻媒体对美国第45任总统特朗普在竞选和在任期间的言论进行大量核查而发展迅速，但事实核查的选题类型并不局限于政治人物的言论。第二，事实核查作品高度强调透明性，作品一般要展示核查者的核查工具、方法、推论依据，提供各种信源的原始出处和链接，还应交代核查者选择该核查对象的理由等背景信息。第三，事实核查作品高度看重作品的清晰程度，往往要借助数据可视化等手段呈现核查内容。事实核查作品要把“证据链”有条理地报告给读者，并用事实和逻辑的力量完成对核查对象的真实性判断。

这里我们可以对新闻领域中“作为方法”的事实核查和“作为类型”的事实核查做一个比较（见表1-1）。

---

① ELIZABETH J. Fact checkers worldwide assess truth and lies for international women’s day[EB/OL].(2015-03-08)[2023-03-08]. https://www.americanpressinstitute.org/fact-checking-project/fact-checkers-worldwide-assess-truth-and-lies-for-international-womens-day/.

表 1-1 作为方法的事实核查与作为类型的事实核查对比

	兴起时间	核查主体	核查对象	文本特征	行动指向
作为方法的事实核查	20 世纪二三十年代	新闻媒体聘用专门的核查人员	针对本媒体已经完成但尚未发表的作品	正式发表的文本中不呈现事实核查的痕迹，但一般会出现事实核查员的署名	媒体的一种“内部监督机制”，确保本媒体正式发布的作品能最大限度地体现新闻真实
作为类型的事实核查	20 世纪八九十年代	新闻记者以及传统新闻业之外的事实核查组织和个人	针对已经公开传播的且有公共影响力的新闻作品、政治言论、关于现实的传闻等	新闻媒体和事实核查组织发布的事实核查作品具有明显的特征，包括：指出核查对象和核查理由、展示核查过程和方法，给出核查结论	多主体参与的一种新的新闻类型，通过核验有影响力公开文本所表述事实的准确性，纠正和对抗数字时代的虚假信息

四、事实核查的定义

本节的最后，我们将给出“事实核查”的定义。这一定义的目的并不在于给当下林林总总的事实核查定义中再增加一条，而是为了本书读者能从新闻学视角更好地理解事实核查是一种怎样的实践。

> 事实核查是指对新闻报道以及有影响力的公开文本中关于事实的表述进行真实性核验的实践。这一实践活动强烈体现出新闻业追求事实真实的理念，采用各种传统和创新的核实方法开展核查。事实核查可以是新闻生产分工中的一类工作，也可以是围绕一种特定报道类型展开的生产实践。事实核查者可以是新闻工作者，也可以是传统新闻媒体之外的组织和个人。数字时代的事实核查实践，是参与主体广泛多元的全球性运动，从参与主体和范围来看，已经超出了传统新闻业，但从实践的规范性而言，仍是“新闻性”的。

在此基础上，我们期望本书的读者能掌握事实核查实践的规范性理念并创造性地使用各种事实核查技能，而不是简单模仿“事实核查”的既有形式。在信息过载和虚假信息泛滥的环境下，事实核查既是一种开放的实践，也是数字时代公众应具备的信息素养。我们相信经过一定时间的学习和实践后，非新闻专业的读者，亦可具备初步的事实核查能力，并能在数字传播环境中找到高质量的、可信赖的新闻信息来源。

第三节 事实核查的功能和局限

一、事实核查的功能

从事实核查的源起和发展演化的历史可以看出，无论是作为新闻工作的事实核查，还是作为新闻类型的事实核查，本质上都是提升事实叙述的准确性，纠正和对抗虚假信息的一种新闻性实践。它的实践范围和实践群体呈现出不断扩大的趋势，从新闻组织中的核查，到超出传统新闻业之外的整个社会新闻信息生态系统中的核查，从针对待发表作品中的错误，到政治性不实言论，再到网络上来源广泛的虚假信息，事实核查的理念和实践不断扩散普及。这一趋势体现了虚假信息与抵抗虚假信息这两方的张力。

数字时代，虚假信息的制造和扩散都更为方便，但抵抗虚假信息的传播力也在增强，事实核查就是在“道高一尺魔高一丈的对抗”中站在维护事实真实一方的实践。近十多年来，事实核查已经成为一种“全球流行的实践”①，它的流行也正对应着全球社交媒体高速扩张、信息流动提速、信息传播关系日趋复杂的变化。再加上一些政治性事件和重大事件的直接刺激，人们在信息过载的环境下产生了搞清楚“这是不是真的”强烈需求。面对“乱花渐欲迷人眼”的信息传播，人们渴望有一双能雾里看花的“慧眼”，事实核查就在这样的时代背景下顺势发展和蓬勃壮大起来。

事实核查被认为可以纠正错误和虚假信息，避免由此产生的社会分歧和激化。②作为一个被人们寄予希望的工具，事实核查的主要实践原则是程序理性，即针对那些可能影响公共讨论的重要议题，通过严格的实践程序和科学的分析方法，识别有影响力的说法中事实表述的真假，以减轻数字时代公众对信息的不确定性。③

二、事实核查的局限

尽管事实核查实践已经逐渐发展壮大为对抗网络上虚假和欺骗性内容的“基石”，④但人们也越来越意识到，事实核查并非解决网络时代虚假信息问题的万灵药。无论从实践方式还是效果上，事实核查都有其局限性。

首先，事实核查的实践对象是有限的。事实核查只能核查基于事实的表述是否真实，以及由此产生的观点是否合理，对于超过这个范围的“说法”，事实核查就无能为力了。比如狄更斯的金句“这是最好的时代，这是最坏的时代”，这是他作为现实主义作家对法国大革命这一时代背景的文学概括。很多当代作者也喜欢在文章中引用这句话，但这样的概括是无法对应具体事实的，也就不能对这样的表述进行事实核查。不过网络上流传的很多名人名言到底是不是该人所说，如果确有必要，则是可以

① GRAVES L. Boundaries not drawn：mapping the institutional roots of the global fact-checking movement[J]. Journalism studies，2018，19（5）：613-631.

② MARIETTA M，Barker D C. One nation，two realities：dueling facts in American democracy[M]. London：Oxford University Press，2019.

③ VINHAS O，BASTOS M. Fact-checking misinformation：eight notes on consensus reality[J]. Journalism Studies，2022，23（4）：448-468.

④ GRAVES L，MANTZARLIS A. Amid political spin and online misinformation，fact checking adapts[J]. The Political quarterly，2020，91（3）：585-591.

核查的事实。

其次，事实核查只能搞清楚“这是不是真的”，没有办法回答“什么是真的”以及“这为什么是或不是真的”。比如 2022 年 6 月，湖北一抖音用户多次发布视频，显示一位小朋友发出“喔”的声音会引来大量的蚊子。6 月 22 日，长沙广电旗下的星视频据此发布了一条“#3 岁男童发 o 音就能召唤蚊子 #”的博文，并登上微博热搜。当时腾讯新闻正在主办一期事实核查训练营，不少学员以“发 o 音引蚊子”一事作为核查对象，要探究这一现象背后的原理。这其实是事实核查初学者常犯的错误。想要对一件重要的事或让人感兴趣的事“一探究竟”，这是解释性新闻、调查性新闻的工作，不是事实核查的工作。尽管它们之间的确有交集，但工作重点和方法并不相同。事实核查关注的是“所称事实是否存在”“对事实关系的表述是否正确”“根据事实所做的判断是否合理”；调查性新闻是要通过深入挖掘尚不为人知的事实和祛除假象事实，找出事件的真相；解释性新闻则要通过专家采访和引用可靠材料，对一件事或一类现象提供对其背景、原因、机制的解释信息。所以上述选题不属于事实核查范畴，但可以通过专家采访提供解释性信息，如湖北日报传媒集团旗下的“极目新闻”就通过采访华中农业大学昆虫学副教授，告知网民“上述情况是一种正常现象，蚊子听到‘o’的低频声，会聚拢到一起。[①]

再次，事实核查是一种工作量大、耗时多的实践。做过事实核查的人可能都能体会“造谣一张嘴，辟谣跑断腿”的感受。相比于虚假消息的“言之凿凿”，事实核查则是谨小慎微的。事实核查强调透明性和程序理性，不仅要在海量信息中挖掘出有价值的内容，要处处交代信源，还要分析事实之间的逻辑关系，下一番研究功夫。所以事实核查不可能对网络上流传的每个存疑的事实陈述都进行检查，也常常面临发布核实结果与最初错误信息之间存在延迟的问题。有研究发现，如果事实核查与错误信息之间的时间间隔较大，事实核查纠正和抵消虚假信息的效果就会受到影响。[②]

最后，事实核查还有可能出现反效果。有一些研究提到事实核查可能会出现事与愿违的后果，比如一项针对 1,608 名澳大利亚受访者进行的在线实验发现，当第三方机构对新闻报道中政治人物的“声称”进行核查后，受众对最初进行新闻报道的媒体信任度显著下降。研究者推测原因是，公众可能无法区分新闻报道与新闻报道包含的政客的错误主张。当核实出政客的言论虚假时，连带媒体的公信力也会受影响。[③]

从事实核查的源起和操作规范看，它本是新闻业提升媒体和行业公信力，维护新

① 极目新闻 . 小男孩发“o”音招来成群蚊子，专家：正常现象，蚊子能感受到低频声音[EB/OL].（2022-06-23)[2022-09-05].https://view.inews.qq.com/a/20220623A0466600?uid=3275634330&chlid=_qqnews_custom_search_all.

② HAMELEERS M，VAN DER MEER T G L A. Misinformation and polarization in a high-choice media environment：how effective are political fact-checkers?[J]. Communication research，2020，47（2）：227-250.

③ CARSON A，GIBBONS A，MARTIN A，et al. Does Third-party fact-checking increase trust in news stories? an Australian case study using the “sports rorts” affair[J]. Digital journalism，2022：1-22.

闻真实的举措，但这个研究的实验结果却表现出不利于新闻媒体的一面。这说明公众其实并不接受对权威人物采用“他说 / 她说”这样新闻界已经习以为常的新闻操作惯例，当他们知道政客在说谎后，不仅会“怪罪”说谎者，还会“牵连”把这套说辞刊登出来的媒体。也就是说，更多的事实核查也意味着对新闻业提出了更高的要求，如果新闻业在由其推动的事实核查运动中暴露出更多的问题，但又没能及时改进并重新符合人们预期，那么新闻业的公信力可能非但不会因为事实核查实践而提高，甚至还会下降。

一项关于美国《华盛顿邮报》在 2016 年总统大选中对参选人言论进行事实核查的研究则从另一个角度提出事实核查的反效果。该研究发现，媒体核实出来的参选人言论不实程度越高，民调支持率的变化反而越正面，这与研究者原来的假设完全相反。① 对此可能的解释是，事实核查实践并不是在政治真空中发生的，已经存在的意识形态极化和价值观撕裂的复杂问题，不是通过给出一个正确的事实陈述就能纠正的。何况当社会价值观已经出现重大分歧的时候，选择看什么样的媒体和相信什么样的媒体，本身就是高度政治化的。

威斯康星大学麦迪逊分校新闻与大众传播学院的副教授卢卡斯·格雷夫斯（Lucas Graves）是研究全球“事实核查”实践的有影响力的青年学者，他曾借助在两次事实核查全球峰会上对事实核查人员的考察以及多年实地调研资料，绘制出一张“三角图”（图 1-2）。在这张二角图中，研究者把事实核查实践主体的制度逻辑分为“新闻”（Jour）、“学术”（Acad）和“政治”（Poli）三种。

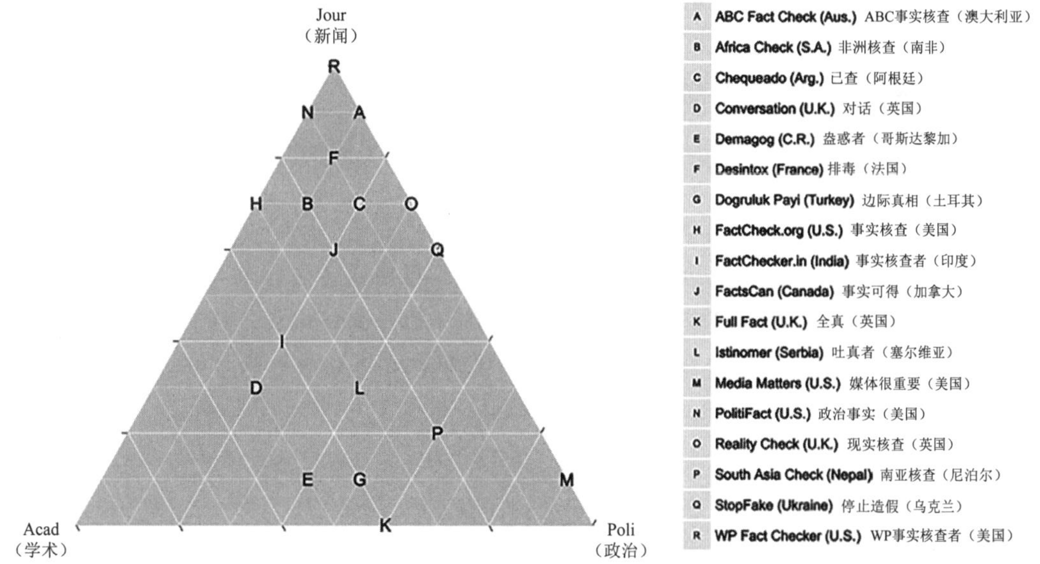

图 1-2　事实核查行动者主体“三角图”

① 虞鑫，陈昌凤．美国“事实核查新闻”的生产逻辑与效果困境［J］．新闻大学，2016（4）：27-33，66，149.

“新闻”逻辑是大多数事实核查组织的核心，它们或是新闻机构的一部分，或与新闻机构有某种联系，一些独立的事实核查机构也主要由记者和有记者经历的人员组成。在“学术”这个方向上，可以看到一些事实核查组织与学术界的关系，其中一类事实核查组织是与大学有直接联系的媒体项目，比如南非金山大学新闻系的“非洲核查”（Africa Check）项目。本书作者指导的南京大学新闻传播学院未来编辑部的校园媒体“核真录”也属于这种类型，是在大学校园里兼具“新闻性和学术性”的事实核查实践组织。在这个方向上的另一类事实核查组织则更强调研究属性，如印度的“事实核查者”网站（FactChecker.in）主要靠对政策进行研究分析来工作。

在“政治”这个方向上，研究者把那些有明确政治目标的事实核查组织归为此类，包括一些倡议推动善治、推动反腐或抵制特定事件中虚假信息的公民事实核查组织等，很多这样的团体其实与新闻业没有什么关系，有的组织认为自己是带有反对现有新闻体制色彩的“另类媒体”（alternative media）。

但大部分事实核查组织还是密集地集中在“新闻”这个方向上。尽管这张三角图中选择的典型案例只有 18 个，但我们仍然可以从一个较小的样本中看出事实核查这种全球性实践在参与主体和运行逻辑上具有多样和混杂的特点。这也是学术界第一次尝试“对全球范围内的事实核查运动进行系统分析”①。

事实核查实践作为一类在数字时代被寄予提升公共信息质量的社会行动，不但有其产生的历史背景、有正在形成中尚未完全定型的行动规范，也有受实践的现实条件限制表现出来的某些局限性。我们在学习事实核查理念和技能的同时，需要客观看待事实核查的效果和适用性，更需要警惕那些打着事实核查旗号但并不以维护公共信息真实为出发点的情况。以“事实核查”式的冷静客观态度来学习事实核查，也许是对这一同时强调理念和操作规范性的实践最好的学习方式。

思考

1. 有人认为，世上的一切都是建构的，没有客观实在可言，包括我们亲眼所见的事物，也不过是光线在视网膜所形成的图像而已。你会如何回应这样的观点呢？

2. 从新闻学对新闻事实的认定出发，你认为新闻学与历史学、社会学有什么不同？

练习题

1. 请你在新闻中随意选取一段报道某事或某人的段落，并尝试分析这段话中事实

① GRAVES L. Boundaries not drawn：Mapping the institutional roots of the global fact-checking movement[J]. Journalism studies，2018，19（5）：613-631.

与价值的“缠结”情况。

2. 播放一档娱乐节目时，弹幕上飘过“好真实啊”“真是人间真实”这样的评价，请问这里的“真实”和新闻“真实”有何不同？

3. 请你阅读一些事实核查报道，并说说自己的阅读感受。你是否喜欢这类报道？为什么？如果你发现一篇事实核查报道“辟谣”了你的朋友或亲属“误信”的谣言，你会不会把这篇报道分享给他们？为什么？

第二章　事实的“敌人”

本章要点

1.“虚假信息”的概念。

2.“虚假信息”传播有何特点？

3.“虚假信息”为何成为顽疾？

4. 如何面对“虚假信息”顽疾？

《孙子・谋攻篇》有曰：知彼知己，百战不殆；不知彼而知己，一胜一负；不知彼不知己，每战必败。事实核查既然是对事实表述进行真实性核验的实践，自然就蕴含着用这一实践“抗击”虚假信息之意，说其是在打一场信息世界中的真伪大战并不为过。

近 400 年前英国思想家约翰・弥尔顿在《论出版自由》中曾做出乐观论断：“虽然各种学说流派可以随便在大地上传播，然而真理却已经亲自上阵；我们如果怀疑她的力量而实行许可制和查禁制，那就是伤害了她。让她和虚伪交手吧。谁又看见过真理在放胆地交手时吃过败仗呢？”[①] 弥尔顿原文中用的其实是“真”（truth）和“伪”（falsehood）的交手，中译通常称为“真理”和“虚伪”的交手，似乎窄化了原意。弥尔顿认为真必然战胜伪，奠定了“观点自由市场”的信念，并为后来的现代西方新闻业自由报刊理论打下了基础。但从弥尔顿式的呼告回到现实中来，我们不得不承认：求真，是一件大不易的事。讲求实际的孙子兵法倒是提供了一个具体“战法”：事实核查既然要抗击虚假信息，那就得知己知彼。不仅要知道事实核查是怎么回事，还得知道事实的敌人——虚假信息是怎么回事。如果说本书第一讲的目的是“知己”，那第二讲则重在“知彼”。

① 弥尔顿 . 论出版自由［M］. 吴之椿，译 . 北京：商务印书馆，1958：46.

第一节　诊断虚假信息

2020 年 5 月的世界卫生大会上，世卫组织会员国通过 WHA73.1 号决议。决议认为管理信息疫情（infodemic）也是控制新冠病毒大流行的关键组成部分，呼吁会员国提供关于新冠疫情的可靠内容、采取措施打击错误和虚假信息并利用各种数字技术应对信息疫情。[①] 信息疫情以各种形式表现出来，比如美国极右阴谋论组织 QAnon 的信徒一开始坚称新冠疫情根本不存在，是精英集团编造出来的骗局，旨在破坏特朗普连任。[②] 本书在序言中举的例子——罗根的播客散布极端反疫苗人士的不实言论也是信息疫情的一种表现。事实的敌人——虚假信息在传播时从不承认自己是虚假信息。所有的谣言、谎言和错误信息都以“事实”或“真相”的面目出现，即使表面上宣称“尚不能确认”，实质上还是试图让听者“相信”，否则就没必要传播了。这给人们打击和清理虚假信息工作增加了难度，也就是说，人们首先得能识别出并不承认自己是虚假信息的事实之敌。

一、作为集合概念的虚假信息

事实的对立面有很多相关的概念，比如“谣言”“流言”“传闻”“假新闻”“虚假信息”“错误信息”和“误导信息”等。在我国，“谣言”是一个使用较多的概念，但有研究者认为，谣言概念的滥用及其与传言、误导信息、虚假信息、假新闻等概念往往交叉混用，缺乏必要的区分，会加剧危机时期公共话语的混乱和撕裂。[③]

西方国家近年来讨论较多的是“假新闻”概念，比如一项对“假新闻”做了极其宽泛的外延界定的研究认为，假新闻包括新闻讽刺（news satire）、新闻戏仿（news parody）、广告（advertising）、宣传（propaganda）、操纵（manipulation）和捏造（fabrication）等六种类型。[④] 研究者意在通过分析近年来 34 项学术研究中关于“假新闻”的定义，给出一个假新闻类型大全，并用它指涉所有的非新闻信息。这一研究的分析框架值得借鉴，它通过“内容真实性”和“作者的直接欺骗意图”这两个维度得以将一些情况区分开，但把宣传和广告都列入假新闻，以及把已经是比较成熟的娱乐

① World Health Organization. COVID-19 response[EB/OL]. (2020-05-19)[2022-09-05]. https://apps.who.int/gb/ebwha/pdf_files/WHA73/A73_R1-en.pdf.

② ARGENTINO M A. QAnon conspiracy theories about the coronavirus pandemic are a public health threat[J]. The Conversation，2020，9.

③ 刘海龙，于瀛 . 概念的政治与概念的连接：谣言、传言、误导信息、虚假信息与假新闻的概念的重构[J]. 新闻界，2021（12）：23-40.

④ TANDOC Jr. E C，LIM Z W，LING R. Defining “fake news”：A typology of scholarly definitions[J]. Digital Journalism，2018，6（2）：137-153.

节目形式的西方政治脱口秀这样的新闻讽刺和戏仿都列入假新闻行列，这恐怕是抱着一种新闻中心主义的立场，要么是新闻，要么就是假新闻。事实上，本书第一章提到过，对于什么事实，什么是真实，不同领域的表征方式和标准都不太一样，新闻只是其中非常重要的一种方式而已。此外，前文中也提到"假新闻"一词也被指出有语意缺陷，新闻就是真实叙述，假无法作为新闻的前缀。不过，"假新闻"一词已经约定俗成，本书也无法避免使用这个语意上不太准确的概念。

尽管有时候辨析概念的努力就像是用脏抹布抹桌子，但这些概念的出现和应用，表明人们对事实对立面的现象早有认识，并试图从不同的方面呈现和理解这一现象。为事实对立面寻求一个"集合概念"并将其类型化的尝试也屡有所见。在需要一个容纳度更广泛的概念来表述事实对立面的集合体时，本章采用"虚假信息"来统摄各类情况。这里所说的"虚假信息"，包括对事实做出的种种虚构的、错误的和误导性的陈述，并包括传播者故意和无意这两种情况。但不管是哪一种情况，"虚假信息"传播者的诉求都是让接受者相信其表述的事实。如果传受双方都心知肚明表述中的"夸张"和"演绎"应当属于一种创造性表达而不是虚假信息，比如讽刺漫画、恶搞文化等。此外，对抗虚假信息是一种高投入的实践，也不得不根据虚假信息造成的实际后果考虑"值不值得"的问题。因此，我们可以按照事实陈述的真实性、传播者意图和实际传播效果这样三个维度建构"虚假信息"的分类表（表 2-1）。

表 2-1　虚假信息类型

	影响力	失实程度	作者意图
类型 1	高	高	高
类型 2	高	高	低
类型 3	高	低	高
类型 4	高	低	低
类型 5	低	高	高
类型 6	低	高	低
类型 7	低	低	高
类型 8	低	低	低

在表 2-1 中，虚假信息按照"影响力""失实程度"和"作者意图"这三个维度，以及每个维度中高、低两种取值，逻辑上就可以得到八种类型。传播者故意造假、传播内容虚构捏造且造成社会影响力大的"三高型"虚假信息应该是事实核查的首选对象，而传播者无意造成的事实细节失实，且没有产生明显社会后果的"三低型"虚假信息则不需动用太多核查资源。一个复杂社会的信息环境不可能是完全"纯净"的，对一些没有什么危害性的虚假信息无须动用高射炮打蚊子。除了这两类比较明显的情

况，其余的虚假信息类型还需要事实核查者根据具体情况分析，对其进行事实核查是否有必要性和可行性。总之，对于事实核查者来说，诊断虚假信息是一种高度情境化的决策活动。

研究者总结过假新闻和谣言的很多种表现形式，如“无中生有型”“细节捏造型”“断章取义型”“随意添加型”“主观造假型”“受骗误传型”“策划事件型”“有偿传播型”，等等。这些类型下都可以举出实例，但这样的分类方法容易混同传播者的动机、方式和后果，往往是研究者事后“追认”的概念，对于指导实践的意义有限。本讲从事实核查者需要诊断识别虚假信息这一目的出发，将虚假信息的传播实践分为两种主要类型：虚构信息和错误信息。区分这两种虚假信息类型的目的在于提醒事实核查者，要识别它们需要调动不同的“诊断”知识。

二、虚构信息

这种情况是指传播者捏造事实并以新闻的形式传播，以骗取人们信任。比如曾获1981年“普利策新闻特稿奖”的《吉米的世界》（图2-1）[①]，文章讲的是一个生活在华盛顿特区贫民窟8岁黑人小男孩的种种不幸，包括被母亲的情人注射海洛因等，写得非常细腻生动，不过这个故事完全是记者捏造的。报道获奖后，人们四处寻找这个叫“吉米”的男孩，甚至连华盛顿警方都出动了，最后记者只好招认报道是捏造的。

JIMMY'S WORLD

8-Year-Old Heroin Addict Lives for a Fix

By Janet Cooke

See ADDICT, A1, Col. 1

图2-1　《华盛顿邮报》刊登的“捏造”特稿《吉米的世界》

2007年北京电视台生活频道《透明度》栏目播出了一期节目，题为“纸做的包子”，该节目播出了该台记者暗访北京朝阳区太阳宫乡十字口村一无照加工点使用废

①《华盛顿邮报》报道，1980年9月28日发表。

旧纸箱为馅制作小笼包出售的新闻。节目播出后，引起社会各界的广泛关注，北京市公安局成立专案小组进行调查。结果发现所谓的“纸馅包子”是记者自己定制的，他以喂狗为由，要求早餐店员工将浸泡后的纸箱板剁碎掺入肉馅，制作了20余个“纸馅包子”，同时秘密拍摄了包子的制作过程，又用剪辑画面、虚假配音等方法编辑制作了虚假的电视新闻专题片。

虚构信息的捏造者有各式各样的造假理由，有的甚至还有几分堂皇，如“纸馅包子”的造假者曾辩称其“初衷是为了打击无证、照食品加工商贩”（该申辩未被法庭采纳）。[①] 但假的就是假的，哪怕一时有正面效果，也无法抵消放任这种虚假信息对新闻机制合法性和正当性造成的伤害。

2008年5月12日汶川大地震发生后，一则“母爱短信”假新闻广泛流传，内容是一位母亲死前用身体庇护了自己的孩子，并在手机屏幕上留下文字“亲爱的宝贝，如果你能活着，一定要记住我爱你”。这一故事情节十分感人，但随后也引起了很多质疑，有人追根溯源后发现这是网络上流传的一个典型的“八无”新闻——无时间、无地点、无人名、无作者、无目击者、无证实者、无消息来源、追查至今无结果。这一故事首先源自多家网站的帖文，后被三家报纸（包括一份国家级大报和两份知名都市报）转载，使得这一消息迅速扩大了影响力，在国家2008抗震救灾大型募捐活动赈灾晚会的电视直播上，某著名主持人亲口说出了这个故事，使得这个假新闻在华夏大地广为人知。研究者调查发现，当问到一些新闻工作者为什么不核实就发布时，听到了这样一类解释：“这篇消息太感人了，事实上就算有些瑕疵，报道出去也是正面效果。”“大灾面前，众志成城的舆论氛围比真相更重要。”[②] 曾在国内舆论场上坚持多年“新闻打假”的《新闻记者》在评论中写道：“按此说法，只要能让人们感动流泪，只要能起到积极、正面的效果，新闻的真假就不再重要。难道只要能产生良好的社会效果，即使造假也可以在所不惜？对此，我们困惑不已！”[③]

显然，《新闻记者》表达的是对这一现象和围绕这一现象的错误认知的批评。因为这种做法是典型的饮鸩止渴，表面上它让人信以为真，心生感动，但一时的感动是以长久破坏人们对新闻机制的系统性信任为代价的。对于这类捏造的虚假信息，事实核查者首先要坚定新闻真实的信念，事实核查实践要做新闻领域的清道夫，要帮助人们建立对新闻系统的信任，摒除虚假信息而不被其各种花言巧语所蒙蔽。

事实核查者要对“故事”和“讲故事的人”有免疫力。一般受众面对一个感人或新奇的“故事”很容易就沉浸其中，尤其是当“讲故事的人”有一定权威性的时候更容易如此。但事实核查者恰恰应该采用批判式阅读而非沉浸式阅读的方式来处理这

① 赵瑞罡，白波．损害商品声誉罪的司法认定——“纸馅包子”案法律问题分析[J]．人民司法，2008（8）：4-9.

② 唐远清．任何时候都应追寻新闻的真实——对汶川地震后“母爱短信”报道的反思[J]．国际新闻界，2008（6）：28-33.

③ 本刊编辑部．八年新闻打假，留下五大困惑[J]．新闻记者，2009（1）：14-15.

类“故事”。比如“中国少女改写牛津大学800年校史”这则主要情节虚构的故事从2000年起就开始流传，虽屡经辟谣，至今仍然能在互联网上看到。其内容是：牛津大学校长颁发校长令，牛津大学建校800年来首次把博士学位和6万英镑的最高奖学金授予一位刚刚在牛津读大二的中国女孩，这则虚假消息先从一些地方媒体发酵，后被发行量很大的期刊包装成中国女孩奋发图强令国外顶级学术机构折服的故事，甚至被国家级权威媒体不断转发确认，一时间有数百篇相关报道，将此事炒作成轰动全国的大事件。2001年11月23日，“故事”主人公吴杨在《中国青年报》上发表声明称自己没有获得博士学位，所有相关新闻报道的记者都没有采访过她，敬请各新闻媒体、杂志和网站不要再转载这类文章。一位研究者当年曾是参与转载此事的某文摘杂志编务，事后对为何会把关失败提供了可贵的反思：一是把精力都放在满足杂志栏目寻找“异常”故事的定位上，没有考虑该文的“异常性”真实与否的问题；二是轻信了多家媒体之间相互转载造成的虚假的权威性。①

数字时代，社会信息传播渠道中加入了很多新的传播者，社会上实际流通的“新闻”已经超出传统新闻媒体和新闻业的领地，在这种情况下，迷恋新奇故事和轻信转载的问题，在流量刺激和传播者激烈竞争和时效的压力下只会更加突出。其实这类虚构信息的核查难度一般不大，一个“要人们当真”的故事，要活灵活现有吸引力，总要具备很多“事实元素”，而这些元素都是在现实生活中可验证的信息，一般情况下，核查者采用查询官方网站、用邮件或电话咨询等初步行动，就可发现端倪。因此，重要的是要有引发事实核查行动的意识，也就是我们这里所说的要时刻保持对“故事”和“讲故事的人”的免疫力，这也是新闻专业思维的要求。

辨识虚构信息，事实核查者还要具备新闻叙述的相关知识。正如我们在第一讲中已经说明的，是否有足够的事实素材支撑、能不能用事实描写事实，这是新闻行动者判断新闻事实和践行新闻真实的实践标准。这条标准同样可以用来判断已经被当成新闻公开传播的文本是否真实，是否需要开展进一步的事实核查行动。中国新闻奖的前身是全国好新闻奖，1984年浙江省送交参评的一篇通讯《九米拼搏》中有这样一段描写：“他绝没有想到，开车10年，铁轨不知越过万千次的他，竟会面对面与列车遭遇……焦灼、紧张、懊丧似无数钢针刺着他的心。要是有一米的宽余，或者再有一秒的延宕就好了，他可以避开撞击，可以将客车倒出来。”这篇通讯的主人公是杭州客运汽车驾驶员毛计三，1983年6月1日，他驾驶客车行驶至义乌城郊铁路与公路交叉口时，由于道口管理人员没有及时放下栏杆，又无鸣笛亮灯示警，面对飞驰而来的列车，在距铁轨仅9米的危急关头，毛计三迅速完成制动操作，让客车驾驶室面向列车。毛计三英勇牺牲，车上36名乘客全部获救。这篇通讯因为给真实事件加了一段虚构的描写，在全国好新闻奖的复评阶段被拿下。这次评奖也明确了文学创作中“合

① 孙藜．媒介运作常规对把关人的影响——误发假新闻的反思［J］．新闻记者，2002（8）：29-30.

理想象”的手法绝不可用于新闻叙述的原则。

已经牺牲的英雄人物“不可能”告诉记者他当时的想法，这种虚构性比较容易辨别，但有一些文本中的虚构成分则没有那么明显，比如在不加交代的情况下，记者对没有亲临的现场做“场景化”描述、报道人物的内心活动、给出记者很难通过采访得到的“直接引语”等。我们应该明确，这些做法不是新闻报道有文采的表现，而是报道者在虚构。哪怕只是细节或局部的“添油加醋”，也是虚构。新闻对虚构信息应该是零容忍的态度，只有这样才能确立新闻 = 真实叙述的职业边界，把新闻和形形色色的传闻区分开来。事实核查者如果看到文本中有不按照以事实描述事实的方式进行叙述的迹象，就要意识到这样的文本不符合新闻专业的规范，对它的真实程度就要有所警惕。

此外，用摆布真实影像的方式来制造虚假的视觉呈现，也是一类常见的虚构信息。造假者可能通过前期摆拍和后期技术处理来欺骗受众。比如图 2-2 是 2010 年 5 月 25 日英国《经济学人》的封面，画面显示时任美国总统奥巴马在墨西哥湾处理漏油事件时孤独地垂首站立。实际在图 2-3 路透社拍摄的原始图片上可以看到，奥巴马此刻正与一位官员交谈，对方身高较矮，所以要低下头倾听。《经济学人》为了表现奥巴马在此事中的“无力感”，后期处理了画面，制造了奥巴马此刻独自垂首的“错觉”。这一事件因网民对比了路透社原图和《经济学人》封面而引发了对《经济学人》摆布图像的强烈批评，最终《经济学人》道歉认错。

图 2-2 《经济学人》修图后的封面

图 2-3 路透社拍摄的原图

在 PS 等图片后期处理技术越来越普及的今天，“修图”“改图”已不是什么高难度操作，传播者对网络上流传的图片真实性判断要格外谨慎，掌握图像反查、溯源等工具已是事实核查者的必备技能。除了静态的图像可能造假外，借助人工智能、深度学习、算法和生物特征识别技术的程序，可以在视频中实现“换脸”和“换声”效果，这被称为深度伪造技术（deep fake tech）。这种技术一经出现，就有多国立法对网络空间中的深度伪造予以打击和严格限定，之所以如此警觉，是因为这种新技术很可能会破坏我们对日常世界的基本信任，比如无法再相信“眼见为实”了，这可能造成日常生活的严重失序。

随着数字技术的发展，高仿真的虚拟现实和超现实符号世界已经近在眼前，重要的不是我们是否接受“虚拟现实”“数字人”或“元宇宙”，而是我们是否有信心和能力守护对客观现实世界的认知规范，区分哪些是对现实世界的事实表述，哪些是模拟现实世界的符号创造，哪些是超越现实世界的视觉想象。对于事实核查者来说，在数字世界里做好事实守护人的工作，除了理念和叙述知识外，还必须不断更新相关的技术知识，以免失陷在拟像与仿真的数字迷雾森林。

三、错误信息

虚构信息有传播者捏造和主动造假的意图，在传播过程中其他传播者没有识别出这种意图，导致虚构信息的流传。错误信息则是传播者对信息来源、信息类型、信息内容做了错误判断所导致，尽管错误信息的制造者和传播者不一定有主观故意，但错误信息对社会信息环境一样有害。

2009 年 11 月 8 日，中央电视台新闻频道播出了一条有关荷兰“美好新闻日”的消息。报道称:“11 月 6 日，对于荷兰人来说是一个放松的好日子。因为在这一天，荷兰的几十家报纸、电视台、广播电台只向人们提供好消息。这就是荷兰的美好新闻日”。央视财经频道、北京卫视和四川卫视等媒体也播出了该新闻，并在标题中使用了“只播好消息”“坏消息禁入”这样的字眼。这是一条在记者节当天播出的与其他国家新闻业有关的新闻，但因为记者缺乏相关的知识背景，在报道荷兰“美好新闻日”时使用“坏消息禁入”“只播好消息”等说法，是一种典型的误读。对于一直以“坏新闻才是好新闻”为宗旨的西方新闻界来说，如果荷兰媒体确实在 11 月 6 日这一天只报好消息，那本身就是一个轰动事件。但通过各种搜索引擎仔细检索“美好新闻日”“美好新闻日”+“荷兰”等关键词，却所获寥寥。原来这个活动的发起人是一位荷兰的前政府工作人员，该人辞职后致力于公民记者工作，并创办了一个名为“鼓舞新闻”（Newspirating）的公益组织，号召媒体向人们有选择地提供一些正面消息，以鼓舞人们对世界和人生保有积极乐观的态度。

这类公民新闻组织的呼吁不仅在荷兰，在其他国家也有，包括后来一度引人关注的“建设性新闻”运动等，都可以视为对以报道坏消息为主的西方新闻传统的纠偏行动，但从来没有占据主流。比如在荷兰“美好新闻日”这一天，荷兰国内的主流媒体也只是把“美好新闻日”活动视为一则普通的“媒介事件”，而当天的“负面新闻”一点也不少。例如，当天荷兰最大的日报《电讯报》（*De Telegraaf*）的头版上打出的醒目标题就是“刑讯逼供”，报道荷兰情报局被控曾对两名前雇员刑讯逼供的丑闻。这是一场本来很普通的、非主流的欧洲国家的小小媒介事件，但被我国权威媒体渲染成具有强制意味（如使用“禁止”“只能”这样的语言）和全国性（如在总体意义上使用“荷兰人”“荷兰媒体”这样的概念）的活动，对这一事件进行了错误陈述。究其原因是传播者缺乏相关背景知识，想当然地做了符合中国语境的“以正面报道为主”的解读。

这个案例说明，报道现实世界需要调动的语境知识非常多，即便按理说应是新闻业最熟悉的新闻领域的事件，传播者也可能不了解不同国家的新闻传统、新闻文化和媒体制度。传播者虽然不可能成为每一个领域的专家，但首先应明确意识到不同社会领域、地域、时代、行业有不同的知识，具备正确的语境知识对于正确表述事实来说至关重要。传播者可以通过加强自我学习、寻找相关领域的专家信源、获取相关领域的权威资讯来判断和验证。

2022 年 7 月，网络上流传着某品牌旗下一款雪糕在 31℃的室温下放置近 1 小时仍然不融化的消息，有人说这款雪糕连“火烤都烤不化”，并有图片和视频为证。网民提供的事实性素材没有问题，但网民按照“以前吃到的雪糕”融化后的常识为标准，默认雪糕融化就应该化成一摊水，否则就是不正常。可这款雪糕的固形物含量高，含水量低，并添加了可食用黏稠剂，即使融化了也不会是一摊水。这件事件在互联网上被不断衍生，形成了好几天的热议话题。公共话题的演绎和衍生逻辑是舆论研究要关注的问题，事实核查关注的则是话题的源头——事实到底如何、对事实的表述是否准确。公众意见不可避免是多元甚至冲突的，但对事实的表述却有可能达成共识。比如在这个案例中，如果能替换掉不适合的语境知识（与传统雪糕比较），换成适合的语境知识（高固形物雪糕的成分），对同一段视频的事实表述就可能达成共识了。很多时候，事实核查的工作就是找到恰当的语境知识，纠正错误的事实表述。

错误信息不仅可能因为传播者缺少或使用了不恰当的相关语境知识而产生，也可能因为传播者对事实之间的关系处理错误而导致。最常见的就是“标题党”现象。2012 年 5 月，一则关于未成年女性进行人流手术的报道被各大网站纷纷转载，并被冠以“人流手术者近半未成年”“调查称中国人流手术者近半数未成年”“内地人流手术者近半未成年”等耸人听闻的标题。根据中国青年报社会调查中心对全国 11,394 人进行的调查显示，看过这一新闻的受访者中，56% 的人将其误解为“全国性”的情况，而实际上这一新闻所依据的不过是研究者针对北京一家妇幼医院历时性调查的数据。《中国青年报》的调查还显示：78.4% 的人感叹，耸人听闻式的新闻标题在当下媒体普遍存在。[①] 这种具有误导性的、耸人听闻的标题，如果用网络自身的语言来表

① 洪欣宜，向楠，万人民调：六成受访者曾受耸人听闻式新闻误导[N]. 中国青年报，2010-05-29.

述，即“标题党”[①]。其表现形式是：标题与正文完全无关或关系不大。

研究者 10 年前对门户网站时代的标题党现象进行过抽样调查，发现在 1,645 个标题中存在“标题党”问题的有 267 个，占 16.23%，这是一个很高的比例。[②]社交媒体时代流量的控制力更强，涌入新闻传播领域的自媒体数量激增，“标题党”问题更加严重。这里搁置标题党的传播动机（其中不乏故意混淆视听的情况）不论，仅从内容所提供的事实与标题的关系上加以分析。新闻性文体的标题同时具有信息速览和吸引阅读这两大功能。相比于新闻文本的其他部分，标题的呈现方式也比较灵活，可以概括新闻内容、突出重要新闻点、适度表达观点和情感等。但标题是新闻文本的一个有机组成，它当然也受新闻真实规律的约束。如果平衡不好追求真实性和追求传播效果、新闻标题的规范性和灵活性的关系，就可能出现标题与正文内容脱节的错误。

2011 年 12 月 26 日《中国青年报》刊登了一篇报道《北大校长演讲遭“标题党”拆解》，报道了一个在当下仍然具有讨论价值的案例。2011 年 12 月 24 日，时任北大校长周其凤在湖南省长沙市第一中学演讲。次日，这场长达近两小时的演讲被多家当地媒体报道，其中一家媒体报道的标题是《北大校长称美国教育一塌糊涂》。该标题在微博上被大量转发，引起广泛关注。北大校长的讲座主要是和中学生分享自己的成长历程和人生感悟，在谈到美国教育时，他认为美国的教育有好有坏，好的方面要学习，不好的方面比如“在培养世界公民这个角度来说，我认为美国的教育是一塌糊涂。它培养的人，也就是说他们感到骄傲的是他们的总统，哪个总统懂得尊重人家？就想欺负人家，就想把它的价值观强加于人，就想按照美国说怎么样就怎么样办。所以，从这个角度来说美国的教育是一塌糊涂，这是我的看法。”长沙第一中学校长赵雅茜告诉记者，这确实是周其凤校长的表述，而且只占全部演讲的极小部分。“但很明显，周校长并没有全盘否定美国的教育，相反，他还在很多方面予以了肯定。”当时在讲座现场的另一位记者事后在微博上发言称：“谨代表一个见证者为北大校长批美国教育一塌糊涂辟谣”“他的原意是欣赏美国教育有许多先进之处，但其培养的几届总统喜欢给他国强加自己的价值观，在美国价值观传播教育上一塌糊涂，并不是媒体（所报道那样）断章取义的歪解，请各位再不要上标题党的当了。”[③]

这个案例到底算不算“标题党”，值得讨论清楚。首先要明确，原报道及标题并没有虚构，“一塌糊涂”四字的确出自校长本人。但用“北大校长称美国教育一塌糊涂”作为对讲座中涉及美国教育评价部分的概括，则是错误的。概括是一种对事实的操作，比如要在 5 个具体事实上概括出一个事实表述，那么概括出来的事实表述必须

① 说明：“标题党”之“党”最初是对一群制作和传播耸人听闻之网帖标题的网友的称呼，但现在更广泛的理解是对具有“标题党”之表现形式的标题的统称，这里取后一种意义。

② 王辰瑶，金亮．网络新闻“标题党”的现状与叙述策略——对 8 家网站新闻排行榜的定量分析[J]．新闻记者，2013（02）：65-71.

③ 叶铁桥．北大校长演讲遭“标题党”拆解[N]．中国青年报，2011-12-26.

建立在全部被概括对象的基础上，并体现被概括对象也即这5个具体事实陈述之间的逻辑关系。只有概括出来的也仍然是事实，才符合用事实描写事实的新闻真实操作原则。这个案例的问题在于，原报道标题要概括的是北大校长对美国教育的评价，但既没有建立在全部的需要概括的事实对象之上，也没有尊重事实表述的逻辑关系。因此它属于处理事实关系不当导致的"标题党"。这类做法虽然不是"恶意造假"，但对信息环境也会产生伤害。2020年腾讯公司发布企鹅智库调研报告称，通过调研1,665位用户，发现有超过80%的用户抱怨"标题党"，65%以上的用户厌恶假新闻与低质内容；93.4%的用户把信息的真实可信作为内容消费的第一价值诉求。① 国外的调研也证明了这一结论："标题党"会降低新闻公信力和公众对新闻品质的评价。②

辨识传播者对事实关系处理不当造成的错误信息需要传播者关注文本是否具有内在一致性，在很多情况下，判断文本是否具有内在一致性并不需要调动外部知识，但需要考察文本内部事实与事实的逻辑关系，并对此保持高度的敏感。2022年7月22日，中央电视台新闻频道播出新闻特写《油价攀升患癌女孩一家借高利贷买汽油》，援引美国哥伦比亚广播公司的报道，关注了美国印第安纳州一个家庭不得不借高利贷买汽油带患癌的孩子开车看病的事。央视新闻在报道中称："但过去一年，美国的汽油价格从每加仑大约3美元，一度飙升至每加仑5美元以上。每周，文森特一家在给汽车加油上要多花200美元，约合人民币1,350元。"中文社交媒体上马上就有网民发问，按此推算这个家庭每周要加100加仑的汽油，也即378升汽油。按照家用汽车较高的耗油标准每升8公里到10公里计算，每周开车的里程数高达3,000公里以上，这不合常理，也与报道中提到的带孩子看病的医院离家有一个多小时车程的事实明显不符。检索一下原始报道——美国哥伦比亚广播公司2022年7月15日晚间新闻中报道的《美国家庭在通胀和油价飞涨中苦苦挣扎》（*U.S. Families Struggle as Inflation and Gas Prices Soar*）可知，原报道的解说词是"这个家庭每周需要在汽油上花费超过200美元"，并不是每周要"多花200美元"。这就是一个通过发现文本内部的不一致性，找出报道错误的例子。

新闻传播领域还有一类常见错误信息是由于传播者缺乏对文体和信源的知识导致的。正如前文提到的，新闻戏仿、反讽已经成为一些西方国家常规化的娱乐内容，比如"政治脱口秀"节目、"洋葱新闻"等恶搞网站等。还有一些"小报"和"八卦媒体"，提供的是"故事会"之类的消遣谈资。这里不评判这类节目和媒体的社会价值，但它们的存在是一个客观事实，并已经被所在社会的公众默认和接受。如果其他社会的传播者不了解这些文体和信源，就可能把"笑话""搞笑"当成真事报道。我国的

① 企鹅智库.数字内容产业趋势报告2020-2021[R].(2020-12-09)[2022-09-23].https://new.qq.com/omn/20201209/20201209A07KFO00.html.

② MOLYNEUX L，Coddington M. Aggregation，clickbait and their effect on perceptions of journalistic credibility and quality[J]. Journalism Practice，2020，14(4)：429-446.

新闻管理体制相当严格，但一些传播者推己及人，对其他社会里的媒体信息不加审查地拿来即用，就容易出现错误信息。在国内传播的国际新闻领域，就出现过类似的错误信息，有研究者称之为“对内国际假新闻”问题。[①] 此外，随着短视频的兴起，把游戏视频、影视剧视频等当新闻素材，把导演“生活剧”当新闻事件的情况也屡有发生。一方面是有些制作者不了解或故意混淆新闻与其他文本的边界，另一方面是虚假信息在漫长的传播链中失去了原来的语境，并有不断加入的转发者背书，很容易被后来者错认为是可靠的新闻。

总之，要在信息的汪洋大海中识别可能的虚假信息，事实核查者不仅要保持“合理怀疑”的敏感性，还要能随时调动不同的知识储备，包括叙述知识、技术知识、背景和语境知识，充分了解文本与信源的差异，能判断对事实关系的表述是否合理、时刻关注文本是否具有内在的一致性等。事实核查者就像是信息过载时代的“清道夫”，有经验的清道夫总能更容易地找出信息垃圾。

第二节　虚假信息是一种顽疾

本节，我们来讨论一则虚假信息在网络空间传播的具体方式和路径，以便能更深入地理解数字时代虚假信息的制作和扩散特点。这一案例的研究工作由笔者与另一位合作者共同完成。[②]

一、虚假信息的文本旅行

2018 年 3 月 9 日出版的《科学》杂志（*Science*）发表了一项令人深思的调查，三位 MIT 的研究人员对 Twitter 上 12.6 万条广义的真假新闻及其传播情况进行了大数据分析，结果显示：假新闻在社交媒体上比真相传播得更广、更快、更深。这项研究所指的“新闻”是广义的，即研究者把新闻定义为“任何报道或主张”[③]。*Science* 这项采用大数据分析方法的研究，描绘了社交平台上不同议题传播扩散的广谱图景。我们的研究则试图聚焦一个特定议题的案例，对虚假信息的文本特征和它在网络世界的扩散方式进行细致的阐释。

2020 年 5 月 21 日，我们发现了一个可能有助于回答上述问题的理想案例：一篇名为《保时捷停首都机场 6 年，真相让人泪目：梦里看见的人，醒来记得去找他！》

① 辜晓进，李晓兵．伪造的合法性：对内国际假新闻的话语策略［J］．现代传播（中国传媒大学学报），2022（6）：11-18.

② 说明：本案例内容出自两位研究者已发表的论文。王辰瑶，王存双．顽固的假新闻：另类故事与传播界墙——基于“豪车落灰”社会话题的个案研究［J］．新闻与写作，2021（9）：29-38.

③ Vosoughi S，Roy D，Aral S. The spread of true and false news online［J］. Science，2018，359（6380）：1146-1151.

（下称“保时捷落灰 6 年”）的帖子频频出现于微信群和朋友圈，很快有了 10 万 + 的阅读量。5 天后，腾讯新闻旗下的谷雨实验室发表了辟谣文章《我们来终结这则保时捷落满 6 年灰的催泪假消息丨谷雨》。“保时捷落灰 6 年”帖文的大意是：2014 年 3 月 8 日失联的马航 370 航班乘客在机场停放多年的豪车已欠下巨额停车费，但家人相信亲人终会回来，不忍心把车从机场停车场开走。

之所以说这个案例可能是一个“理想”案例，因为它的内容有一定的能见度（围绕该话题出现多篇点击量“10 万 +”的帖文）、引起了部分专业化媒体的“辟谣”，但没有引发进一步的管制如“封号”等处罚，因此可以说它是一个“普通”得很典型的虚假信息案例，是人们在网络内容洪流中会经常碰到的日常假新闻，也可以让研究者观察其完整的传播链条。

当我们开始围绕“保时捷落灰 6 年”查找相关文本时，发现其在网络上存在的时间与扩散的范围都远超出原先的估计。尽管最初进入我们视野并引发腾讯谷雨辟谣的“保时捷落灰 6 年”是 2020 年 5 月发布的，但通过在慧科数据库、百度和微信平台上用“僵尸车”“豪车”“车主”“马航”“假新闻”“谣言”“辟谣”等关键词反复检索后，我们发现这个并不复杂的假新闻竟有 836 条内容完整、有不同发布来源的相关变体文本。这些虚假信息的部分内容源于正常的治理改造僵尸车的新闻报道，我们选择了两条这样的“原初报道”，并搜集了相关辟谣报道 230 条。这样，在这个“豪车落灰”话题下我们将共计 1,068 条文本纳入案例研究的分析范畴。虽然不能说案例研究的文本可以完全复现“豪车落灰”这个话题的传播全貌，但通过反复的查找比对，我们认为这个样本已经足够去了解这一并不复杂的社会话题在网络空间的文本变形和传播扩散情况（图 2-4）。

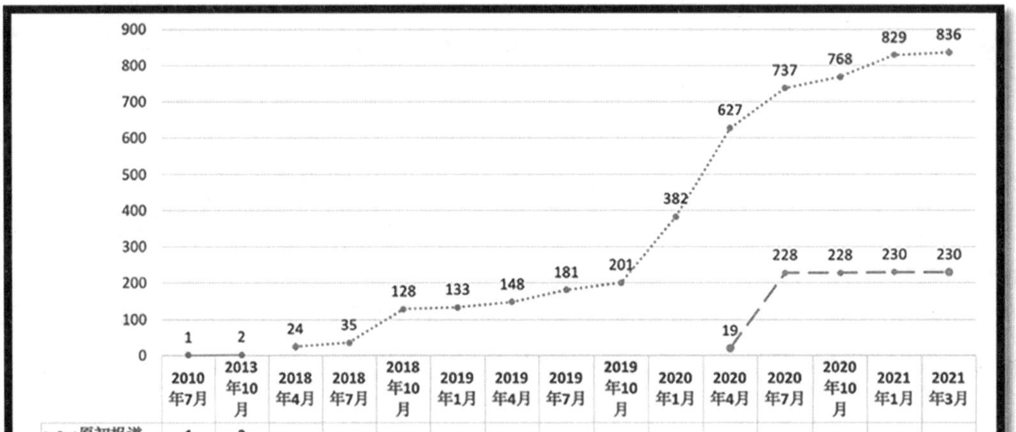

	2010年7月	2013年10月	2018年4月	2018年7月	2018年10月	2019年1月	2019年4月	2019年7月	2019年10月	2020年1月	2020年4月	2020年7月	2020年10月	2021年1月	2021年3月
原初报道	1	2													
假新闻报道			24	35	128	133	148	181	201	382	627	737	768	829	836
辟谣报道											19	228	228	230	230

图 2-4 “豪车落灰”话题相关文本类型和传播数量的变化

我们发现“豪车落灰”话题相关文本的“旅行”轨迹如下：

首先，正常的新闻报道关注的是“僵尸车治理”这类常见的社会民生问题，但报道中的新闻素材，后来被造假者盗用。如分析样本中的两条真新闻，分别是 2013 年 7 月 3 日《北京青年报》的报道《首都机场沉睡车为何不回家》，以及 2013 年 9 月 16 日《京华时报》的《“僵尸车”渐成新型城市垃圾》，两篇报道都提到首都机场停着一辆落满灰的桑塔纳，并有记者现场拍摄的图片、有明确的停放位置、有对停车场保安的采访等。这些素材在此后的“豪车落灰”虚假信息传播中被频频挪用，成为编造故事的“证据”之一。而新闻的呈现方式如实地探访、采访知情人（保安等）等也被有些造假者模仿，作为增强文本可信度的手段。

接着，一个简易的虚假故事模型出现了。第一个“豪车落灰”假新闻是 2018 年 4 月 7 日一个叫“汽车扒一扒”的垂直内容媒体在今日头条 App 上发布的《保安说，车主是马航受害者，家人说车主不回来，车就不开走》。该文连标题共 471 个字，第一次把“无人开走的豪车”和“车主是马航乘客”联系到一起。文中展现“无人开走的豪车”时，用的是一张没有环境信息、把雷克萨斯车牌号打码的照片截图，而声称“车主是马航乘客”时，借用无名无姓无照片的“上海浦东机场保安”和同样无任何可核验信息的“家人”之口，称“车主是马航 370 受害者”。此外，文章还用了较大篇幅（177 个字）表达“为马航祈福”“僵尸车背后的车主都有自己的故事”等感慨。[①] 这篇文本已经具备此后不断传播的“豪车落灰”故事模式：先借用一些真实事实素材表明僵尸车的存在，接着通过编造的模糊信源如“保安”“家人”建立僵尸车与马航失联乘客的联系，最后通过抒情、感慨和说教建立与读者的情感连接。

在这个虚假故事的基础上，“豪车落灰”的文本不断扩散和变异。从 2018 年 4 月 7 日到本案例结束搜索的 2021 年 3 月 15 日，我们发现不同传播节点发布的“豪车落灰”假消息共 836 条，其中有 698 条属于同文扩散，也即造假者们可以在不同的网络社交平台上很方便地“搬运”这些故事。有 138 个文本略有不同，但考察过所有不同的文本后，我们发现这个虚假故事的基本模式从未改变，仍然是假新闻文本制造的“三部曲”：一是借用事实素材制造真实感；二是编造模糊信源建立主要情节；三是通过抒情感慨或说教建立读者与虚假故事的情感连接。这些文本之所以会变异，主要在第一步和第三步，也即借用事实素材部分的对象呈现和假新闻从“事实”延展出的道德和情感部分。比如在这些故事里，豪车型号出现了桑塔纳、雷克萨斯、奥迪、奔驰、保时捷等，停车费用有 8 万、十几万、30 万、80 万等变化，但不变的是通过编造无任何凭证的模糊信源“保安”“家人”“网友”和“机场工作人员”之口，宣称车主是马航失联乘客。第一步借用事实素材部分的文本变异是有限的，主要来自各汽车

① 汽车扒一扒. 保安说，车主是马航受害者，家人说车主不回来，车就不开走[EB/OL].(2018-04-07)[2022-09-05]. https://www.163.com/dy/article/DEQR4I8V0527DMH3.html.

论坛的网友图片、以往僵尸车治理报道中的新闻图片等。但从这些伪造“事实”延展出的道德和情感故事，则不受此限，成为后来一些假新闻文本主要打造的“原创”部分。如案例开头提到的“保时捷落灰6年”一文，涉及所谓“事实”的部分只是文章的由头，五分之四的篇幅都是作者的“有感而发”——“人生苦短，往往等不及来日方长”“一次擦肩而过，可能就是永远”等。① 从留言看，正是这些建立在虚假事实基础上的“感悟”，让读者产生了比较强烈的情感连接，并带来巨大的阅读流量。

随着假新闻扩散，一些正规或采用专业化工作方式的媒体展开了辟谣报道。两个影响比较大的辟谣报道是《新京报》“我们视频”和腾讯新闻旗下的“谷雨实验室”完成的。2020年3月31日，《新京报》在微博发布的辟谣短视频显示，记者来到北京首都机场的停车库，采访了多位停车场工作人员，还在长期停放的车里发现了2012年的报纸（马航事件发生于2014年3月8日）。2020年5月25日，腾讯新闻旗下的“腾讯谷雨实验室”也发布辟谣报道，发现网文中所谓首都机场失联豪车根本就不在首都机场停车场（环境信息不符合），机场停车场工作人员也明确告诉记者，停车场只有一辆2014年的车，并不是马航MH370遇难乘客的。2020年5月26日，《潇湘晨报》和《新京报》也发布文章，进一步推进了辟谣。但虽然经过专业化媒体几次辟谣，“豪车落灰”这一虚构的故事依然维持着旺盛的生命力。从上图也能看出，辟谣报道数量上涨的同时，虚假信息的数量也在攀升。

二、“豪车落灰”话题是怎么传播的

为进一步回答“豪车落灰”话题下的虚假信息和辟谣报道在当下多主体的数字信息环境中是怎么传播的，我们对这个案例的传播主体节点进行了网络分析。我们用点表示1,068个案例分析文本，每个文本都有不同的传播节点。经分析，这些文本之间的关系主要有三种：相同、反对、吸纳。相同指同一个传播者 / 机构在不同的传播平台号上发布的相同的文本关系；反对指后文本批评前文本，如辟谣报道与被辟谣的假新闻就构成反对关系；吸纳关系则指后文本吸收借鉴了前文本的某些元素，如虚假故事在文本旅行中的变异。编码后运用网络分析软件Gephi进行可视化（见图2-5）。为方便阐述，我们把连接节点数超过50的子网络标记为ABCDE五个区块。

根据2017年6月1日起施行的《互联网新闻信息服务管理规定》，申请互联网新闻信息采编发布服务许可的，应当是新闻单位（含其控股的单位）或新闻宣传部门主管的单位。本案例中，我们把符合这一标准的传播主体称为“有生产资质的新闻媒体”。其他传播主体则属于“泛新闻内容提供者”，主要包括没有新闻采编权的信息门户网站、依托各类信息聚合平台的网络原生内容媒体。区分了这些传播节点的类型

① 说明：首发微信公众号“叫我杨咩咩”已删除此文，但原文曾被其他公众号同文转发，并被专业媒体辟谣。https://mp.weixin.qq.com/s/Vm5pWOxYuSPEJBTpv7RZmw.

和关系后，我们就可以来解读图 2-5 中的信息了。

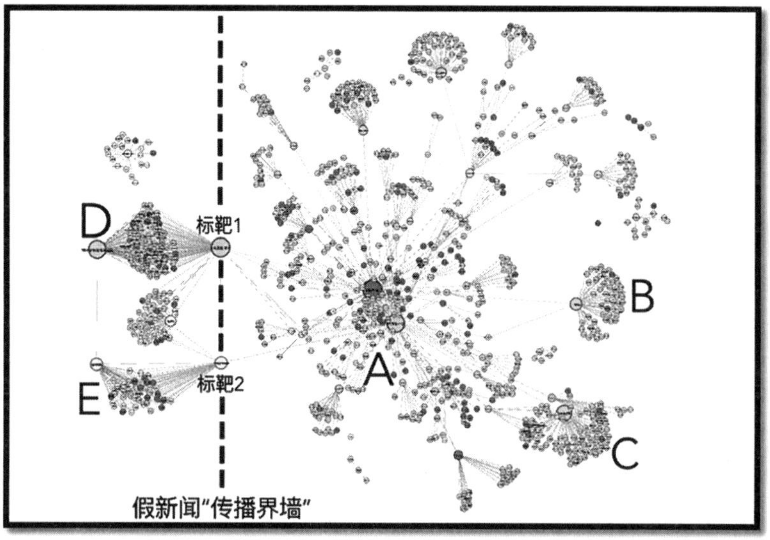

图 2-5　“豪车落灰”案例中各传播节点的网络关系

图中区域面积最大的子网络 A 有两个核心传播节点，它们正是案例中最早传播“豪车落灰”假新闻的网络原生内容媒体“汽车扒一扒”2018 年 4 月 7 日发布的《保安说，车主是马航受害者，家人说车主不回来，车就不开走》和汽车交易信息网站“易车网”4 月 15 日发布的《四年未动的这台僵尸车主人是马航乘客，家人说：等车主回来开走》。这两个核心传播节点的文本成为后续众多文本模仿和借鉴的对象。从 2018 年 4 月开始，陆续有 130 多个“豪车落灰”话题传播者直接同文转发或吸纳改造了这两个核心文本，其中有些节点文本又继续被改造或转载。如子网络 B 的核心传播节点是 2019 年 12 月 17 日网络原生内容媒体“样样好车”在 UC 头条平台上发布的《北京机场一辆奥迪，四年停车费 30 万，员工：人找到不要钱》，该文就是对子网络 A 核心文本的改造文本，又被其他传播节点转发了 79 次，形成一次较大规模的二次扩散。子网络 C 也是这样，其核心节点是 2020 年 1 月 16 日网络原生内容媒体“千寻名车”发布的《上海机场一辆奥迪，5 年停车费 30 多万，员工：若能回来，一分不收》，截至 2021 年 3 月，又被其他传播主体转发了 53 次。除 B、C 外还有一些传播规模小一点的子网络也都是同样情况，这些传播节点大多数是与“汽车”“车友”等有关的网络内容号。

但子网络 D、E 就不同了。D 的核心文本是 2020 年 5 月 25 日“腾讯新闻谷雨实验室”发布的《我们来终结这则保时捷落满 6 年灰的催泪假消息》，这一辟谣报道在一周多时间里被 88 个传播节点扩散。谷雨在辟谣报道中将造假矛头直接对准网络原生内容媒体“叫我杨咩咩”制造的影响较大的 10 万 + 网文“保时捷落灰 6 年”，因此转发谷雨辟谣报道的众多传播节点，也与这一被辟谣文本构成了“反对”关系。谷雨把“保时捷落灰6年”当作了“假新闻标靶”（在图中记为“标靶1”），但实际上它只是众多“豪车落灰”假新闻中的一个。同样，子网络E的核心文本是2020年5月26日《潇湘晨报》发布的调查报道《马航遇难乘客的保时捷停机场6年落满灰？看哭百万网友是假消息！长沙相关公司回应了》。这篇文章在3天时间里一共被媒体节点传播了52次，主要的辟谣对象则是《华夏文明导报》抖音号2020年5月18日发布的《首都机场两辆豪车停了六年高达9万停车费！保安说：人回来开走不收钱真相令人泪目》（记为“标靶2”）。值得注意的是，《华夏文明导报》作为一家正规媒体，其抖音号却用了与ABC等子网络中节点几乎一样的手法制作假新闻，而且还成了假新闻标靶1的“信源”。

至此，我们可以大致描绘出“豪车落灰”话题的传播路径：2018年两个将“马航乘客”要素安装在此前僵尸车治理新闻和众多城市僵尸车网络素材之上，再加上情感和道德感悟炮制出虚假信息文本，被众多网络传播节点转发或改造，但基本只在汽车圈流传。直到2020年5月18日正规媒体《华夏文明导报》的认证抖音号也发布同类假新闻，并被一个情感类公众号吸纳改造后成为影响力较大的假新闻后，才引起社会和媒体较多关注。随即，并没有新闻采编权的腾讯谷雨工作室和有新闻采编权的《潇湘晨报》都采用专业的新闻工作方法在差不多同一时段进行了辟谣。《新京报》紧接着发表媒体评论，称“拿马航失踪乘客编故事，再‘感人’也是假的”①。但这些辟谣文本没有能影响到图右半部分的ABC和其他小的子网络区块。从2020年5月到2021年3月，也就是从集中辟谣后到案例数据搜集结束前，仍有近150个传播节点（图2-5右部区间）继续传播“豪车落灰”假新闻。在没有外力干涉的情况下，围绕“豪车落灰”话题的虚假信息和辟谣报道，形成了一个明显的“传谣区”和“辟谣区”。因此我们在图上添加了一条辅助线，示意这两个区间存在一道无形的“传播界墙”。

三、另类故事与传播界墙

“豪车落灰”案例显示了当下虚假信息在网络空间传播的日常状态：造假方便、扩散容易、辟谣后仍然继续传播。与本节开头提到的*Science*研究的结论相似，本研究也发现虚假信息的生命力很强，甚至可以说是一种顽疾。通过对这个案例传播文本和传播节点关系的细致分析，我们发现了以往研究中没有提到的虚假信息传播的两个特点，它们或许可以和此前的发现一道，帮助我们更好地剖析虚假信息顽疾。

第一，我们发现日常生活中普通的假新闻文本是一种制作成本很低、容易模仿改造的“另类故事”。舒德森在《发掘新闻：美国报业的社会史》中把“故事模式”和“信息模式”作为新闻职业化进程中的一对矛盾来看待，认为它们是美国“19世纪90

① 与归.拿马航失踪乘客编故事，再“感人”也是假的｜新京报快评［EB/OL］.（2020-05-26）［2022-09-05］. https://baijiahao.baidu.com/s?id=1667748964673767009&wfr=spider&for=pc.

年代的两类‘新闻’”。[①] 前者强调戏剧性、道德引导和娱乐功能，后者强调事实、准确的记录、庄重严肃的风格。理想的新闻标准总是兼顾“事实”和“生动”，可以说，“故事模式”与“信息模式”形成了一种既不同又相吸的张力、共同内嵌在新闻观念和实践规范中。但新闻业所认可的“故事”是建立在“反复的采访”“详细、扎实、丰富的信息细节”的基础上，一些从业者据此认为自己是比传统记者“更为精英、更具独特价值的亚群体”[②]。但虚假信息文本表现出的“故事”特征就不同了，为与新闻业传统下对“故事”的看重明确区分，我们把假新闻的文本特征称为不被新闻业认可的“另类故事”。简单说，新闻业认可的新闻故事中的“故事”，是从大量独特的真实细节信息中费力“挖掘”出来的，而“豪车落灰”这样的日常假新闻中的“故事”，则是“组装”出来的。靠“组装”完成的假新闻“另类故事”文本有明显的结构化特征，包括：易得的素材、编造的情节、模糊的连接和朴素的道德感。因此，这种虚假的故事容易传播不仅是因为文本有新奇性，而且因为造假者能方便地组装出新奇性，并引导读者从惊奇进入共情，从而认可相信假新闻。这套组合出来的“另类故事”模式，可能比单一强调新奇性更能帮助我们理解假新闻传播力强的文本特征。

虚假的“另类故事”需要新奇，但又并不希望读者停留在神奇情节上，因为那意味着需要编造更多的细节，炮制难度大大增加。“另类故事”仅仅需要“模糊”地展示新奇性，然后会赶紧带读者进入他们熟悉的日常生活。对于造假“写手”来说，属于“日常感悟”性质的素材简直可以信手拈来、随意发挥、尽情搬用。“另类故事”文本模式的重点在于揭示了造假者不仅可以方便地生产出“新奇”，还能让读者不纠缠于“新奇”本身。这样即便新奇情节被证明是假的，造假者和一些接受者也能满不在乎地认为，这是“事假情真”。

第二，虚假信息在传播过程中出现了“界墙效应”。假新闻可以在没有引发社会普遍关注的情况下长期在某些网络空间里悄然传播。当我们从被辟谣的假新闻文本开始“顺藤摸瓜”后，惊讶地发现这个看似很简单的“豪车落灰”假新闻在引发关注前已经传播了那么久，传播节点那么多。大多数传播节点是普通人并不熟悉的垂直领域内容号，从总体上看，它们处于新兴网络原生内容媒体“长尾”分布的尾端，也不容易引起大众化媒体的兴趣。但按照“长尾理论”，恰恰是这些尾部传播节点不应被忽视。一方面，它们的受众聚少成多，另一方面它们会相互模仿传播、吸纳和改造假新闻文本，并相互印证更容易让这个领域的受众信以为真。当假新闻在一定范围内悄然酝酿传播之际，只要有一些触发因素，就可能让假新闻“出圈”引发更大关注。当然，假新闻的另类故事模式是经不起推敲的，媒体采用新闻专业工作方法很容易辟谣。但媒体辟谣也是有成本的，只能“枪打出头鸟”，对准那些出圈的假新闻文本进

① 舒德森等．发掘新闻[M]．陈昌凡，常江，译．北京：北京大学出版社，2009：78.
② 邓力．在新闻业的沙上“圈地”：非虚构写作的位置创立与领地扩张[J]．新闻记者，2020（9）：25-36.

行“打靶式”辟谣，无法阻止假新闻在某些网络空间继续弥散。如本案例中两个被辟谣的“假新闻标靶”或删除视频或公开道歉，但“豪车落灰”这一虚构的故事仍然能退回“墙”内，在出圈前的网络空间继续传播。

虚假信息的“传播界墙”是指，因为利益、兴趣等形成的垂直、小众领域体现了网络传播的“部落化”特性，可能为虚假信息提供一道传播“保护墙”，使其在被社会广泛关注前就能在“墙”内长期存在，在出圈遭到辟谣后，还能退回“墙”内继续传播。互联网传播以其便捷和高效容易产生“互联网是平的”这样的信念，但很可能，网络空间“部落化”像是有一道道无形的“保护墙”。平时，这道无形的界墙保护墙内的传播节点不被外界关注，虽然外部能见度很低，但对于垂直领域的小节点来说，不多的关注也足以维系其生存；如果因为偶然因素引发了外界关注并被辟谣，这道界墙依然能保护墙内假新闻的继续传播。原因很简单，因为墙外的人对被墙围起来的小众、垂直空间不感兴趣，辟谣者也就没有动力花费更大的辟谣成本破墙追击了。

总之，通过对“豪车落灰”案例的研究，我们发现假新闻通过“组装”新奇性并引入共情性的“另类故事”文本模式，加上能够使其在低能见度下长期存在、被辟谣后也不影响其在某些网络空间继续扩散的“传播界墙”，是理解虚假信息为何是一种顽疾的重要原因。

四、如何面对虚假信息顽疾

虚假信息治理之难，举世公认。从本案例结论看，那些引发了社会关注的假新闻可能只是实际在网络上流传的虚假信息之冰山一角。精心编造“信源”“引语”和“细节”的假新闻，也不是虚假信息的常态，更常见的虚假信息是简陋组装起来的“另类故事”。它们的造假成本低、但往往能通过煽动受众的情感获得快速传播的能量，即便被辟谣也可能退缩回“传播界墙”之后，在网络的部分空间里继续流传。虚假信息的这些特点类似于某些顽固的“病毒”，具有易发性、潜伏性、广泛性和难愈性。

在明确了事实的敌人——虚假信息的类型、特性和传播方式之后，接下来的问题就是该以何种态度和行动来面对虚假信息。

首先要确立打击虚假信息的合理目标。正如前文在虚假信息类型中所说，有不少虚假信息是“三低型”的，它们可能是一些无心的错误，且没有造成负面社会影响。网络传播的多主体、信息的高速流动和高频交换，一方面造就了数字信息社会的空前活力，另一方面也不可避免地带来泥沙俱下的虚假信息病灶。我们应该意识到，要在保持网络空间的活力下彻底消灭虚假信息是不可能的，如果那么做的话，代价可能是因噎废食。打击虚假信息的目的不是“倒洗澡水连孩子也倒掉”，而是确保虚假信息不会伤害网络社会的健康，确保网络环境的清朗有序。确立打击虚假信息的合理目标，绝没有放任虚假信息流传之意，而是要通过精准打击，获得更大实效。虚假信息的传播链条非常复杂，其可能引发的后果是高度不确定的。不论是门户网站时代的网络论坛，还是社交媒体时代的自媒体，都出现过因虚假信息引发网络暴力并酿成严重恶果的事件。造假者“开篇一张图，内容全靠编”，哪怕是微小的恶意，汇聚起来也可能形成对虚假信息和网络暴力受害者的毁灭性打击。除了造成这类不时发生的恶性事件外，如果虚假信息不受遏制或社会对虚假信息无能为力成为一种普遍认知，那么在网络时代生活的普通人，将没有在网络空间的安全感可言，溃败的将是信息社会的基本秩序。因此，打击虚假信息的意义不仅在于具体行动的价值，更重要的是维护信息社会秩序的规范意义。

其次，面对虚假信息这种顽疾，应采用协同治理的组合拳。过去，新闻业在处理“假新闻”问题时，多采用加强职业道德教育的方式，但效果不够理想。因为虚假信息总会涉及不同的成因、传播主体和舆论情绪等复杂多变的因素，很难仅靠加强新闻记者队伍职业道德教育这一个纬度来解决，尽管这是非常重要的方式。协同治理虚假信息的主体不局限于新闻媒体和新闻主管部门，还应该包括更广泛的传播者。比如“豪车落灰”这样的虚假信息，最早就是在汽车类垂直内容领域传播的，该领域追求建立长期文化权威的网络原生内容媒体可以通过在圈内辟谣，提升自己的可信度和权威性。辟谣可提升传播者自身权威，这一点已被很多研究证实。如果网络界墙内的传播具有一定自净功能，那整个网络信息的可信度都会提升。前文也提到，事实核查实践也已经不仅仅只是传统新闻业内分化出来的一种工作，传统新闻业之外的组织和个人也可以加入“事实核查运动”中来。虚假信息固然层出不穷，但事实核查实践也会逐渐“细分”，不同信息内容领域都可能会出现相应的事实核查力量。单一的事实核查者是弱小的，因为造谣和辟谣成本完全不成比例，高投入的事实核查很难抗击虚假信息的流传，但如果事实核查的观念和操作规范能被越来越多不同领域和类型的传播主体认可接受，就有可能形成事实核查实践的协同网络，可以降低核查成本，提高辟谣文本的能见度，并在不同圈层进行针对性辟谣，这样就可能最大限度地遏制虚假信息。

最后，可能也是最重要的一点是，对抗虚假信息的事实核查实践应形成“文化输出”。也即不仅要看重事实核查行动本身和具体效果，更要看重在这个过程中不断向社会阐明的辨别事实真伪的意义和方法。虽然事实核查实践的主体不局限于传统新闻业，但事实核查的理念和方法都是“新闻性”的。通过事实核查实践中对“新闻方法”的不断阐释和示范，不但可帮助媒体在数字时代重建权威，更能襄助处于信息汪洋中的个体摆脱“后真相虚无感”，这种“后真相虚无感”因为不再信任包括新闻业在内的信息传播机制有辨别事实、传播真相的能力，从而对了解社会现实和事实真相抱有一种“无能为力不如跳脱”的消极态度。网络时代，公众要对已经发生极大变化的新闻系统建立信任，需要各类行动者在良性竞争与彼此协作中，共同维护“新闻”的底线，也即新闻是对现实社会之事实的真实叙述。多元行动者将遵循新闻操作规范的事实表述与其他不遵循新闻操作规范的事实表述区分开来，并对这样的“边界工作”进行阐述和传播，这将有助于形成我们这个时代亟需的“新闻文化”——尊重事实。

思考

1.“高明”的造假者会编造出活灵活现的故事，包括采用场景描写、人物直接引语等，甚至会捏造权威信源为其背书。面对这样的虚假故事，你认为读者应该掌握什么样的批判性阅读能力？

2. 已故人物的心理活动描写属于文学创作中的“合理想象”，但却是新闻写作的禁区。请思考，还有哪些在文学艺术中可使用但在新闻报道中不能使用的写作方式？

练习题

1. 你能举出一些没有危害性的虚假信息和危害性很大的虚假信息吗？分析造成危害性差别的主要原因是什么。

2. 监控拍下一男生在奶茶店突然倒地的画面，画面中有撒落的奶茶。此后，该男生抢救无效身亡。以下是三家媒体做的新闻标题，你认为哪个更可取，为什么？

A 媒体：《喝奶茶要小心！一男生因喝珍珠奶茶窒息身亡》

B 媒体：《男生喝珍珠奶茶疑因呛到气管身亡》

C 媒体：《一男生在奶茶店突倒地抢救无效身亡》

第三章　传统新闻生产中的事实核查

本章要点

1. 了解传统媒体的事实核查按新闻生产流程分为哪几个阶段的核查。
2. 掌握不同阶段核查的重点分别是什么。
3. 学会按照一定的步骤并应用核查清单展开核查。

《芝加哥事实核查指南》(*The Chicago Guide to Fact-checking*) 对“事实核查员需要核查什么”这个问题给出的答案是:“一切。”“一切”指什么？它举例说——

- 人名和地名的拼写；
- 对人物、地点和事物的物理描述；
- 日期；
- 年龄；
- 引文；
- 数字；
- 测量和换算；
- 地理位置和描述；
- 科学或技术解释；
- 头衔、工作描述和从属关系；
- 产品的详细信息，包括价格、规格和描述；
- 对电影或其他知名媒体的引述；
- 即使是那些被广泛认为是真实的历史故事；
- 插图和照片，包括文字说明；
- 定义和措辞；
- 主要论点；
- 即使是你上周刚刚检查过的东西；

- 甚至你以为假不了的事。①

在报道刊发之前，正规的传统媒体（报纸、杂志、电台、电视台等）一般都会对报道内容的真实性层层把关，行业组织和媒体单位往往都有自己的伦理规约和操作要求，如中华全国新闻工作者协会（简称“中国记协”）组织编写颁布的《中国新闻工作者职业道德准则》②、美国《纽约时报》的 *Ethical Journalism: A Handbook of Values and Practices for the News and Opinion Departments*③；从这些规范文本和核查实践中，我们可以概括出传统媒体事实核查的一般流程与方法。

这一讲我们从新闻生产的三个主要环节来看传统媒体如何通过事实核查确保新闻的真实：信源确定阶段、信息采集阶段和新闻刊发阶段，这些核查任务有的新闻机构由专人负责，但更多的是由编辑或记者自己承担。

第一节　信源确定阶段的核查

信源（Sources）是指拥有事实性信息和观点性信息的机构和个人，本章所称信源主要指事实性信息的提供者。新闻是高度依赖信源的行业，掌握着事实性信息的亲历者、见证人可以看作是新闻生产的决定性主体，没有或缺少可靠、立体的信源，记者几乎寸步难行。信源与媒体之间存在高度的利害关系：媒体需要信源提供以口述、文字、影像和音频形式呈现的过往信息和以具体行动呈现的当下信息（比如记者实时观察所得），信源则可能希望利用这些信息施加某些方面的社会影响；掌握重要乃至独家信息的信源对媒体有很强的支配力。在突发事件中，当事人尤其是灾难现场的直接当事人（如受害者、救援者和目击者）掌握着关键信息；在预知性事件（如重大政策发布、重大会议召开）中，政府部门和大企业的工作人员由于掌握政策规定和会议议程等核心信息而主导着与媒体的关系。

信源一旦出现问题，新闻就埋下了问题的种子。这一阶段的事实核查就是要尽量在新闻生产的初始阶段消灭这些隐患。

一、信源可能出现什么问题？

信源的哪些方面会影响信息的真实性呢？

身份是基础：只有真正的当事人、见证者，才有可能提供真实的信息；

---

① BOREL B. The Chicago guide to fact-checking［M］. Chicago：The University of Chicago Press，2016：28-29.

② 中华全国新闻工作者协会 . 中国新闻工作者职业道德准则［EB/OL］.（2019-12-15）［2023-03-03］. http://www.gov.cn/xinwen/2019-12/15/content_5461304.htm.

③ The New York Times. Ethical Journalism：A Handbook of Values and Practices for the News and Opinion Departments［EB/OL］.（2021-12-14）［2023-03-02］. https://www.nytimes.com/editorial-standards/ethical-journalism.html#.

关系很重要：信源与其他当事方、与记者和媒体的情感与利益关系，也会影响信源所提供信息的真伪；

动机是关键：无论出于公义还是私欲，都存在隐匿、扭曲或编造信息的可能。

我们可以从动机的角度来简单分析这种影响——

信源之所以向媒体和记者提供信息，有着各种动机和原因，这些动机和原因可能导致有意无意的信息偏误：

（1）履行社会义务：像有的官员基于信息公开法的要求和职务所担责任的要求必须面对媒体，也可能对公开信息心存抵触或准备不足而提供不实信息；

（2）参与公共表达：比如有的知识分子评点时事、有的公民揭黑爆料，但都有可能只是出于正义感而掌握事实不足；

（3）维护自身权益：比如有的消费者向媒体投诉劣质产品，有可能为了引起记者重视或求偿过高而夸大所受损失；

（4）积累社会声望：像有的单位鼓励员工接受著名媒体采访以期增加本单位的曝光量和美誉度，这也可能刺激一些掌握信息不多不全不准的人面对记者；

（5）实现自我辩白：比如一些机构和个人借助媒体平冤辩诬，这可能促使有的信源急于洗刷自己而误导记者；

（6）出于竞争需要：比如为贬低竞争对手而向记者有意提供不实信息；

（7）迫于特殊压力：像“电视认罪”这种形式，有可能导致信源做出不实陈述；

（8）为了获取稿费：付费采访可能吸引并不掌握核心信息的人冒充当事人或见证者；

（9）被纠缠不过：比如有人因为记者反复要求而应付性地提供一些信息，真实性和准确性也可能打折扣；

（10）满足虚荣心：有人为显示“我知道得多”而可能提供并未亲历的“亲历”、一无所见的“见证”。

有人用跳探戈来比喻媒体与信源之间既合作又对抗的关系，媒体只有在保持信源亲历者、见证者身份真实的前提下才能安全利用信源提供的事实性信息，媒体对信源应该是信任又合理怀疑、尊重又保持距离，声称掌握信息者只有经受住媒体以质疑的眼光进行的审核才算拥有信源的合法资格。

二、如何确认信源的资格？

传统媒体的资深记者和编辑往往会从这几个方面来评估那些明显掌握信息（如政府机构新闻发言人）或自称掌握信息的人（如声称爆料者）可否作为信源：

（1）他是当事人吗？他在新闻事件中是领导者、决策者、一般参与者、加害者，还是受害者？他是事件哪个阶段的当事人？是唯一的当事人吗？最好不是唯一的当事人，最好有不同阶段、不同身份的当事人；

（2）他是核心当事人吗？对事情的内幕掌握多少？最好是掌握内幕信息的当事人；

（3）他是事件哪个阶段、什么场合的目击者？是唯一的目击者吗？最好不止一个目击者，最好有不同阶段的目击者或者说目击了不同阶段的目击者；

（4）他掌握哪些信息？是一手信息，还是二手三手信息？最好是一手信息；

（5）他掌握的信息和证据可以证实或证伪吗？应该要求他的陈述和他提供或表示愿意提供的他人证言、书证、物证能够被证实或证伪；

（6）如果他是以专家身份接受采访，他在专业领域的信誉如何？他对访谈内容做过研究吗？同行对他的研究做过评审吗？最好是对专业问题真有研究且成果经过同行评议认可的专家，对那些自称权威、自封名号（如“XX 研究之父”和“多所大学兼职教授”之类）的所谓专家要格外警惕；

（7）他与其他当事方的关系如何？要考察他有没有为了褒扬或诋毁而歪曲、隐匿、编造信息的可能；

（8）他与本媒体机构或其他机构合作过吗？可以向与他打过交道的同行打听他以前提供的信息真实性如何；

（9）他本人或效力的机构是不是记者和编辑所在媒体的广告客户？如果存在广告关系，他提供的信息和记者的提问都可能发生扭曲；

（10）他与记者或编辑是不是朋友、亲戚或恋人？情感成分，可能会抑制记者对信源的追问与质疑，也可能使信源为了“配合”而提供自认为可以满足记者需要的不实信息；

（11）他是否给记者、编辑赠送超出媒体单位自律标准的礼物或招待旅行？超出一般人际交往的馈赠与招待，无论是表示敬意、善意还是有意贿赂，都有可能影响信息的真伪；

（12）即使是记者跑口（Beat）的领域和机构的一般成员或管理者，他会不会为了提升本行业或本机构的声望而有意向跑口记者提供不实信息？所以有经验的跑口记者会提醒自己：与跑口领域和机构的人既要打成一片，赢得信任、熟悉情况，建立可长期合作的关系，同时要保持适当距离，不被蒙骗。

一些事关公共安全的重要信息，法律规定只能由特定机构发布，如《中华人民共和国防震减灾法》第 29 条规定“国家对地震预报意见实行统一发布制度”①，《中华人民共和国传染病防治法》第 38 条规定“国家建立传染病疫情信息公布制度。国务院卫生行政部门定期公布全国传染病疫情信息。省、自治区、直辖市人民政府卫生行政

① 全国人民代表大会．中华人民共和国防震减灾法［EB/OL］．（2016-06-02）［2023-03-02］．https://www.cea.gov.cn/cea/zwgk/zcfg/369257/1228224/index.html.

部门定期公布本行政区域的传染病疫情信息"[①]。传统媒体会从信源上提醒记者一定要采用法定的信息源并严格审核。

但令人遗憾的是，2008 年 5 月 12 日汶川特大地震发生后，某新闻网站发布消息称北京将发生2到6级地震，很多网站予以转发[②]；实际上，该预报并非由中国地震局发布，首都媒体及时予以澄清，避免了公众的恐慌。[③]

三、如何面对匿名信源？

为显示诚实与透明，也为了分担确保信息真实的责任，媒体一般都使用具名信源，但报道中还是会出现匿名信源（Anonymous Sources）。

匿名信源通常有两种情况：一是记者也不知道信源的真实身份，二是信源不希望自己的身份出现在报道中，一般以第二种情况为多。匿名信源可能掌握重大消息，一旦身份公开，可能遭受打击报复或处罚；如果记者一概拒绝匿名，可能错失有价值的信息，可一旦承诺匿名，信息的真实性就由记者和媒体机构独立担保，读者和观众也不能确切知道报道中的信息来自何人何机构，对信息的真实性难免生疑，一旦失真，公众的责难主要指向记者和媒体，记者个人和新闻机构的公信力都要受损。

调查性报道和政治新闻中，较其他新闻更经常遇到匿名信源问题；当然，中国的时政报道中一般不会出现匿名信源。

是否承诺匿名、是否继续与希望匿名的信源打交道，负责任的新闻机构一般如此考量：

（1）最优原则是：难以确认身份为何与信息真伪的信源，无论是否提出匿名，可以接触，但一律不采信其信息；

（2）对于记者也不知道其真实身份而提出匿名的信源尤其要警惕，他可能利用虚假身份提供虚假信息，记者要力争确认其身份，如果实在难以确认，要验证其陈述和提供材料的真伪；

（3）信源如果要求不具名、不记录也不引用，记者仍可以与其见面、可以访谈，可以先了解一些线索，再另找信源和证据求证，该信源的原话如果不能引用，可以考虑能否引用他提供的其他证据；

（4）匿名举报者，可能出于维护公共利益，也可能为了个人报复或出于竞争而诋毁他人，记者既要审视其动机，也要考察其提供的信息是否关乎公共利益、可否验证；

（5）在保证要求匿名的信源安全的前提下，尽量让读者、观众或听众了解其大致

---

① 中华人民共和国国家卫生健康委员会 . 中华人民共和国传染病防治法［EB/OL］.（2013-06-29）［2023-03-02］. https://zwfw.nhc.gov.cn/kzx/zcfg/qt_247/201306/t20130629_1370.html.

② 中国新闻网 . 中国地震局：北京局部地区今晚将有 2-6 级地震［EB/OL］.（2008-05-12）［2023-03-02］. http://news.sohu.com/20080512/n256803747.shtml.

③《媒体人新闻业务守则》编写组 .《媒体人新闻业务守则》释义［M］. 北京：中国政法大学出版社，2015：8.

身份，如政府官员、学界专家、某一行业从业者等；

（6）提醒匿名者不得利用匿名机会诋毁他人或机构；

（7）请示一定层级的管理者是否接受匿名；

（8）不轻易承诺匿名，一旦承诺坚决遵守。

第二节 信息采制阶段的核查

确定信源之后，记者开始进入信息采制环节。当然，在实际新闻生产中，确定信源的过程，信息采集其实就已经开始了，只不过为了叙述方便，我们分开解析。

即使信源可靠，在信息采制阶段还是会产生严重的偏误，最多的事实性差错就是出现在这个阶段。

编辑和管理者在信息采制阶段会着重从以下几个方面展开核查。

一、是否过分依赖访谈

很多记者一说到“采访”，马上想到的其实是“访谈”，初上采访课，如果让同学们列采访提纲，不少同学会洋洋洒洒列出几十个甚至上百个问题，有人还引用“业界法宝”——想到的都列出来。

法宝没错，但以为采访就是访谈，实在是大错特错。“采访 = 提问”的最表面的结果就是：通篇报道都是直接引语 + 间接引语，除了“× × 指出”，就是“× × 表示”，不说“× × 强调”，就说“× × 认为”；而更严重的问题可能是：事实印证缺失，现场观察、背景信息、测试数据、记者体验，几乎没有。

其实，采访是记者获取信息的方式，访谈只是其中的一种途径，用英文来表达：“采访”是 News Gathering，“访谈”或“提问”是 Interview。

提问，只是获取事实性信息的方式之一。

新闻采访，就是一种获取事实证据的过程，笼统地讲，获取证据的两大法宝就是观察与探究。所谓观察，就是去听、去看、去记录，捕捉到人物和事件的原始状态、真实境况；但仅仅是被动观察，很可能难以获知人物的过往和内心所想、难以了解事件背后的过程与结构，更难发现有人刻意遮蔽的事实，这就需要进行探究——主动提问、体验、实验、核查资料。

采访，有些像社会学的研究方式，只不过社会学研究不仅要搜集资料，还要建构理论，而新闻采访主要是为生产新闻而获取素材。借鉴社会研究的方式，新闻采访可以综合采用至少六种方式：

一是问卷调查：可以通过问卷了解一定人群的生活方式、意见观点，可以做市场调查、社会问题调查，也可以做民调；解释性报道更便于采用问卷调查。

二是资料分析：政府文件、企业账簿、个人日记、学者论文、微博微信、大数据，甚至以往报道，都可以搜罗、阅读、查证、比对、分析，这都是在做采访；数据新闻很倚重这一采访方式。

三是实验测试：在符合新闻伦理的前提下，分设实验组和对照组，对照两拨人的情形；市场上购买商品，交由有资质的机构检测成分为何、是否合格——诸如此类，也是采访。

四是亲身体验：记者将身份、目的、工具、是否发表等信息公开或隐瞒，以跟报道对象相同或接近的角色置身报道对象的生活、工作环境，亲身体验新闻当事人的某种经历，像有的记者体验快递员、志愿者工作，有的记者体验某些公共场合私自获取人脸识别信息。调查性报道经常采用亲身体验这种方式。

五是实地观察：与亲身体验不同，进行实地观察的时候，记者就以记者的身份对报道对象所处境况展开观察，无论局外观察还是参与观察、结构观察还是无结构观察，都是采访。特稿采写强调沉浸式采访，需要长期、深入的观察。

六是单独或集体提问：虽然所获信息未必准确，但提问仍是一种最简便的探询方式：直接向信源询问事实、态度、情感或知识，所以，当面提问、电话提问、书面提问或者深度访谈、焦点小组访谈被大量使用。当然，如果不与另外几种采访方式相结合，提问所获就可能是结不出事实之果的言语之花。只有综合运用包括提问在内的多种方式的采访，才有可能完成信息饱满、事实可靠、细节丰富的报道。

对于正在进行中的状态，比如突发事件及其后续报道，我们更要突出现场观察的分量，尤其是记者的亲身经历与目击。对声称自己是当事人和目击者的信源展开访谈，也可以要求其提供直接证据；如果记者和编辑轻信自称目击者的口述，就可能出错。

单纯依赖访谈来针对一则震灾现场报道的所谓打假，从反面彰显了目击的力量。2014 年 8 月 4 日下午，正在云南昭通地震灾区的中央人民广播电台“中国之声”记者发回报道称：震中龙头山镇的龙全中学只能吃外面送来的泡面，地下水和自来水受地震影响比较浑浊，救援人员只能用浑水泡面。第二天，某报网站发布《救灾部队：浑水泡面不属实勿轻信伤害前方士气》，宣布“浑水泡面”为假新闻：一名前方救灾部队的负责人确认，经查证，没有发现救灾过程中出现相关情况。“中国之声”马上向前线记者核实，将得到的反馈信息整理为报道《多名记者证实救援人员用浑水泡面做饭》，强调事件系“央广记者李腾飞亲眼看见，部队要求只吃面不喝汤，他和同事都吃了”。中国之声还批评“打假”记者并不在灾区现场，却下了“假新闻”的结论，违背新闻原则，指对方没有调查就没有发言权。8 月 6 日上午，该报网站要闻部副主任郝珺石发布道歉声明，承认“浑水泡面”事件确有发生。①

① 年度虚假新闻研究课题组，白红义，江海伦，陈斌 . 2017 年虚假新闻研究报告［J］. 新闻记者，2018（01）：21-31.

二、是否公开采访优先

采集信息，尽量公开进行，让用户从新闻报道中可以明显地看出记者如何提问、如何观察、如何查阅和比对资料，也就是取证过程尽量透明化。这不仅仅是基于诚实原则的伦理选择，也是真实性的一种保证。

如果需要隐瞒身份进行所谓的暗访，必须考虑暗访本身的优势与缺陷；如果非采用不可，要谨慎评估。

暗访，无论是隐瞒身份（声称不是记者）、隐瞒设备（所谓偷拍偷录），还是隐瞒目的（宣称不发表），都可能给记者带来体验式、参与式观察的便利，可能被采写或拍摄对象当作自己人（比如记者去公司应聘）或其他相关当事人（比如记者假扮顾客）而进入真实情境，目睹、记录采写对象侵害公共利益的行为过程和细节；但，正因为限于身份，记者很难与采写对象公开质证，即使结合公开采访拍摄，可能也难以让读者（观众、听众）了解全貌。也就是说，局部取证完全真实；但采用常规的公开采访，可能获取的信息更加全面、更加准确，对维护公众的权利更有助益。

美国广播公司（ABC）遭遇的著名的食狮公司（Food Lion）案，可以帮助我们看清暗访与明访在取证方面的特点。食狮公司是美国北卡罗来纳州的一家食品连锁企业，1992 年 11 月美国广播公司播出报道，用暗访拍摄的素材揭露该公司重新包装过期肉、将过期肉和新鲜肉一起包装、用漂白剂清洗过期肉等做法，节目播出后，食狮公司向联邦地方法院起诉美国广播公司，声称报道播出后因销售额和股价暴跌而损失了 25 亿美元，该公司没有指控美国广播公司诽谤，但指控暗访的记者隐瞒真实身份到食狮公司求职是一种欺诈、受雇于该公司却在为美国广播公司工作有违诚实义务，还指责美国广播公司在获取信息时使用了非法的采访手段。1996 年 12 月下旬，陪审团裁定美国广播公司对欺诈、非法侵入和不忠行为负有责任；1997 年 1 月下旬，同一陪审团裁定食狮公司因美国广播公司存在欺诈问题而获得 1,400 万美元的补偿性赔偿和 550 万美元的惩罚性赔偿，以及因美国广播公司有违诚实义务和非法侵入而获得 2 美元象征性赔偿。然而，联邦地方法院认为惩罚性赔偿过高，将其减至 31.5 万美元。美国广播公司和食狮公司都向位于里士满的美国上诉法院（第四巡回法院）提出上诉，1998 年 10 月，上诉法院撤销了 1,400 万美元的补偿性损害赔偿和 31.5 万美元的惩罚性赔偿，仅维持了因有违诚实义务和非法闯入而导致的 2 美元损害赔偿，上诉法院援引美国宪法第一修正案，拒绝分析播出的报道是否导致食狮公司损失销售额和股票价值。

可以说，法院最终维护了新闻媒体的舆论监督权，被揭露的公司也始终没有指责报道失实，但这个案例还是引起了我们对明访和暗访所获得信息的真实性的讨论。[①]

① 阴卫芝 . 卧底采访的法律与道德风险——美国食狮公司 VS. 美国广播公司判例与青岛《城市信报》卧底系列报道对比分析［J］. 新闻记者，2011（12）：48-52.

我们可以换一个思路：如果记者在当地营业额最大的几家超市中，挑选销售量最大的几个肉食品种公开购买，然后送到有检测能力的机构检测其是否过期、是否掺杂使假，当然，也可以结合暗访，这样不仅对报道对象更加公平，公众获知的信息也可能更加准确全面，消费者买到合格肉制品的概率也会更高。

三、是否交叉印证

不能亲赴现场、亲眼看见，并不意味着记者就一定不能采集信息，但需要记者向权威信源反复核实，需要多信源采访，也需要将文字与实物、不同的报告和数据进行比对。

在新闻生产的实际运行过程中，新闻单位有时为了抢发新闻可能会依据单一信源甚至传闻就发布消息，报道中甚至不交代信息来源。

2021 年中国国际电视台（CGTN）误报袁隆平逝世的直接原因就是没有进行交叉印证。5 月 22 日 11 点左右，中国国际电视台官微“CGTN”发帖称，“杂交水稻之父”、中国工程院院士、“共和国勋章获得者”袁隆平因病医治无效，于 2021 年 5 月 22 日上午在长沙逝世。许多网友转发表示哀悼。11 点 41 分，人民日报微博发布《多方证实：袁隆平院士去世消息不实》，该报道交代了信息来源：记者从湖南省委宣传部、中国工程院和袁隆平院士秘书等多个渠道证实，袁隆平院士目前在医院接受治疗。11 点 57 分，“CGTN”发布声明：经核实，袁隆平院士目前正在医院接受治疗，我们对此前报道不慎深表歉意。当天下午，新华社发布消息：袁隆平院士于 13 点 07 分在湖南长沙去世，享年 91 岁。“CGTN”重新发布了准确的报道，特地交代信源——“中央广播电视总台记者从湘雅医院获悉”。[①]

即使是来自政府部门的信息，尤其是报道当中涉及政府部门之外的机构和个人的事实性信息，记者和编辑也要想办法跟其他相关主体予以确认。

2018 年 7 月 15 日，国家药品监督管理局发布通告指出，长春长生生物科技有限公司冻干人用狂犬病疫苗生产存在记录造假等行为；此前 2017 年 11 月该公司被发现百白破疫苗效价指标不符合规定。7 月 19 日，《鲁中晨报》刊发《淄博从未进过长春长生生物生产的疫苗》，报道称：记者从淄博市食品药品监督局了解到，淄博没有进过该企业生产的疫苗，市民不管是接种百白破疫苗还是狂犬病疫苗都是安全的。很快有淄博市民在社交平台晒出孩子的接种记录，记录显示曾三次接种长春长生生产的疫苗，接种地为淄博新区预防接种门诊。7 月 22 日，《鲁中晨报》微信公众号发布《我们错了，诚恳道歉！》：本报 7 月 19 日 7 版刊发的《淄博从未进过长春长生生产的疫苗》一文，经调查，已认定该信息不实、报道有误。本报采编环节对采访到的相关信

① 年度传媒伦理研究课题组，刘鹏，王侠，简丹丹 . 2021 年传媒伦理研究报告——暨 2021 年虚假新闻研究报告[J]. 新闻记者，2022（1）：3-18.

息，没有进一步求证核实，把关不严，误导了读者，我们诚恳道歉并引以为戒。鲁中晨报社已经启动问责程序，将对包括总编辑在内的所有责任人进行严肃问责。①

《鲁中晨报》试图在疫苗风波中为本地读者提供权威的服务信息，新闻敏感值得称道，其采访的淄博市食品药品监管局当然是权威的主管部门，但本地居民是否打过长春长生公司生产的疫苗、疫苗经营单位是否进过该公司的疫苗，作为编辑或其他核查人员，应该提醒记者还要采访淄博市卫生健康委员会和淄博市疾病预防控制中心这样的负有管理职责的政府部门和事业单位，还应该采访具体提供接种服务的乡镇卫生院、社区卫生服务中心、村卫生室或社区卫生服务站等基层医疗卫生机构的接种情况以及有资质的疫苗经销企业的进货渠道。

四、记者是否准确、完整地呈现信源意思表达

准确，未必真实——这指的是记者准确地记录了访谈对象的谈话，但这些谈话和材料所反映的信息未必属实。

针对访谈内容的核查，尤其要警惕以下情况可能导致的事实错误：

一是记忆有误：访谈对象可能由于时间久远或记忆力问题，而对信息或添油加醋或丢三落四或颠三倒四；

二是视角单一：对事实性信息，每个访谈对象都只能基于自己亲身经历或所见所闻告知记者，角度单一、所知有限本属正常，如记者过多依赖则可能导致报道以偏概全；

三是有意误导：有的访谈对象在接受采访中有意提供不实信息；

四是心存偏见：有的访谈对象虽非故意但由于对性别、职业、地域、生活方式等方面的偏见而忽视或扭曲某些重要信息；

五是记者误解了信源的意思从而作出错误的解释。

不仅仅是科技问题和复杂的公共政策问题，记者容易解读错误。1996 年美国一家著名的电视台被判关于一台垃圾回收机的报道失实。这家电视台采访了佐治亚州的一个县，县里有人抱怨，他们花 300 万美元买的垃圾回收机并没有解决垃圾问题；电视台在报道中说："在佐治亚南部这个遍布烟草农场和山核桃林的小县里，纳税人因这台垃圾回收机而背上了 300 万美元债务，他们为此十分愤怒，他们从未对这台机器满意过，它根本不管用。"

电视台的律师说：记者想表达的意思是这台机器没能解决该县的垃圾问题。但陪审团的解读是：这台垃圾回收机运转不了，机器有毛病。②

哥伦比亚大学教授梅尔文·门彻（Melvin Mencher）在他著名的教材《新闻报道

① 年度虚假新闻研究课题组，白红义，江海伦，陈斌．2018年虚假新闻研究报告[J]．新闻记者，2019(1)：4-14..
② 彭伯，卡尔弗特．美国大众传媒法（第 19 版）[M]．张金玺，译．北京：中国人民大学出版社，2022：125.

与写作》（News Reporting and Writing）中开列的采访者的 12 条基本准则，至少有两条都强调要准确无误地理解采访对象的表述：

第八条："要求消息来源阐释清楚复杂或含糊的回答。"

第九条："如果采访对象要求或怀疑关键材料的用语措辞，复述回答。"①

五、是否以假设和想象"建构"事实甚至捏造事实

进入文字写作和音视频与图片的编辑环节，记者就是在构建一个事件，其间的要素与逻辑，记者不可能在穷尽采访之后才能呈现；记者往往是在获取主要信息之后就开始做报道，有些动态事件的复杂情况是在连续报道中逐步呈现的。但在采写过程中，有的记者因为关键信息缺失，或者出于戏剧性的考量，以所谓"合理想象""真实再现"等手法实际虚构了本不存在的事实。

2022 年获得某著名新闻奖项的一件视频作品，报道一位教师抢救落水学生而不幸牺牲，该作品主要以动画和配音的形式表现了这位教师的"英灵"与父母、妻子、儿子和同事以及被救学生的对话。我们当然相信这家新闻机构和记者的初衷是"弘扬见义勇为，传递正能量"，但做法却是以想象的方式虚构了生活中根本不会发生的逝者与生者的对话。即使评奖，该作品应该参与文艺奖项的评选。在作品发表前的核查环节，核查者应该没有认识到这属于明显的"虚构事实"。

对这类报道，核查者应该明确新闻不容想象的基本准则，制止记者、编辑这类做法。

如果说"英灵与生者对话"还有见义勇为的事实存在，有的报道内容完全就是子虚乌有，有记者为了内容的耸动甚至自导自演。2007 年 7 月 19 日，中国记协对 7 月 8 日北京电视台生活频道播出的虚构事实的报道《纸做的包子》予以通报和谴责：2007 年 6 月初，北京电视台《透明度》栏目组临时聘用人员訾某先后两次找到北京市朝阳区太阳宫乡十字口村 13 号院，以为民工购买早点为名，要求做早点生意的外地来京人员卫某等 4 人为其制作包子。訾某自带了肉馅、面粉和纸箱，要求卫某等人将纸箱经水浸泡后剁碎掺入肉馅，制成包子，并用其自带的家用 DV 机拍摄了制作的过程，拍摄后进行了影音剪辑，用欺骗手段获得播出。訾某现已被警方刑事拘留。②

对这类蓄意虚构事实的报道，核查者很难识别真伪，只能依靠完整查看记者的主要素材、与记者和摄影师分别核对"做包子"的细节，才有可能发现蛛丝马迹。

---

① 门彻 . 新闻报道与写作（插图第 11 版）[M]. 展江，主译 . 北京：世界图书出版公司，2014：317.

② 中国新闻网 . 中国记协就《纸做的包子》虚假报道发通报（全文）[EB/OL].（2007-07-19）[2023-03-02]. http://www.chinanews.com.cn/gn/news/2007/07-19/983414.shtml.

第三节　新闻刊发过程中的核查

在刊发环节，核查工作至少有两个重点：一个是最后的审校；一个是出错之后的处理。

一、最后的审校

如果正式发表前审校不严，报道必然会出现明显的错误，尤其是事实性错误。

中国新闻奖从2014年开始设置审核环节，对进入终评环节的新闻作品展开最后的核验；虽然这些作品刊发前一般都经过送评单位的“三审三校”，而且很多作品都是各省（市、自治区）新闻奖的获奖作品，但每年的审核还是发现不少错误。2022年第三十二届中国新闻奖审核委员会工作报告披露，本届审核委员会认定有差错的作品占申报作品总数的40%；报告列举了一些明显错误：

如时间写错——“2020年1月1日下午6时左右，记者突破重重关卡，进入矿区采访”中的“2020年”应为“2021年”；

如地点标错——视频新闻字幕“杭州莫干山”有误，莫干山位于浙江湖州，不属杭州；

如错别字——“那个金面具能否反应出当时的冶炼能力”中的“反应”应该是“反映”。

报告还指出：“电视作品中，‘情景再现’也屡见不鲜。更有甚者，冠以‘新闻纪录片’之名的作品，大部分画面都是‘情景再现’，类似于电视剧”。

审核委员会的《审核细则》所称的“事实性错误”包括新闻要素以及有关的历史、背景、数据、解释性材料等，存在不正确、不准确等情形；行文不符合常规逻辑以及事实交代不清、文不对题，表述有歧义等情况；所称的“专业性错误”包括新闻要素不全等；所称的“语言文字错误”分为三类，一是语法问题（包括词序错乱、成分缺失、指代不明、语句杂糅、归类有误等），二是词语问题（包括成语使用不规范、词语搭配不当、词语缩略不当、生造词语、指代不明、数量单位缺失、前后表述不一致等），三是用字问题（包括错别字、多字落字、标点符号误用等）。①

时任国家新闻出版广电总局出版产品质量监督检测中心特聘专家杜维东等编著的《现代校对实用手册》列举了一些常见的出版物中的错误，其中与事实性差错有关的包括：数字错；时间错；人名错；地名错；身份错；国名错；知识性错误；逻辑错

---

① 唐绪军. 迎接新挑战当好把关人——第三十二届中国新闻奖审核委员会工作报告[J]. 新闻战线，2022（23）：61-65.

误；引文有误；误用成语。①

要尽量减少这类错误，除了前述在信源选择阶段和信息采制阶段严格把关，还需要在发表前做好最后的核查。《芝加哥事实核查指南》以核查杂志文章（Fact-checking Magazine articles）为例，解析了发表前核查的七个步骤——

第一步：阅读（Step 1：Read）。

带着怀疑的眼光熟悉这篇稿子。

第二步：识别信源（Step 2：Identify the Sources）。

联系作者，了解与信源有关的资料（比如笔记、访谈录音、报道、书籍等），索要关键信源的联系方式。

第三步：标记事实（Step 3：Mark the Facts）。

在打印出来的、留出足够宽的行距的稿子上，用不同颜色的笔标出重要的事实表述，比如粉色代表引用、黄色代表专有名词、绿色代表作者陈述的模糊之处，等等。

第四步：分别检视（Step 4：Triage the Facts）。

有的事实用查阅文字和电子资料的方式核查，有的要跟信源打电话、面谈或电子邮件访问。

第五步：跟踪和记录（Step 5：Track and Document）。

在你核实过的句子或关键词旁边标注"√"或"×"，在需要更正的地方应用校对符号写出修改建议。

第六步：报告你的发现（Step 6：Report Your Findings）。

写出你的核查报告，按修改的必要程度列出需要修改之处，为了让作者和编辑易于接受，尽量委婉友善（Be diplomatic and kind），让他们觉得你是为报道更完善而不是吹毛求疵。

第七步：检查每个版本的校样（Step 7：Check Each Version）。

文章正式印刷之前或电子版上线之前，往往会有几轮的校样，你每一轮都要看，要留意你核查出来的问题是否已经解决，作者在某一轮校样上添加的内容会不会再出问题。②

以上七个步骤，不仅适用于核查杂志文章，其基本方法也适用于报纸、电台、电视台的文稿审校。

关于发表前核查的具体内容（Final Checks Before Submission），路易斯安那州立大学的教授史蒂夫·巴特里（Steve Buttry）推荐的一张包含 14 项内容的工作清单（Checklist）可以借鉴，这张清单大致罗列这样一些发表前需要做最终核查的内容：

（1）需要计算的数字（最好让作者之外的人帮忙检查）；

① 杜维东，杜悦，冯凌．现代校对实用手册［M］．北京：金城出版社，2016：138-143.

② BROOKE B. The Chicago guide to fact-checking［M］. Chicago：The University of Chicago Press，2016：33-46.

（2）人名；

（3）人的头衔和书的标题；

（4）地理位置；

（5）把引述内容跟笔记和录音核对；

（6）信息出处和署名（如果来自网络，请插入链接）；

（7）定义；

（8）验证网址（核实 URL 并看看内容是否还在）；

（9）电话号码（拨打一下电话）；

（10）拼写和语法；

（11）拼写检查软件查出来的错误；

（12）你假设过什么吗？（如果有，请验证、换一个更灵活的说法或干脆删掉）；

（13）如果有任何疑问，请复核最初的来源；

（14）把你觉得费解的地方读给懂行的人听[①]。

即便经过层层把关，发表的报道还是会出错，出错之后新闻机构应该怎么办？

二、出错之后的处理

出错的报道不仅会给当事人造成名誉损伤和经济损失，还可能引发社会动荡甚至外交冲突。负责任的新闻机构会再次核查，确认错误后会采取更正、道歉、撤回报道和赔偿、补充报道等措施。

《中国新闻工作者职业道德准则》第三条“坚持新闻真实性原则”第四款明确要求“刊播了失实报道要勇于承担责任，及时更正致歉，消除不良影响”。[②]

对一般的语言文字差错，很多新闻单位尤其是报社都作为日常内容予以刊发，如《新京报》在第二版辟有“更正与说明”专栏[③]；对新闻出版和广播电视主管部门查处通报的失实报道，涉事新闻单位往往也会按要求发布更正道歉信息，[④]但涉及一般公民和法人组织的报道当中的非政治性失误，有的新闻机构则不愿意公开发布更正。

2000 年一刘姓公民被检察机关认定为错误羁押，并获得国家赔偿；在刘被羁押期间，县电视台报道刘敲诈勒索，形容其为“南霸天”，在报道中播出了刘被警察讯问的录像。检察机关撤案后，刘要求电视台更正道歉未果，向法院提起诉讼，法院判

① BUTTRY S. Why Journalism Professors Should Teach Accuracy Checklists[EB/OL].（2015-02-02)[2023-03-02]. https://mediashift.org/2015/02/journalism-professors-should-teach-accuracy-checklists/.

② 中华全国新闻工作者协会 . 中国新闻工作者职业道德准则[EB/OL].（2019-12-15)[2023-03-02]. http://www.gov.cn/xinwen/2019-12/15/content_5461304.htm.

③ 新京报 . 更正与说明[EB/OL].（2023-03-03)[2023-03-03]. http://epaper.bjnews.com.cn/html/2023-03/03/content_829042.htm?div=-1.

④ 新华社 . 国家新闻出版广电总局公开通报 15 家媒体发布虚假失实报道的查处情况[EB/OL].（2016-04-23)[2023-03-03]. http://www.gov.cn/xinwen/2016-04/23/content_5067101.htm.

决：刘某涉嫌诈骗一案经市县两级人民检察院作出撤销并予以国家赔偿，说明检察机关将刘某作为犯罪嫌疑人批捕的职权行为已公开纠正，电视台即有更正报道的义务。[①]

新闻难免出错，更正，应该成为负责任的媒体的常规工作。新闻机构被举报、被告知或主动发现报道失实之后，负有事实核查责任的事实核查员、编辑或管理者，应该首先督促和协助记者尽快再次核查，争取获得准确完整的真实信息，用通俗易懂的语言解释清楚失实之处和真实情况，敦促新闻机构在原报道传播的范围内发布更正信息并向新闻当事人和读者（观众、听众）致歉；如果问题严重，可以考虑在更大范围甚至以本报（本刊、本台）评论的方式发布更正与道歉信息。

更正和道歉信息的发布，依然要严格审核，防止再次出现事实方面或表达方面的失误。

思考

1. 哪些动机可能促使信源有意或无意提供不实信息？如何防范？
2. 信息采集环节的哪些问题容易导致报道失实？
3. 为什么有相当数量的新闻单位刊播不实报道后并没有公开更正？

练习题

1. 请选择一则被国家新闻出版署、国家广播电视总局或中华全国新闻工作者协会认定为不实报道的新闻，分析其事实核查工作存在哪些问题。

2. 请观察一家新闻机构的生产流程，列出它实际应用的事实核查清单并提出改进意见。

3. 请联系你就读学校的一家校园媒体，选择一则最近准备发表的报道，按照本章第三节介绍的七个步骤进行事实核查。

① 《媒体人新闻业务守则》编写组.《媒体人新闻业务守则》释义[M]. 北京：中国政法大学出版社，2015：292.

第四章　视觉形式虚假信息与事实核查

本章要点

1. 图片形式虚假信息的类型、其影响机制以及核查方法。
2. 视频形式虚假信息的影响机制，深度伪造视频的分类及识别方法。
3. 可视化欺骗的分类以及实例。

社交媒体是当今人类生活不可或缺的组成部分，新闻生产和传播随着社交媒体影响日益扩大而彻底改变。在社交媒体上，文字、图片、视频融合在一起，真实信息与虚假信息混杂在一起。

随着互联网图形技术的发展，人们可以使用各类图形处理、视频编辑、虚拟制片等技术，对图片、视频等进行修改、拼接、创作、再创作。这类技术应用于广告创意、影视创作等领域，可以让创作者发挥更大的想象空间和创意空间，但对于像新闻这类以“真实”为第一诉求的信息产品，如果此类技术使用不当，就可能造成“逼真”的虚假信息后果。

近年来，以图片和视频形式出现的虚假信息层出不穷。一方面，图片和视频具有视觉的直观性，它们传递的信息相较文字更易让人理解和信服，具有更大的传播潜力；另一方面，图片和视频所包含的信息极其丰富、造假技术随着机器学习的发展不断演进，为事实核查带来相当大的困难。

本章我们将探讨以图片和视频形式出现的虚假信息的类型、影响机制以及核查方法。

第一节　图像虚假信息与事实核查

一、图片虚假信息的类型

为便于行文，我们将以通过图片形式传播的虚假信息统称为“假图片”。当今社会，“修图”已经成为网民的普遍行为，为了区别一般性的“修图”行为，本文对“假图片”特做如下界定：

第一类，前期造假，即在拍摄图片之前，使用虚假的人物、材料，拍出与事实不相符的图片。第二类，后期造假，即对真实的照片进行后期制作，比如拼接、裁剪、合成等，制造出与事实不符的图片。需要注意的是，这里的前后期，指的是摄影图片产生之前与之后。第三类，图片中发生的事情是真实的，图片也没有进行后期修饰，但是在图片的解读上存在误差，就是我们常说的“张冠李戴”。第四类，以图片形式出现的含有虚假信息的图表，可视化图表是一种特殊的图片，通过线条和面积来表达数字中暗含的关系，通过对图表中的元素进行操纵，可以向读者传达与事实完全相反的信息。

对假图片进行分类，有助于我们理解假图片生产过程，也有助于我们理解相应的核查策略。

（一）前期造假

前期造假，即使用虚假的人物、材料，拍出与真实情况不相符的照片，比较典型的是摆拍。

比如之前的成都七中实验学校食堂事件，学生家长在微博上发文，称学生食堂环境恶劣，给孩子吃的食品都是过期发霉的，并附带了发霉食物的照片。因为照片上的食物和环境令人恶心，引起网民气愤，事件受到广泛关注。

经过调查，警方发布通告，警察发现家长发布到社交平台上的照片都是摆拍。事情的真相是，几个家长对学校有意见，偷偷溜进食堂，把姜黄粉等撒到没有问题的食品上进行拍摄。照片上看起来像霉斑的东西，其实是饼皮渣和冰碴；像霉菌的东西，其实是姜黄粉。

（二）后期造假

后期造假，即人们常说的 PS，通过图片加工技术，基于真实的素材，创造出没有发生的事件。后期造假有多种方式，常见的有：篡改、拼接、裁剪、合成。

1. 拼接

拼接指的是使用真实素材创造出未发生的事物。比如美联社 2004 年 7 月 15 日报道西安暴雨的新闻图片显示，暴雨的水位高至腰部。但是其他新闻社的图片显示暴雨造成的水位仅淹至膝盖以下。经美联社核实，这张图片经过电脑处理。16 日，美联社通知各单位将该图片撤下。

摄影作品《青藏铁路为野生动物开辟生命通道》，曾被评为“影响 2006-CCTV 年度十大新闻图片”之一。但摄影论坛的网友们提出质疑，认为这张照片涉嫌造假。网友发现三个疑点：第一是在高铁水泥柱下方发现红色拼接线；第二是藏羚羊生性胆小，易受惊吓，不会在正好有火车过桥的时候穿过桥洞；第三，网友查看了作者以往的摄影作品，发现他有修饰图片的“劣迹”。最终，摄影师在舆论压力下承认存在修图的行为。

2. 图片裁剪

有的时候，让图片传递不符合实际情况的信息，或者传达制作者想要传达的信息，甚至不需要特别的后期技术，就能达到误导读者的作用。比如图 4-1，左右两张图分别是中间那张图的裁剪图，截取中间图的不同部分，可以传达完全不一样的故事。

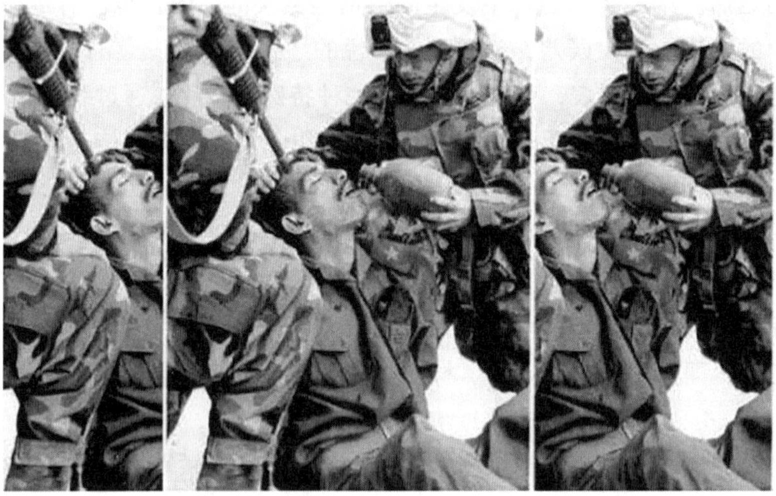

图 4-1 媒介如何操控我们的观点

3. 合成

利用三维软件，塑造完全不存在的数字人物和数字场景，达到以假乱真的作用。合成技术既可以用在商业营销上，比如制造虚拟网红，也可充当社交机器人的头像。很多虚假视频就是通过合成的虚拟人来实现的。

2022 年第 65 届荷赛奖欧洲区开放形式奖颁给了一组“假新闻照片”《韦莱斯之书》。照片中，合成的虚假人物和真实的场景画面融为一体。摄影师称，这组图旨在希望人们能够重视甄别假新闻（图 4-2）。

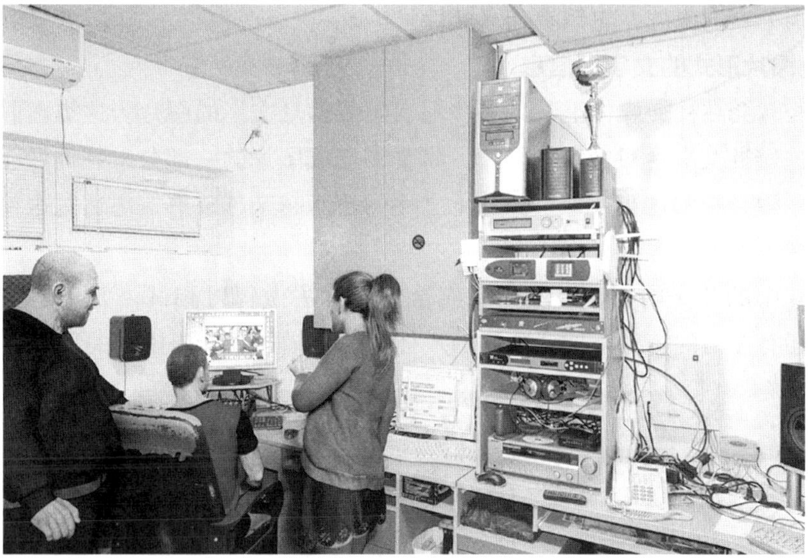

图 4-2 获奖摄影组图《韦莱斯之书》的图片之一

（三）张冠李戴

图片所记录的事件是真实发生的，但被挪用到其他事件上。有一段视频展示的是一群人坐在飞机上，挥舞着国旗，飞机上还有“一方有难，八方支援；团结一心，共抗疫情”的字样。而视频的文字则描述这是钟南山带领全国专家团队支援满洲里。经核查，钟南山并没有带领专家团队支援满洲里（图 4-3）。

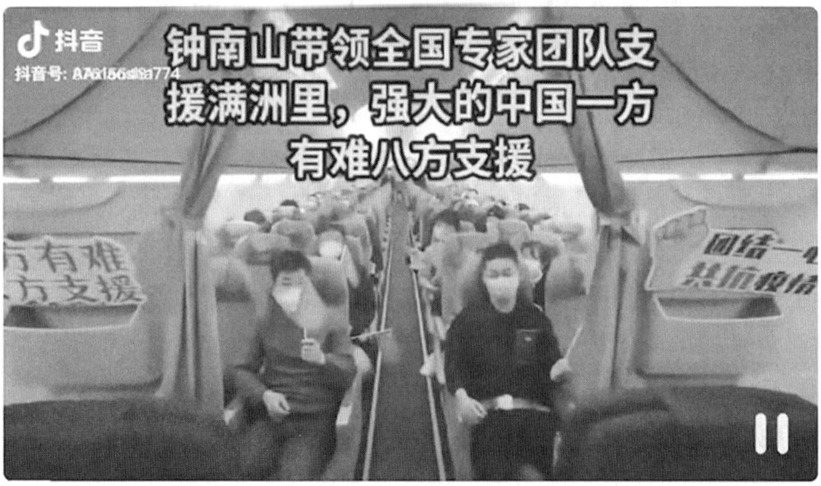

图 4-3 钟南山支援满州里的虚假信息

类似的例子有很多，比如不知何时拍摄的高铁站空无一人的图片，被加上文字，摇身一变成为疫情之下“百业凋零”；不知何时何地消防员冲入火场的视频，被加上说明文字和配乐，成为最近发生的火灾新闻视频。想一想，为什么这些图片和视频能够成功吸引公众的眼球？它们有什么共性？

（四）图片形式的文字假信息

人们经常会在社交媒体上看到一些写着虚假信息文字的图片。这类虚假信息一开始是为了逃避社交平台对文字的监管，将文字变成图片的一部分，这样做能够逃避审查。不过，随着技术进步，识别图片上文字的技术越来越成熟，想通过这种形式逃避监管，已变得不那么容易了。

图 4-4 中的英文内容，说美国政府会偷尸体去做辐射测试，尤其是年轻人的尸体，甚至还有专门的特工来搜寻新鲜的尸体，这些描述并未提供相关证据。

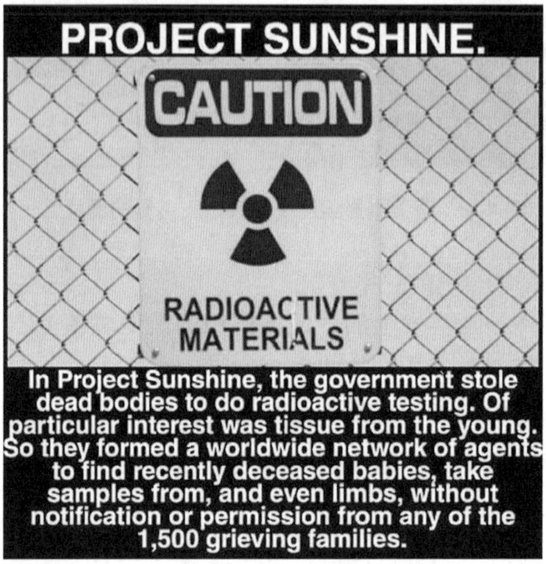

图 4–4　阴谋论假图片

还有一类文字 + 图片形式的假信息，是对权威信息中的文字进行恶意修改，曲解或篡改内容，例如官方通报、研究论文原文、外网新闻、官方或名人的言论截图等，一般读者不会去溯源核查图片中的内容是否真实，而是会盲目采信。

比如社交平台传播了一张外网新闻报道截图，截图上的文字描述一方面说香港地区疫情严重，另一方面又说前去支援的内地医护需要隔离 14 天才能工作。这件事情听起来非常不可思议，实际后边那句话是 PS 上去的。

（五）可视化欺骗

数据可视化是近年来比较常见的一种数据表达方法，数据可视化可以降低人们理解数据的难度，但由于普通读者对数据来源、图表呈现方法并不专业，因此，操纵可视化图表，传达与真实数据不符的信息，已成为一种新的欺骗手段。

2021 年，美国国家科学院院刊发表了一篇研究报告，探讨收入和幸福感之间的关系。[1] 如图 4-5 所示，其中横轴是家庭收入，纵轴是幸福感。读者的直观感受是收入和幸福感是正相关的关系，收入越高幸福感越高。但有网友依据作者公开的数据复现了这张图，得到了完全相反的结论。如图 4-6 所示，收入和幸福感的关系有个阈值，在 7.5 万美元左右，超过这个数值，幸福感的增长似乎趋于平稳。

为什么同样的数据可以画出两张不一样的图，得出不一样的结论？这个秘密在于折线图横轴的设置上。左图 X 轴的范围是 15,000 到 48,000，并且刻度值是一个等比数列。等比数列加剧了 X 轴数值的变化，进而加剧了图中折线的陡峭程度。右图是常见的尺度设置方法，X 轴从 0 开始，刻度数值等距增长，符合人们对于尺度的认知，其折线趋势更能代表数值变化的真实情况。

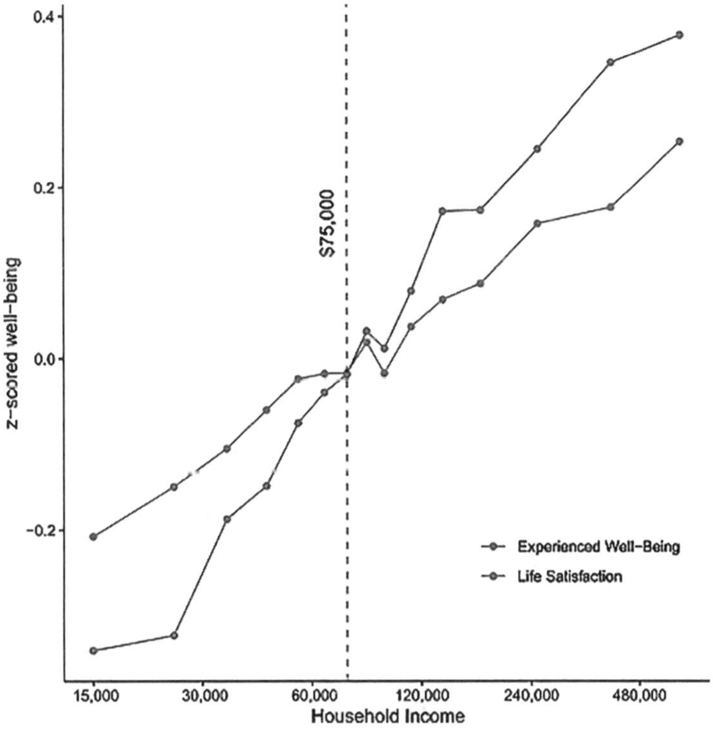

图 4-5　收入与幸福感关系

图片来源：Killingsworth，M. A.（2021）

① Killingsworth M A. Experienced well-being rises with income，even above $75，000 per year[J]. Proceedings of the National Academy of Sciences，2021，118（4）：e2016976118.

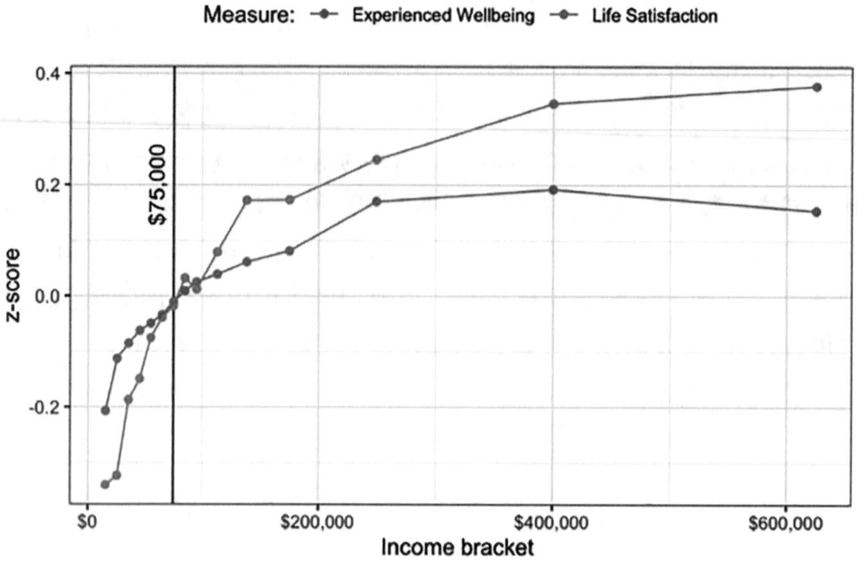

图 4–6　收入与幸福感关系，采用图 4–5 同一批数据

图片来源：R on kieranhealy.org[①]

二、图片影响的心理机制

在了解假图片核查方法之前，我们需要明白为什么假图片能够盛行，为什么假图片比起文字的虚假信息“破坏性”更大。

（一）图片在新闻中的作用

图片在新闻中的作用主要有以下几点：增加可信度、消除歧义、传递情感，以及增加可读性。

1. 增加可信度

俗话说得好，耳听为虚，眼见为实。图片的第一个作用是增加信息的可信度。图 4-7 用文字传递钟南山率队支援满洲里的信息，而图 4-8 是钟南山和众人一起坐飞机，图片上还加了激动人心的文字。毫无疑问，图 4-8 会比左边的文字看上去更吸引人，更像真的。

① https://www.r-bloggers.com/2021/01/income-and-happiness/.

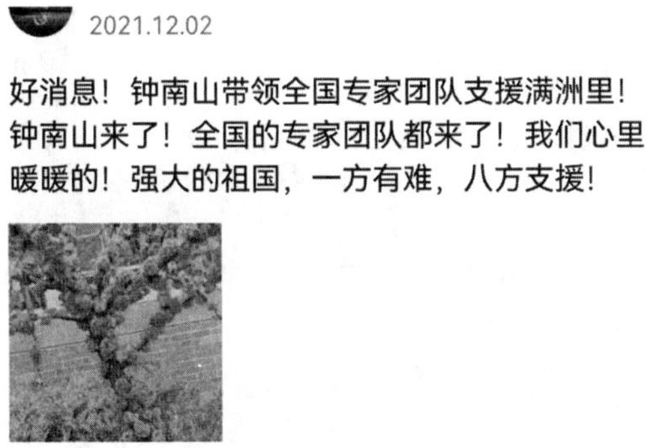

图 4-7　文字形式的钟南山支援信息

图 4-8　视听形式的钟南山支援信息

2. 消除歧义，传递情感

有的时候图片比文字能传达更丰富和更准确的信息。

研究者[①]以简单的表情包作为研究对象，以英文歧义句 got a shot 为实验材料。shot 本质上指的是一个动作，非常迅速地突入。在不同语境有不同的引申意，比如打针、喝酒、投篮、枪击等。为了能让读者更迅速地从歧义信息中找到信息发送者想要传达的意义，研究者给歧义的文字配上了带有场景的表情包，然后让研究参与者阅读带图案符号和不带图案符号的歧义信息。结果发现，带表情包的信息更容易让参与者感情波动。

假图片作者擅长激发读者的情绪，比如空无一人的高铁站图片传递的是恐慌，而消防员在火灾现场独行的照片则传递了崇敬的情感。

3. 传递信息

图片本身就是一种信息。有些时候，图片也会带有观点。图 4-9 是一组 2018 年 G7 峰会的新闻图片，每张图片出自不同国家的记者之手。可以看到虽然这些照片拍摄的是同样的场景和同样的人物，但读者可以从这些图片中解读出不同的意思来。你能猜到这四张图片分别是哪些国家的记者拍摄的吗？你能看出其中传递了什么样的情绪和信息吗？

① RIORDAN M A. The communicative role of non-face emojis：Affect and disambiguation[J]. Computers in human behavior，2017，76：75-86.

图 4–9　2018 年 G7 峰会新闻图片

这四张图的中心人物各不相同，可能代表了不同国家记者的偏好。左上图中心是德国总理默克尔，右上图中心是法国总统马克龙，左下图侧重默克尔和特朗普的关系，还有加拿大总理特鲁多，而右下图的核心则是日本首相安倍和美国总统特朗普。

仔细观察，可以看到左上图和左下图的区别。这两张照片构图差不多，但是传达了完全不同的情感。左上图人物表情严肃，关系剑拔弩张；左下图人物都在微笑，氛围很融洽。

这就引发了一个问题，对于左上图和左下图的差异，无论我们用前期核查的方法去调研，还是去解析照片是否经过修饰，得到的结论都是图片真实、未经修改。但是这些图片的确在某种程度上歪曲了事实。我们应如何防范这样的“春秋笔法”？

4. 提升可读性

地球上最早出现的人类，已经能用视觉去理解这个世界，但是文字产生较晚。人类甚至存在一种名为失读症的疾病，患有此病的人终身不能理解文字，但是仍然能够理解图片传递的信息。

因此，相对于文字信息，人们会更偏好图片信息，这被称为图片优势效应，即从个体认知来说，图片比文字能够更好地被人消化。同样是几秒时间，人们可能读不了几个字，但是看一张图就可以理解发生了什么事。而且在回忆的时候图片也具有优势，比起文字信息，图片传递的信息能让人更深刻地记忆。像考试这种需要逻辑加工的任务，加上图片能帮助人们理解。这种图片的优势效应，对于儿童和老年人尤其明显，比起成年人，他们在图片和文字的认知和记忆上差别更大。

（二）假图片为什么能够说服个体？

理解公众的心理是理解假图片能广泛传播的根源，这也能帮助我们去寻找合适的干预方法，阻止假图片在人群中的传播。

1. 解释偏差

解释偏差是指人们在处理信息时出现的差异现象，面对意义模糊的图片或者信息，人们的理解存在差异。比如从积极的信息中解读出消极的信息，从别人正常的互动行为中解读出敌意。

面对没有背景信息的图片，人们会有不同理解。图 4-10 可以看作吹萨克斯风的人，也可以看作女生剪影，或者两者皆可。图 4-11 看起来比较有时代感，图中人物都穿军装。有人认为这是一张真实的历史照片，也有人说这张图其实是电影《敦刻尔克》的截图。

图 4-10　两可图形

图 4-11　缺乏背景信息的“历史”图片

2. 寻求意义与完整

人类从心理上倾向于去寻求意义与完整，这被称为格式塔原则。如图 4-12，如果观察每个细节，可以发现图片由一些缺了口的圆和线条组成，但是人们在理解这张图时，会将这些零碎的部分组合在一起，将其认知成一个完整的三角形。

人们不止有将碎片化的信息进行整体性解读的倾向，海德（Heider）与西美尔（Simmel）还发现了一种认知偏见（Heider-Simmel Illusion）[①]，人们倾向于给无意义

① Heider F，Simmel M. An experimental study of apparent behavior[J]. The American journal of psychology，1944，57（2）：243-259.

的图形赋予意义。他们制作了一个视频[①]，图 4-13 中的框线被观众理解成门，三角和圆被观众理解成有生命的人。视频被理解成三角和圆之间的关系。但问题是，视频本质上只是线条和图形的组合与移动。

图 4-12　格式塔图形

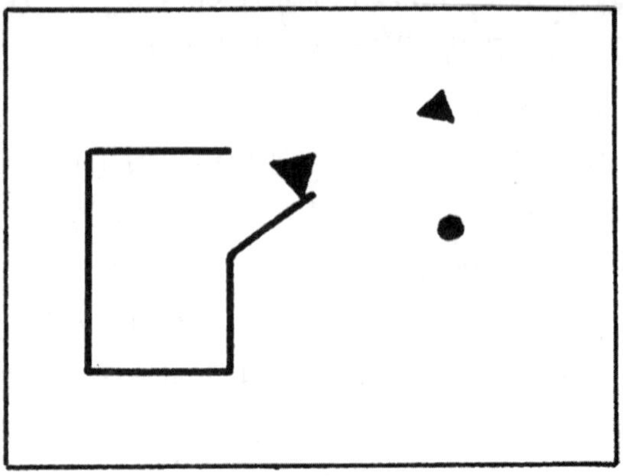

图 4-13　Heider-Simmel Illusion 图形

人们在认知图片的时候，会以图片传递的信息有意义为前提，再去理解图片中出现的元素。此外，人们更会关注图片整体传达的信息，而不是零碎的细节。这也解释了为什么造谣的成本那么低：只要配上模棱两可的照片，读者就能迅速建立信息之间虚幻的关联。

（三）公众对假图片的识别能力

在讲述假图片的分类时，我们列举了许多现实新闻中虚假图片的例子，这些图片似乎都用了非常“低级”的方法造假，我们一眼就能看出图片不是真的，但是现实是，很多人都无法分辨图片的真假，这是为什么呢？

1. 辨识图片是一个学习的过程

图 4-14 给老鼠安了个猫的头，文字内容是这种基因编辑的生物以后可以作为宠物售卖。我们能够很明显地看出这张图有很多被修饰的地方，比如猫头和老鼠的身体不匹配。但是识别这种图片造假的能力不是先天的，这种能力需要学习。

① https://www.bilibili.com/video/BV14B4y1A7Zn.

图 4–14　虚假信息：一种基因编辑生物

图片来源：Shen et. al（2019）①

再来看图 4-15，先不说能否在地铁轨道里开船，你可以从这张图上明显看到人物锐利的边界，人物没有影子，光线投影也不对。

图 4–15　诺基亚手机广告图

虽然这张图的后期从现代人的视角来看做得很拙劣，但却曾是诺基亚手机真实使用过的广告图。这张图也曾惊艳大众，带给人们无限联想。这告诉我们，人们对于图

① Shen C，Kasra M，PAN W et al. Fake images：The effects of source，intermediary and digital media lrteracy on contextual assessment of image credibility online［J］. New media & society. 2018，21（2）：438–463.

片造假的识别能力与个人经验（比如当时图片修饰技术的平均水平、个体修图经验和技能）有紧密的联系。

个人修图经验有时候也会带来相反的效果，让我们做出误判。图 4-6 中的花看起来像是经过图片后期处理的，但却是真实的，是生物天然的变异。当然，如果这张照片被配以文字说是核电站附近开出的花，那就是张冠李戴了。

图 4-16　变异的花

图片来源：BBC

在人类学研究中，有研究者观察了原始部落居民是如何认知现代图片和视频的，以了解他们在认识图片的过程中有多少因素是先天存在的，有多少是后天习得的。比如《天真的人类学家》中是这么描述原始部落居民对照片的理解的：①

> 后来我终于搞到一些非洲动物的明信片，里面有一张是狮子，一张是豹，我展示给他们看，看他们知不知道其中的差别。不幸，他们不知道。问题不在动物的分类，而是他们无法辨识照片。西方人常忘了人必须经过学习才能辨识照片。多瓦悠人没有视觉艺术的历史，仅能辨识几何图形。我拿出狮子与豹的照片，老人们拿着明信片左转右转，用各种角度观看，然后说："我不认识这个人。"
>
> 法律规定多瓦悠人出门都得带身份证，仔细检查我才发现是一个人的照片大家用。显然，官员辨识照片的能力也不比多瓦悠人好。
>
> 当我收集多瓦悠词汇（譬如人体器官）时，我画了一幅画，是一男一女的粗略轮廓，搭配模糊的性器官外形，好让多瓦悠人指着部位告诉我名称。这幅图造成轰动，一连数个月，男人蜂拥到我的茅屋要求看这幅画。重点是他们无法分辨男女的轮廓。

2. 认知资源有限

人类的认知资源是有限的。个体的注意力和视力在理解一个图片的时候不是逐格

① 巴利，何颖怡．天真的人类学家[M]．桂林：广西师范大学出版社，2011：96-97.

地扫描图片上的信息，这样的认知过程太过繁杂。人的眼睛就像摄像机，视觉集中在一个点上。再以这个点为中心，在一个小范围聚焦。而在这个聚焦范围之外，则是盲点，人们会忽略其中的内容。

人们会选择看见什么，选择不看什么也是非常主观的过程。这种选择性根基于人们的知识经验与立场。电影研究者曾经描述过这样一个非常经典的案例：①

> 第三类，也是最后一类在正常条件下看不见的东西是那些属于头脑里的盲点之列的现象，习惯和偏见使我们不去注意它们。有一份记载非洲土人对一部在当地拍摄的影片的反应的报告，非常清楚地说明了注意或不注意某些东西跟文化水准和传统有关系。报告说，影片映完后，那些对电影手段还全然无知的观众便滔滔不绝地谈论起一只鸡来，他们都说曾看见它在泥沼里啄食吃。拍片人自己根本没发觉影片里有什么鸡，他看了好几遍也没能找出它来。难道是土人的想象？只是在逐格调查了他的影片之后，他才最后发现那只鸡只是在一瞬间曾在某处一个画面的一角上出现过一下，此外便从未再出现过。

这意味着人们只会从自己的经验出发去理解图片，或者从文字传达信息的角度去理解图片。

3. 造假水平和识别力

什么样的图片人们更不可能识别出造假呢？有研究②做了相关的探查。图 4-17 是研究者给研究参与者呈现的图片样式，其中 a 图是未经修改的图片，b 图去除了人物面部的汗水和眼睛周围的皱纹；c 图中吊桥塔柱之间的两个连接点被移除；d 图中桥顶的角度与其他部分不一致；e 图中阴影存在不一致；f 图是所有前述操作的组合。整体而言 c、d、f 是对图片后面的金门大桥进行了修改，而 e、f 则是调换了脸部光线的位置。需要注意的是，虽然在有原始图片的比较下，脸部翻转看起来非常不真实，但是单单看这张图，还是看不出哪里有问题的。不过当我们仔细观察，可以看到脸部和衣服的光照方向不一样。

① MADDISON，J. Le cinéma et l'information mentale des peuples primitifs[J]. Revue internationale de filmologie，1948，(3-4)：305-310.

② NIGHTINGALE S J，Wade K A，Watson D G. Can people identify original and manipulated photos of real-world scenes?[J]. Cognitive research：principles and implications，2017，2(1)：1-21.

图 4–17　造假水平与识别能力研究采用的实验材料

图片来源：Nightingale et. al（2017）

当人们看到这些照片，怎样类型的修改更容易被识别出来呢？研究发现，如果用图片中改变像素的数量为衡量标准来看，成功识别造假的概率和图片像素的改变量呈正相关的关系，即图片修改的内容越多，人们越易识别图片经过修饰。另外，从整体来说，a 喷涂和 c 增删更不容易被识别。

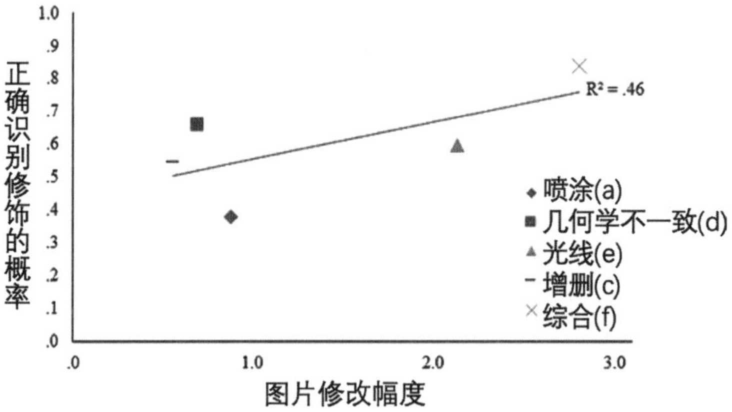

图 4–18　造假水平与识别能力的研究

图片来源：Nightingale et.al（2017）

研究者发现，三大因素与个体识别假图片的能力有紧密的关系。[①]首先是情境因素，包括反应时间和对涉及议题的态度。如果浏览的时间相对较长，并且对相关议题比较关切，就有可能发现造假。其次和摄影技能相关，包括对摄影的兴趣、对网络图片普遍存在修改的意识、修图经验和技能等。摄影相关技能和兴趣越高，对修图的意识越强烈，越有可能发现图片造假。最后，年龄也是一个重要因素。年龄越大，越不容易发现造假。而个人网络使用经验、社交媒体使用强度、图片点赞转发数、图片发布者的可信度则影响不大。

三、图片核查

图片核查方法因图片造假手法不同而有所不同，下面，我们将针对前述各类造假方法来介绍核查方法。

（一）前期造假

针对前期造假需要做的是遵循一般事实核查的流程。比如成都七中食品安全事件，通过调查寻访多方当事人、查看监控，便可了解图片是否符合事实。

如果针对的是没有源头的网络图片，需要做的是观察和提取图片中的线索，比如时间、文字、地理特征，[②]与已知的信息进行比对，来确定是否存在矛盾之处。

（二）后期造假

针对后期造假，我们能够运用一些摄影相关技术进行检测。

第一种技术是对图片中的光影以及结构进行比对。其基本假设是图片中的物品必然遵从透视原则。我们需要在图片中寻找一些绝对横平竖直和平行的参照元素，比如影子、镜子、水面、桌脚等，进而比较不同人物影子的方向是否一致、比较镜内外物体、不同桌脚是否平行。如果不平行，则该要素存在修改，如图 4-19。

① NIGHTINGALE S J，WADE K A，WATSON D G. Can people identify original and manipulated photos of real-world scenes?[J]. Cognitive research：principles and implications，2017，2（1）：1-21.

② 一些有用的网站：
历史网页记录：https://archive.org/；
地理信息：百度、谷歌街景；
历史天气信息：https://www.wunderground.com/history；
历史月相信息：https://www.mooncalc.org/。

图 4-19　光影比对

图片来源：BBC

第二种方法是查看图片的 EXIF 信息，EXIF 信息类似于图片的身份信息，其中涵盖相机型号、快门情况以及拍摄地点等信息。

有专门的软件能够提取和分析图片的 EXIF 信息，比如 MagicEXIF，它能够检查图片 EXIF 信息中是否包含了修图的信息，包括是否包含厂商注释（修改后的图片没有厂商注释），是否包含第三方软件的数据等（修改后的图片会有第三方图片修改软件的记录），并依此对图片可信度进行判定。需要注意的是一些网络图片不包含 EXIF 信息，并且图片的 EXIF 信息能被修改。所以检查 EXIF 信息并非鉴定图片造假的灵丹妙药（图 4-20）。

第三种方法是噪点检测。噪点是随机分布在照片中的小点，未加修饰的照片上，整张图片都会散布这样的小点。如果使用后期技术在图片上粘贴、复制或者抹除一些元素，便看到不协调的噪点分布。有学者基于此研发了识别图片是否被修改的应用，[①]普通人也可以使用在线图片取证平台[②]做相应的检测。普通用户在平台上传图片，取证平台会检测图片是否经过了后期处理，进行包括噪点、放大镜、克隆识别、EXIF、地理标签、缩略图（修改后的图片会存在缩略图与实际图片不一致的情况）等分析。

① ZHOU P，HAN X，MORARIU V I，et al. Learning rich features for image manipulation detection[C]//Proceedings of the IEEE conference on computer vision and pattern recognition. 2018：1053-1061.

② https://29a.ch/photo-forensics/#forensic-magnifier.

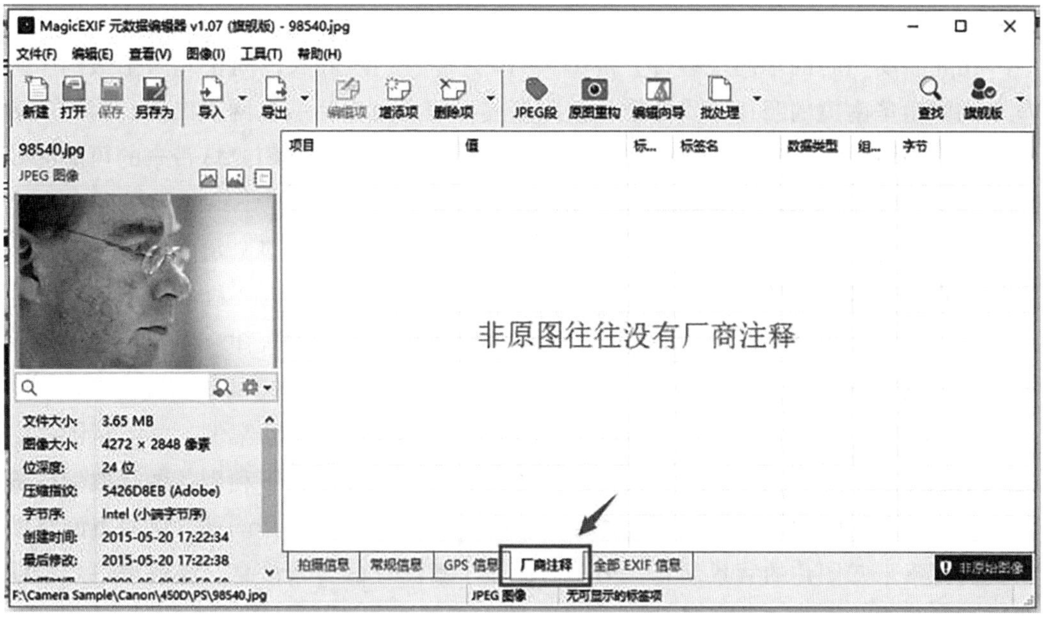

图 4–20　MagicEXIF 通过检测 EXIF 信息鉴定是否存在修饰

图片来源：知乎用户 im fantabulous

（三）张冠李戴

对于张冠李戴的情况，我们可以使用反向图片搜索的方法。在搜索引擎中上传想要核查的图片，搜索引擎会反馈相似图片存在的最早日期和来源。如果图片先于当前事件存在，那必然存在图不对文、张冠李戴的情况。需要注意的是，不同搜索网站、不同语种搜索引擎的素材库和搜索方法存在不同。如需使用反向搜索方法，建议同时使用多种搜索引擎交叉验证。除却搜索引擎，也有一些专门提供反向图片搜索的网站[①]同样可以提供相关的服务。

（四）可视化欺骗

针对可视化欺骗的情况，我们需要提升自身的科学素养，了解可能的欺骗方法（见本讲最后一节），进而进行核查。

（五）核查建议

图片核查没有灵丹妙药，前边虽然讲了一些“对症下药”的方法，但是在现实中，我们无法判定图片是事前造假还是事后造假，是做了后期的修改还是张冠李戴。往往是查证到最后，才了解采用了哪些造假方法。一般而言，反向图片搜索是图片核查的首选策略。当被证明是原创图片而非历史图片时，再考虑用其他方法进行查证。

图片核查的第二条建议是，查证过程同样应秉持“三角论证”的方法。单个核查策略下的结论可靠性相对较低，多个核查策略得出的证据交叉验证，能够保证结论的

---

① https://tineye.com/.

可靠。

比如轰动一时的华南虎事件，2007 年 10 月 3 日，陕西农民周正龙因拍摄到了濒危动物野生华南虎的照片，受到省林业厅嘉奖。照片公布后引发网友议论。网友从多个方面提出质疑，[①] 包括摄影时间（近距离拍摄 40 张照片）、闪光灯带来的可能的效果、老虎与叶子的大小不成比例等。甚至有网友发现老虎与自家 2002 年的年画完全一样。网易邀请摄影专家和照片鉴定机构进行分析。[②] 他们从多个角度进行分析，证据汇集在一起得出一致的结论：图片为假。其理由包括该老虎与年画高度一致、图片中的老虎不具有生命特征、老虎的行为不符合野生动物的行为规律、图片呈现平面而非立体的成像效果等。2008 年 6 月，陕西省政府通报周正龙拍摄的华南虎为假。

图片核查的第三条建议是，可以学习一些开源调查的方法和案例，学习从图片中提取出照片发生的时间、地理等信息。开源调查的专家往往善于利用各种开放信息资源分析图片中的蛛丝马迹，进而定位图片发生的时间和地点。其调查方法一方面有助于我们探索未知图片的背景信息，另一方面，了解图片的背景信息，能够进一步帮助我们核验信息发布者对图片的陈述，进而核查是否存在张冠李戴的情况。具体案例、相关资源和社区信息可以参考知乎的入门指南《如何用一张照片推理具体位置》。[③]

（六）摄影伦理准则

虽然新闻摄影追求真，但是要求新闻图片原汁原味、原封不动地呈现给大众也是不现实的。对图片合理的编辑是可以接受的，但问题在于编辑的度在哪里？

美国全国新闻摄影协会倡议的《图片新闻从业者的伦理准则》可以作为参考。其中提及视觉记者和管理视觉新闻制作的人有责任在其日常工作中坚持以下标准：

> 准确、全面地表现主题。
>
> 拒绝摆拍照片。
>
> 在拍摄或记录对象时要完整并提供背景，避免对个人和群体产生成见。
>
> 认识到并努力避免在作品中呈现自己的偏见。
>
> 在拍摄对象时，不要故意促成、改变，或试图改变或影响事件。
>
> 编辑应保持摄影图像内容和背景的完整性。不要以任何方式操纵图像或添加或改变声音，以误导观众或误导拍摄对象。
>
> ……

从以上标准可以看出，核心在于完整呈现相关信息并且提供图片的语境，这样做能够大大降低歧义和错误解读情况的发生。

---

① https://www3.xitek.com/tiger/.

② http://www.ce.cn/cysc/tech/07hlw/guonei/200712/03/t20071203_13792018.shtml.

③ https://zhuanlan.zhihu.com/p/555606058.

第二节　假视频与事实核查

随着短视频平台的普及，越来越多的虚假信息通过短视频的方式传播。以 2020 年中国十大假新闻为例，其中有三条假新闻是首先经由短视频平台传播和发酵的，如孝感车主参与抗疫后去世、南昌赣江大堤管涌 15 名党员率先跳水封堵、高考后出现“离婚潮”。由于防治视频类假新闻的技术尚未如针对文字、图片假新闻那样成熟，又面临如深度伪造这样精尖的视频造假技术，因此视频类假新闻更需要受到重视。现有的假视频分类、心理机制、核查方法与假图片有相似之处，此处不再赘述。在本节，我们也会详细地介绍深度伪造这一前沿的造假技术，介绍相应的核查方法。

一、假视频影响的心理机制

视频假信息主要利用了视盲的心理机制。正如前一节所说，人的注意力是具有选择性的，当人们专注于视频中的某些元素时，其他不合理的元素会被忽略。魔术也是利用了类似的机制。关于视盲最经典的案例来自心理学的数传球实验。请在阅读下文之前观看相关视频[①]。视频所显示的实验中，研究者首先给观众一个任务指示，当观众专注于视频的内容以完成任务的时候，却忽视了视频中的其他线索与变化。可以看到，个体对视频的解读是具有选择性的，并且非常容易受到误导，这也是虚假视频能够盛行的原因之一。

二、假视频的事实核查

假视频的类型与假图片类似。其核查方法也与核查假图片的方法相似。在核查视频的时候，第一步是将其“还原”成图片——截取假视频中的重要帧，然后使用反向搜索的方法搜索这些图像是否早已存在。之后分析视频中出现的线索，包括时间、地点、人物线索等，并注意比较多重线索是否能够交叉验证结论。

三、深度伪造技术

深度伪造技术（下称“深伪技术”）即使用人工智能技术，将视频或者图片中的人脸进行变更。深度伪造技术虽然并不常见，但是我们需要知晓它能够做什么、它会带来什么样的后果，以及如何识别它，以应对深度伪造技术可能的影响。

（一）分类

深度伪造人脸可分四种情况，[②] 如图 4-21。第一种是面部增强，即改变视频或图

① https://www.bilibili.com/video/BV1Kr4y1T7zg.

② MIRSKY Y，LEE W. The creation and detection of deepfakes[J]. ACM computing surveys，2021，54（1）：1-41.

片中人物的注视方向、表情、面部朝向等。第二种是面部替换，即将视频或图片中人物的脸替换成其他人物的脸部素材，甚至可以令其他人物“做出”原始素材中人物的表情。第三种是面部修改，这与平常所说的“美颜”技术相似，改变视频或图片中人物的发型、装饰、年龄、种族、化妆程度等。最后一种是面部合成，即合成在现实世界完全不存在的人物面貌。此外需要注意的是，除却修改面部，深伪技术也可以用来改变身体姿态、修改甚至去除着装。

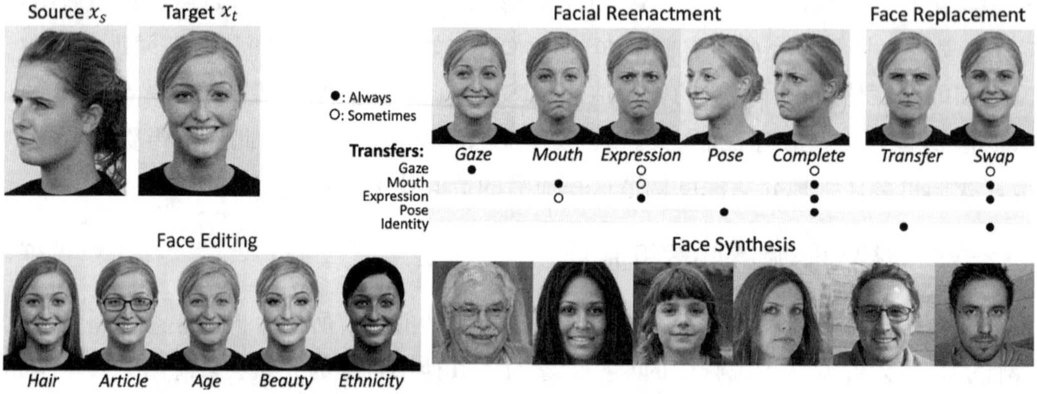

图 4–21　深伪技术的识别，自左到右，自上到下分别为面部增强，面部替换，面部修改，面部合成

图片来源：Mirsky，Y. & Lee，W.（2021）

（二）应用

正确使用深伪技术可以助力商业活动，比如创造虚拟代言人。在电影以及娱乐活动中，深伪技术也能够创造出现实中无法达到的视觉效果。但是在新闻及政治等领域，深伪技术却带来了不可估量的负面效果。针对政治人物的深伪视频往往以制造假新闻为目标。深伪技术也用来制作敲诈和诽谤视频，比如将明星或者普通人的脸“移植”到色情视频中。

另外需要提及的是，深伪技术具有比较高的可及性，其代码和相关软件触手可及，学习和制作此类视频的成本非常低，这更为有人恶意地使用它提供了便利。

（三）深伪识别

在谈论深伪识别之前，请大家欣赏一下一些热门的深伪视频。①请大家比较原视频和修改过的视频并讨论，深伪视频中有哪些地方存在破绽？

对于肉眼识别而言，破绽第一在于脸部与其他身体部分的肤色可能存在不一致的情况。第二在于光线不甚明确，因为脸部的替换是以帧为单位的，所以视频可能会存在闪烁与抖动。第三在于嘴的动幅与声音和视频其他部分的同步性不好。因为出于造假的目的，视频制作者会让目标人物“说出”他们未曾说过的话，这些语言可能也与

① https://youtu.be/-QvIX3cY4lc.

原始视频的对话内容不同。因此会出现不协调的情况。第四在于脸部与脖子和头发相接处模糊不清。因为深伪技术只替换头像，并不会连同发型、身体一同替换。第五在于当脸部的一部分被挡住时，就会出现伪影。因为当某些片段中脸部存在遮挡，深伪技术便不能很好地处理脸与遮挡的关系，进而出现破绽。此外，越长的视频需要越长的深伪加工时间，而时间越长的视频人物的动作复杂度也会提高，进而增加深伪加工的复杂度。因此深伪视频通常比较短，摄影机位相对单一。

研究者也尝试使用计算的方法来识别深伪。[①] 这些识别技术针对的是我们在人工识别中的一些漏洞，比如识别视频中人物的心跳、眨眼、血压，如果不在合理范围内即可能存在造假的情况；识别是否存在脸、嘴移动的标点，因为脸部的替换是基于替换和被替换人物脸部的标点来进行的；识别脸部是否存在明显的边界；识别是否存在光线与视频中其他部分的光线不一致的情况；识别技术也可以将视频与目标人物的过往视频图像比对，查看是否存在极为相似的脸部特征等。

（四）企业责任

各大社交平台面对涌现的深伪视频，除去自己来研发识别方法外，也会尝试举办一些深伪识别挑战赛，公开深伪视频集，鼓励民间群体去探索识别深伪的方法。

此外，数字签名的方法也被广泛提倡。数字签名是能够印刻在上传的图片和视频上的加密代码，即使图片和视频被下载和二次传播，仍然能够通过识别上面的数字签名，了解其源头，甚至可以了解是谁在进行二次传播。但是此方法尚未在社交网站和短视频平台上广泛采用。

第三节　可视化欺骗

在讨论可视化欺骗时，首先要明白将数字变为图表的目的是什么？人们希望从可视化图片中获得怎样的信息？具体来说，可视化能够帮助人们获得变量的大小信息，获得一种分布特征（饼图、散点图等），获得一种趋势信息（折线图等），获得组别和类簇信息（散点中的集群），通过不同组别的比较获取相似性和差异性信息（不同组别的数值差异等）。而相应的，可视化欺骗则是在传递这些信息时存在扭曲和误导，夸大或者缩小了趋势和组别之间的差异，甚至让读者做出完全相反的解读。

研究者[②] 归纳了常见的几种可视化欺骗的方式：

① MIRSKY Y，LEE W. The creation and detection of deepfakes[J]. ACM computing surveys，2021，54（1）：1-41.

② PANDEY A V，RALL K，SATTERTHWAITE M L，et al. How deceptive are deceptive visualizations? an empirical analysis of common distortion techniques[C]//Proceedings of the 33rd annual acm conference on human factors in computing systems. 2015：1469-1478.

一、截断坐标轴

对于比较差异而言，图表坐标轴设置会直接影响图中数量的表征。比如图 4-22，两个条形图表达的两对数值是一样的，但是因为一个 Y 轴的范围是［0，100］，而另一个是［50，100］，因而两个条形图表现出不一样的条块面积差异。

因此，一般在画图时会建议 X 轴和 Y 轴均从 0 开始计数，并且保证同一文章内所有图的 XY 轴的范围均保持一致，这样有助于读者进行图之间的比较。

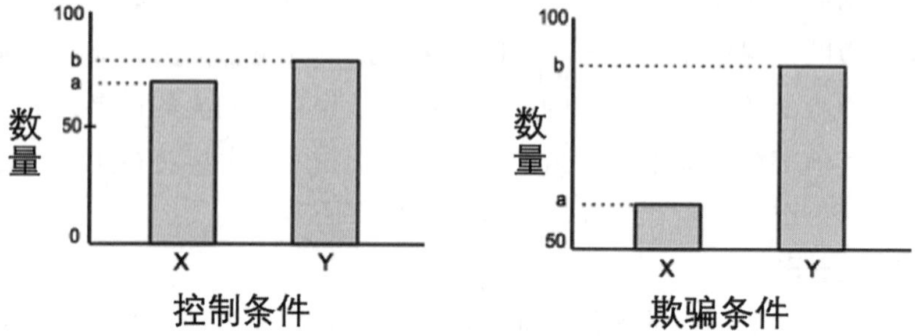

图 4-22　截断坐标轴示例

图片来源：Pandey et al（2015，April）

除 Y 轴设置外，也有可视化案例因截断 X 轴而误导读者。有研究者关注暴力新闻播报是否能够增加犯罪率，[①] 为研究此问题，他们寻找到一个真实发生的暴力新闻的播报事件，其发生的时间被记为第 0 周，研究者进而观察了暴力新闻播报事件前后 20 周的报警数量（见图 4-23）。可以看到报警数量是一个倒 U 型的曲线，即暴力行为播报前，报警数是降低的；但是在暴力新闻播报之后，报警数很明显随着时间逐步增加。

这似乎意味着暴力新闻播报引发了当地更多的暴力事件。但另有研究者对此提出质疑，[②] 他们拓宽了观察的时间，观察了暴力新闻播报事件前后 48 周报警的数量。发现之前发现的倒 U 型曲线只是报警数量周期性波动的一个片段，暴力新闻播报事件只是恰巧发生在这个波动的低点。这意味着所谓的暴力新闻播报会引发当地更多的暴力事件的说法并不成立。

① Desmond M，Papachristos A V，Kirk D S. Police violence and citizen crime reporting in the black community［J］. American sociological review，2016，81（5）：857-876.

② Zoorob M. Do police brutality stories reduce 911 calls? Reassessing an important criminological finding［J］. American sociological review，2020，85（1）：176-183.

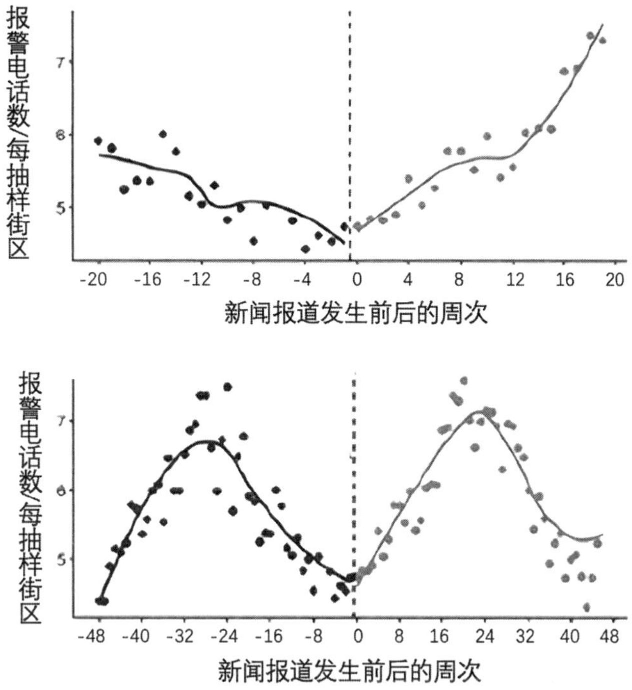

图 4-23　暴力新闻播报前后报警数量变化

图片来源：Zoorob，M.（2020）

二、用面积代表数量

人们对于面积的感知并非是简单的线性关系。当以圆来代表数量时，一个两倍的差异如果使用圆半径大小的变化来表示，在视觉上的差异不只两倍，而是四倍。因为圆的面积是半径的平方。而即使使用圆面积的两倍来比较两个元素的数量差异，人的视觉也不能很好地捕捉到这种差异的倍数大小。因此不建议使用圆形来比较数量差异（图 4-24）。

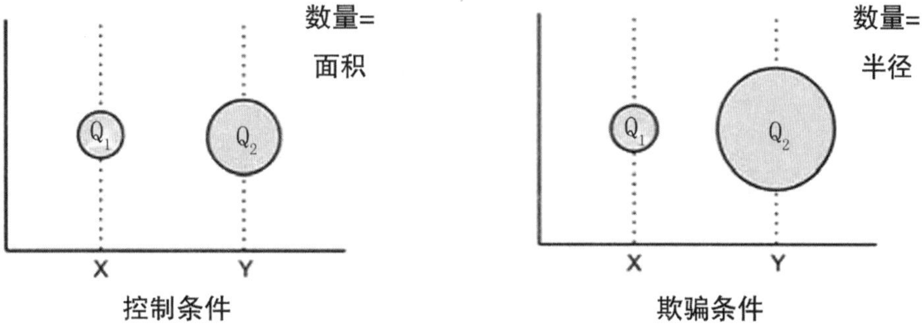

图 4-24　用面积代表数量示例

图片来源：Pandey et al（2015，April）

在使用矩形时，同样会遇到面积以指数倍增长的情况。如果矩形的长宽皆随数量大小而线性增减，建议固定所呈现矩形其中一条边的长度，这样读者才能够通过比较另一条边的长短来理解大小和差异。

常见的还有词云，用不同字号来代表词汇被提及的频率。如果两个词被提及的频率差别不大，人在肉眼上是看不出两个词所占面积的差异的。

三、调整长宽比

还有一种改变可视化图表的方法，就是调整坐标轴的长宽比。这种方法能够加剧或延缓线条变化的趋势，如图 4-25。

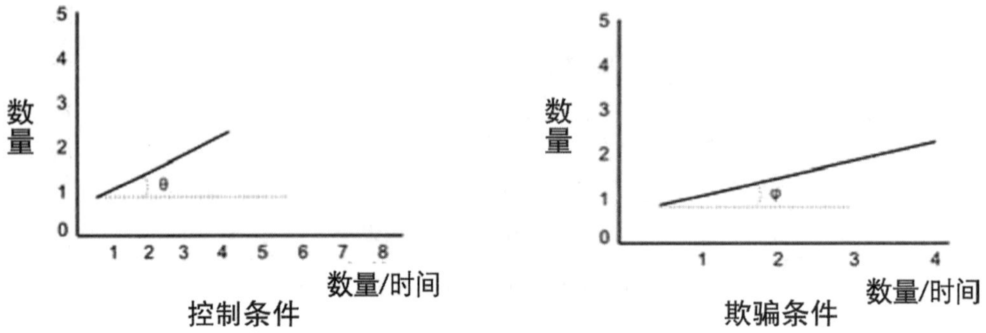

图 4-25　调整长宽比示例

图片来源：Pandey et al（2015，April）

《纽约时报》在 COVID-19 蔓延初期绘制了一张图表，比较几种烈性传染病的传播速度和死亡率（见图 4-26），X 轴代表传播速度，Y 轴代表死亡率。制图者为 COVID-19 的传播 / 死亡率比画了一个大致的区域。这个区域的下限接近季节性流感，上限接近“SARS”和西班牙流感，看起来距离埃博拉病毒、“MERS”也不远。但当我们仔细阅读 Y 轴，发现它使用的是对数值，0.1 到 1 的距离等于 1 到 10 的距离。这意味着图中所表达的差异是误导性的，COVID-19 的下限可能是接近流感的相关数值，但是它的上限距离埃博拉病毒与“MERS”的距离应该非常远。

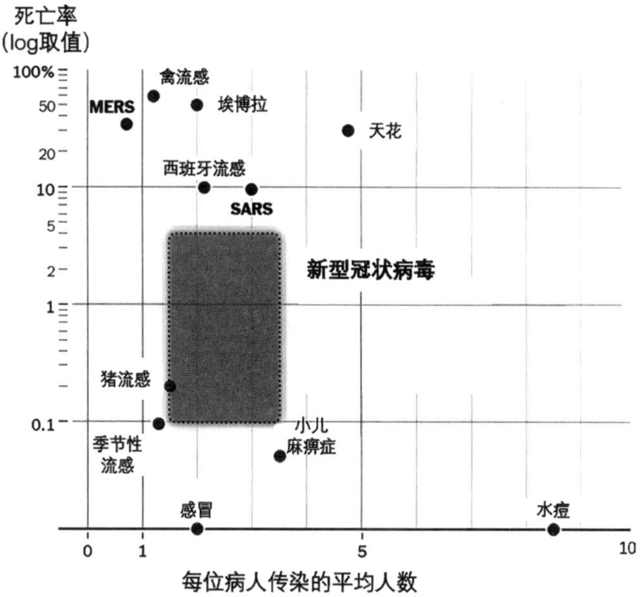

图 4-26　调整长宽比示例

图片来源：《纽约时报》

四、坐标轴翻转

坐标轴翻转能够改变趋势的方向。在坐标轴翻转的情况下，正向的趋势变成完全相反的负向趋势，如图 4-27。

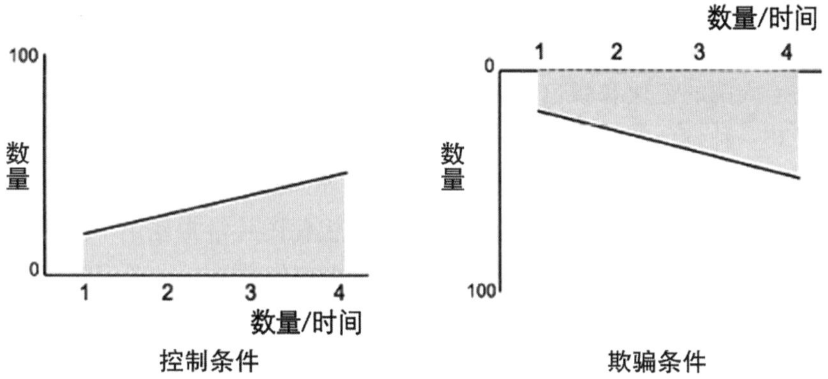

图 4-27　坐标轴翻转示例

图片来源：Pandey et.al（2015，April）

图 4-28 为路透社关于佛罗里达州枪击死亡人数，灰色代表死亡人数。图中的文字似乎暗示着，2005 年相关法律通过后，死亡人数下降了，但是翻转坐标轴可以发现，事实正好相反。

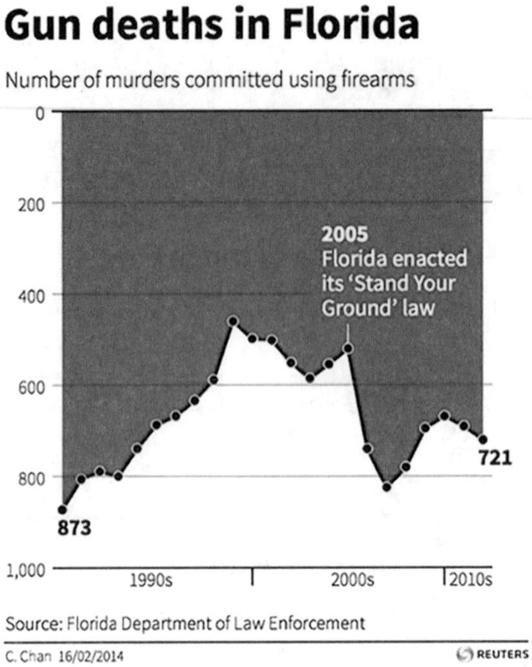

图 4–28　佛罗里达州枪击死亡人数

图片来源：路透社

五、颜色感知

如果用不同的颜色比较差异，需要注意的是，个体对颜色的感知存在偏见。不同颜色的组合会使得人们对同样的颜色产生差异化的感知。对于同样的面积的色块，它的大小取决于周围的色块和颜色，这是因为人们在感知不同颜色的组合时，视觉会突出或减弱对某一种颜色的感知。此外，不同的颜色也会给人不同的体积感，像法国等欧洲一些国家的三色国旗，在感官上每个色块是等分的，但事实上不是，为了达到等分的效果，不同色块所占比例其实存在差异。可视化图片常常使用不同颜色来代表数量的多寡，但是使用不恰当的颜色组合会使得读者理解数量时出现偏差。

思考

1. 有人认为图片的信息量很大，所谓“一图胜千言”；有人则认为文字的信息量更大，比如“一千个读者有一千个哈姆雷特”。你认为图片和文字哪种形式包含的信息量更大？在什么情况下包含的信息量更大？为什么？

2. 你认为，本讲中的 G7 峰会的四张图片表现的不同主题是在刻意捏造和曲解现实吗？为什么？

3. 数据的可视化图片到底是有助于我们理解信息，还是会让人们曲解原本的信息？什么情况下会令人们曲解信息？为什么？

练习题

1. 找出曾经“欺骗”过你的虚假图片和视频，谈谈它们的哪些特点使得你信以为真了。

2. 随机从社交网站上个人发布的实景图片中筛选一张，使用图片核查的方法估计该图片发生的时间与地点。

3. 随机从社交网站或者短视频平台上个人发布的实景视频中筛选一例，使用视频核查的方法估计该视频发生的时间与地点。

第五章　科学传播中的事实核查问题

本章要点

1. 科学与伪科学的区别。
2. 公众与科学家的观念差异。
3. 评判科学文章质量的方法。

科学类信息是我们常见的信息类型之一。它所涵盖的，无论是食品安全、医疗保健还是疾病预防都是与公众息息相关的内容。由于科学类信息的理解有门槛，而科学家以及科学研究在大众心里具有权威性，人们往往会受到伪装成科学权威的虚假信息的影响。当重大突发事件发生，促进科学类信息的传播、促进公众对此类信息的接受显得尤为重要。但是此时也往往是科学类虚假信息盛行之时，这些虚假信息可能为社会和公众带来不可估量的影响。因此，提升记者与公众的科学素养十分重要。事实核查方也需要了解科学研究的生产与发表流程，以更好地识别和评判科学类陈述的质量。

第一节　科学究竟是什么

一、何为科学与伪科学

讲到科学类信息，那第一个问题是什么是科学？斯坦诺维奇[①]总结了三个核心特征：对可解决问题的细查；系统实证主义的运用；公共知识的产生。

可解决的问题这一要素对研究问题提出了需求，它要求科学研究的问题都是可检验，以及可以证伪的。可检验指的是科学研究的问题必须和现实中可观测的事件所关

① 斯坦诺维奇 . 这才是心理学：看穿伪心理学的本质[M]. 北京：中国人民大学出版社，2015：12.

联。人生的意义是什么？这是一个哲学问题，而不是可检验的问题。儿童在玩了手机游戏之后，自身的暴力行为是否会增加，则是一个可以检验的问题。可证伪指的是当一个理论被提出时，它必须指出什么会发生，什么不会发生。如果通过检验，理论预测发生的事情没有发生，而预测不会发生的事情发生了，那理论便被证明是错误的。也就是说，科学必须可以被证明是错的。如果理论将可能发生的一切都归于理论的成果，那就不是科学的。比如，“美国政府制造了‘9・11’事件”这样的阴谋论，阴谋论者认为所有反对自己的证据都是美国政府的幕后操作或者掩饰。这就是将所有发生的以及不会发生的事情都归功于自己这套阴谋论，因此是不可证伪的。而像有神论、占星学、精神分析等也是不能被证伪的例子。

系统的实证主义对研究方法提出两点要求：一是实证，即论证的过程与自然界可观察的事件有关联，这与上段所说的科学是可观测的观点接近。很多研究概念是抽象的，这在社会科学尤为常见，比如心理学研究自我、爱、无意识。但在检验的过程中，科学家需要将抽象的概念与可测量的现实相关联。二是系统性观察，而非单一的、非结构化的观察。系统性的观察才能得到真知。什么样的观察才叫系统性的呢？我们在第二节病例系列研究、病例对照研究部分会详细展开讲解。

公共知识则意味着研究的细节需要向学术共同体公开。这在写作上要求研究者尽可能详尽地描述研究内容和分析过程，使读者参照其指示能够复现研究过程。在研究发表上要求研究者将研究结果提交给合规期刊，供同行评价和审查。而不是使用媒体、个人网站等非专业渠道发布未经评估的、不公开细节的研究结果。这么做的目的是什么？为什么科学研究要成为公共知识？其目的在于使得研究结果接受学术共同体的批评和检验。只有经得住重复验证的知识才是可靠的。比如卡洛・罗韦利曾说过：“检验永不会结束，一个理论不会因为一个、两个或三个实验就被彻底证实，但随着它的预言被证明为真，理论的可信度会逐步增加。”① 这意味着研究的可靠程度会随着研究结果被复现的次数增加而增长。

那依照这些标准，伪科学是什么样的呢？利林菲尔德② 总结如下：

- 总是提出一个似是而非的假设，使得主张免于被证伪；
- 强调支持其主张的证据而忽略反驳其主张的证据；
- 总是将提供证据的任务强加给怀疑者而非支持者；
- 过度依赖逸事和见证叙述来证实其主张；
- 避免同行评审所提供的审查；
- 并非建立在已有的科学知识之上（缺乏与现有科学知识的关联性）；
- 为了给主张披上科学的外衣而使用听起来令人印象深刻的行话；

---

① 罗韦利．现实不似你所见［M］．湖南科学技术出版社，2017：182.

② LILIENFELD S O. The 10 commandments of helping students distinguish science from pseudoscience in psychology［J］. APS Observer，2005，18.

- 缺乏边界条件，没有明确说明在什么情况下主张是不成立的。

二、科学与大众

为什么公众和科学家之间存在认知鸿沟呢？其中一个原因在于可靠性和确定性的不匹配。公众依托科学研究，是想要寻找一种确定的因果关系。比如某样物品是否会致癌？某种行为是否能有效防治病毒？某物种是否会灭绝？但是科学研究的根本是可靠性。为了得到一个可靠的答案，科学家会限定研究情境、使用概率来描述结果。比如说“鉴于一些关键的假设，在‘适度’气候变化的情况下，研究所考虑的 1,103 个物种中，有 15% 到 37% 将在 2050 年之前趋向灭绝”①。这种描述造成的后果是，研究的结果不是确定的。

《汤姆斯河》② 一本中叙述了这样的一个故事：化工厂近 40 年间排放了无以计数的废水，附近小镇居民癌症率增高，仅患癌的儿童就达 69 个。小镇社区决定起诉化工厂，为了收集化工厂废水致癌的证据，小镇社区花了十年时间，上千万美元，采取了多方策略，比如邀请化学家来识别污染物，邀请工业卫生专家来估计污染物如何被生产和利用，邀请水利工程学家和大气化学家计算污染物在土壤和大气中的迁移，邀请毒理学家评估污染物的效应，邀请流行病学家估计污染物暴露于人群中的风险，并邀请医生来解释疾病。经过这些努力和付出，最终判决结果是，只有 13 个女孩患有白血病的家庭能够得到赔偿，即这么多专家只能证明污染物对患白血病的女孩的致病关系是明确的。由此可以看到，公众想要一个确定的结果，但是这样的结果可能是不可靠的。科学研究是得到了一个可靠的结果，但是这样可靠的结果带着不确定性（污染物与其他癌症的关系不明晰，仅与患白血病的女孩的关系是明晰的），也违背了公众的预期。

“20 年前，询问科学家是阿司匹林治愈了我的头痛吗，与问他是否相信巫术相当。”③ 相信我们中间的大多数人会被现代科技的日新月异所迷惑，认为人类无所不能，认为大部分的问题都已经被科学所攻克。但是现实是世界仍然有比我们想象中多得多的未知，我们用科学去探索世界的步伐可能也才刚刚起步。这些科学家与公众的认知差异，是科学传播出现困难和被曲解的部分原因。

第二节　科学研究质量的评判方法

如何评判科学研究的质量？在这一节里，我们将从两个维度来讨论。

第一是从论文的外部属性来评判，比如论文发表的平台。第二是从论文的内部属

① 对于这个案例的讨论，见本书第八章第一节。

② 费金．汤姆斯河［M］．上海：上海译文出版社，2015.

③ 珀尔，麦肯齐．为什么：关于因果关系的新科学［M］．北京：中信出版集团股份有限公司，2019：XIV.

性来评判，比如具体的研究设计、研究对象。对第一种的评判相对比较简单，只要提取研究的背景信息，无须专业知识也能做到客观评判。对第二种的评估具有一定难度，评判者需要理解因果关系的逻辑，了解研究可能出现误差的环节，具有一定专业知识以及阅读论文内容才能达到。在此，我们筛选了内部属性中，专业难度相对较低，且具有普遍性的核查点来进行介绍。

下面我们从易到难逐个介绍两个维度的三种方法。

一、文章发布平台的质量

正如在一般信息的核查中那样，确定发布者的权威性和政治倾向能够非常直接地了解信息的可靠性和倾向性。在评判科学研究的质量时，确定发布该项研究的期刊特性可以在大方向上了解该科学研究的可靠程度。

（一）未发表

就可靠性而言，未发表研究的可靠性是最低的。依据之前斯坦诺维奇对科学的定义，科学必然是公共知识。如果某项发现未经同行评审发表，也不能被其他学者复现的话，那这样的知识是非科学的。

此外，由于科学文章是公开的，如果某项声称含糊其词，模糊地引用一项研究（比如“近期哈佛大学的研究团队发现……”），而读者不能寻找到其出处，也可将其视作未公开发表的研究对待。

另外，为了探索某一因果关系以及为了视觉上的直观性，媒体、自媒体会自发地做小型实验。这种研究相较于在权威平台发表的论文而言，严谨性相对较低，不仅在于该实验未能保证环境因素的干扰、采用了个案去推测整体，也不能通过同行评审。比如，有自媒体将橙汁滴到抗原试剂盒上，发现呈现阳性结果，进而得出抗原试剂盒不可靠的结论。虽然现象为真，但是该做法违反了抗原试剂盒的使用规范，结果没有意义。①

2020 年 1 月 31 日，中科院发布新闻称，中国科学院上海药物所和武汉病毒所联合研究初步发现，中成药双黄连口服液可抑制新型冠状病毒。这一研究发现并未在权威期刊上发表，仅在机构官网上以新闻稿的形式出现，因此其可靠性存疑。②

（二）同行评审

同行评审指的是邀请一个或多个同领域的专家来对学术论文进行评价，并确定学术论文是否适合发表。现今的科学期刊大多数要求同行评审。在第一节我们讲过，同行评审是使研究成为公共知识的重要手段之一。但是需要注意的是，通过了同行评

① 林珏瑶，边雪．云辟谣 | 吃橘子做抗原会变阳？记者实测：用橙汁测抗原有“两道杠”，吃橙子不影响．封面新闻，2022.

② 中国科学院上海药物所．上海药物所、武汉病毒所初步发现中成药双黄连口服液可抑制新型冠状病毒．中科院科研进展，2022. https://www.cas.cn/zt/sszt/kjgzbd/kyjz/202001/t20200131_4733138.shtml.

审，也不意味着研究就绝对正确了。同行评审是保证论文质量的下限。系统性回顾是检验研究结果可靠性的上限。

（三）预印本平台

理解了同行评审之后就可以理解预印本平台的不可靠了。预印本（Preprints）指的是学者正在进行或者已经完成的，但尚未在同行评审的期刊上发表的文章。预印本平台建立的初衷是帮助研究者公开自己最新的研究，更早地宣传自己的工作，抢注研究的首创性，也能够即时地收获反馈意见。但是预印本平台上任何人均可免费注册和发布，也没有任何同行评议的环节，因此无论研究质量如何，任何个体都可在预印本平台发布其研究。公众不了解预印本，因此会将预印本平台上公开发表的研究与权威期刊发表的研究等同，这为伪科学和阴谋论的传播提供了便利。

比较常见的预印本平台有 arXiv（物理学、计算机科学等）、bioRXiv（生物学相关）和 medRxiv（医学相关）。

2020 年 2 月，有研究者在 ResearchGate 上发布了一则预印本研究。[①] 作者依据武汉病毒实验室与华南海鲜市场的距离，推断新冠病毒来源于实验室。许多境外媒体引用这篇文章，作为批判中国制造新冠病毒的依据。虽然该文章最后被作者删除，但是影响深远。如果读者了解预印本的原理，便可明白该研究不可靠。

（四）期刊权威性指标

经过同行评审的期刊有千千万万，如何判定它们的权威性呢？表 5-1 列出了一些常用指标。一般而言，各期刊的官网均有专门介绍各项数值的界面。以《柳叶刀》为例，在官方网站"关于我们"栏目[②]下，详尽描述了其是否为同行评审期刊、其最新的影响因子以及被哪些数据库收录。除此之外，Web of Science 的 Journal Citation Reports[③], Scimago Journal & Country Rank[④], CNKI 的期刊导航[⑤]都是提供各类期刊信息的专业平台（表 5-1）。

表 5-1　期刊权威性指标

指标	解释
影响因子（Impact factor）	发表文章的平均被引用量。数值越高代表影响力越大
Q1，Q2，Q3，Q4	将同领域的期刊按照上一年的影响因子降序排列，然后四等分。排行在前 25% 为 Q1，25%-50% 为 Q2，50%-75% 为 Q3，75%-100% 为 Q4，数值越小影响力越大

① Xiao B，Xiao L. The possible origins of 2019-nCoV coronavirus[J]. Preprint https://doi. org/10.13140/RG，2020，2（21799.29601）.

② https://www.thelancet.com/about-us.

③ Web of Science 是最受认可的评估期刊影响因子的平台。但是因为需付费或者机构账户才能更好地使用其功能，故此处不做第一推荐。

④ https://www.scimagojr.com/journalrank.php.

⑤ https://navi.cnki.net/knavi/.

续表

指标	解释
H 指数（H index）	高引用次数，是比影响因子更严谨的衡量引用量的指标。H 指数越高代表影响力越大
Science Citation Index（SCI）	科学引文索引，一种基于期刊引用的检索评价工具，其主要针对英文的科学类期刊，期刊是否被 SCI 收录是评判其是否权威的依据之一
Social Science Citation Index（SSCI）	社会科学引文索引，一种基于期刊引用的检索评价工具，其主要针对英文的社会科学类期刊
China Science Citation Index（CSI）	中国科学引文索引，一种基于期刊引用的检索评价工具，其主要针对中文的科学类期刊
China Social Science Citation Index（CSSI）	中国社会科学引文索引，一种基于期刊引用的检索评价工具，其主要针对中文的社会科学类期刊①

（五）利益冲突声明

如果某项产品能够拥有科学界认可的利好声明（比如某项产品有效或者有益健康），那么产品生产机构便能从中获取巨大的商业利益。在这种利益的驱使下，机构方会想方设法地资助科学家或者自主研发，寻求有益结果的发表。当研究者期望获得一个积极的效果，这种期望会无形地干扰研究设计、分析和解释的过程，出现虚假的积极效果的可能性因此大幅增加。如果一个研究存在利益冲突，即研究者或资助机构有可能直接或间接地从研究结果中受益，那该研究的可靠性相对较低。因此，权威期刊往往要求作者做出利益冲突声明。

在过往的历史中，类似的例子屡见不鲜。表 5-2 列出了一些经典案例。

表 5-2　和利益冲突有关的学术丑闻

科学案例	利益冲突
柳叶刀发表《儿童回肠淋巴结节增生、非特异性结肠炎和广泛性发育障碍》②，声称 MMR 疫苗与自闭症存在关联，后撤稿	某律师计划代表家长对疫苗生产商发起集体诉讼，故出资聘请该研究作者开展相应的研究作为专业证据
二手烟是否有害	世界第一大烟草公司（总部在美国）在德国收购了一家名为 INBIFO 的研究机构，并创建了一个复杂的机制，以确保该机构所做的工作不会与该烟草公司相关联。该机构被用于发表有利于烟草公司的研究③

① 表中所列的索引并非全部，权威的索引还有 IEEE，CSCD 等。

② WAKEFIELD A J，MURCH S H，ANTHONY A，et al. Ileal-lymphoid-nodular hyperplasia，non-specific colitis，and pervasive developmental disorder in children[J]. The Lancent，1998，352（9123）：234-235.

③ DIETHELM P A，Rielle J C，McKee M. The whole truth and nothing but the truth? the research that Philip Morris did not want you to see[J]. The Lancet，2005，366（9479）：86-92.

续表

科学案例	利益冲突
双酚 A 是否有害	学者发现业界开展的研究中，100% 得出无害的结论，而在独立第三方的研究中，得出无害结论的只占 14%[①]

2020 年 6 月，一篇名为《连花清瘟对新型冠状病毒具有抗病毒和抗炎作用》的文章在《药理学研究》上发表。[②] 依据前述的方法，我们可以查明该期刊属于权威杂志，影响因子 10.334，SJR 药理学 Q1。因此这篇文章被广泛报道，用以论证连花清瘟能够有效治疗新冠肺炎。但是这篇文章并未做利益冲突声明。一年后，在期刊的要求下，作者补充了相应声明。[③] 其中提到了两条利益相关信息：通讯作者贾振华博士是连花清瘟生产商石家庄以岭药业有限公司创始人吴以岭的女婿。钟南山于 2015 年与石家庄以岭药业签署“合作项目”协议，对研究药物进行试验并与之合作。

关于利益相关还要补充两点。第一，并非禁止任何涉及商业利益的研究。商业产品需要经测试和研究才能上市推广，否则会产生不可估量的影响。只是作为受众需要了解利益冲突会带来什么样可能的影响。第二，一些利益团体，因为知道自己的研究不能通过同行评议，转而会使用其他策略来宣传观点。一种常见的策略是拍摄纪录片。在纪录片中，利益团体可以聘请有倾向性的专家发言，呈现现场小实验，或者展示未经发表的研究结果。由于不需要经过科学的评估流程，这些佐证方法都存在欺诈的可能性。另外，在商业广告中，我们也常见到使用“科学化”表述呈现的数据，以显示产品的效果。

二、证据的质量

2000 年，美国纽约州立大学下州医学中心推出了一个循证医学证据金字塔，提醒了人们如何去评估各式的科学证据。从金字塔底端到顶端依次是：观念评论意见、个案研究、病例系列研究、病例对照研究、随机控制实验、系统性回顾；从底端到顶端，证据的可靠性逐步增加。虽然询证医学证据金字塔针对的是医学相关信息，但是其评判依据也可以为其他学科提供参考。

（一）观念、评论、意见

坐落在金字塔最底端的是观念、评论、意见。比如我们常会在媒体上看到专家评论。有些人会产生疑问，为什么专家观点是质量最差的证据？的确，专家因为有丰富

① BAKER N. The body toxic：How the hazardous chemistry of everyday things threatens our health and well-being[M]. North Point Press，2008. 25.

② Runfeng L，Yunlong H，Jicheng H，et al. Lianhuaqingwen exerts anti-viral and anti-inflammatory activity against novel coronavirus（SARS-CoV-2）[J]. Pharmacological research，2020，156：104761.

③ Runfeng L，Yunlong H，Jicheng H，et al. Corrigendum to：Lianhuaqingwen exerts anti-viral and anti-inflammatory activity against novel coronavirus（SARS-CoV-2）[Pharmacol. Res. 156（2020）104761][J]. Pharmacological Research，2021，174：105907.

的学识，能够说出相对科学的论断，但是在这个金字塔体系里，和那些已经发表的文章相比，专家个人的观点可靠性不足。因为专家的观点是相对主观的、观点性的言论，而金字塔上层的那些研究是实证的，是切实存在的证据。

（二）个案研究、报告

个案研究指的是对单一对象的观察，比如我们吃了感冒药之后观察自己身体的状态。

我们常会在新闻中看到个案报道，如“女子吃寿司致多器官衰竭”“男子一觉醒来天旋地转竟是患耳石症”“小女孩地铁咳嗽被医生提醒抽动症”“7 岁女孩高烧一周被确诊亲吻病”，除了新闻报道，人们在生活中经常听到亲戚朋友的见证型描述，比如朋友吃了补品之后病就好了，这些都属于个案类型。

需要注意的是，医学上一些开创性的研究都是从个案开始的。比如因 H.M. 病人的脑损伤进而开展的记忆研究、幽门螺旋杆菌致病这一结果的发现是源于研究者自己喝下幽门螺旋杆菌培养液、新冠病毒人传人是基于对深圳一个家庭的观察。[①] 但是在已规范化的科学研究中，个案观察无法取代更严谨的随机控制试验。

（三）病例系列研究、病例对照研究及其他

从个案研究到随机控制实验之间，有各式各样的实验设计。它们分别在不同方面改进研究设计，但是这些改进是不充分的。

1. 是否是大样本的观察

概率论的基础是大数定律，即当我们观察某一现象的次数足够多时，这一现象发生的频率趋近稳定，也趋近于理想中的状况。就像我们扔硬币，扔的次数少，我们观察到硬币某一面向上的概率不会完全等于 50%，但是当扔的次数多了，得到的数值就会趋近于 50%。病例系列研究也是这个道理，即在个案研究的基础上增加样本量的设计。这样可以中和掉一些特殊情况带来的结果的波动，更趋近于理论中的状态。

有两位研究者秉持着吃维生素 C 能够治疗癌症的观点。他们甚至拥有一个鲜活的案例：一位病人确诊了淋巴癌，在没有接受任何其他治疗的前提下仅仅服用了维生素 C，结果临床表现良好并最终治愈癌症。但是其他研究者曾至少三次尝试复现这样维生素 C 治疗癌症的研究，均告失败。[②] 维生素 C 能够治疗癌症的声称也因此不被主流癌症研究者所接受。

但是单纯增加样本量就足够了吗？答案是否定的。比如，大数据研究是社会科学界新兴的研究领域。大数据研究虽然使用了比小样本更大的观察量，但是它所得出的结论并不一定比小数据研究更可靠。因为它缺乏更严谨的研究设计，比如下面我们要

---

① CHAN J F W，YUAN S，KOK K H，et al. A familial cluster of pneumonia associated with the 2019 novel coronavirus indicating person-to-person transmission：a study of a family cluster[J]. The lancet，2020，395（10223）：514-523.

② 柯林斯，平奇 . 勾勒姆医生：如何理解医学[M]. 上海：上海科技教育出版社，2009：84-109.

谈的随机控制实验的基本要素。

2. 是否有多个观察窗口

在“女子吃寿司致多器官衰竭”这样的陈述中，到底是因为寿司引发了器官衰竭？还是女子个体本身有基础疾病？如果缺乏在“吃寿司”这个行为前的调查，是无法做准确的判断的。所以在研究中，前后观察是非常重要的。

2016年4月20日，中央电视台13频道报道了一名7岁小孩因为连吃3个冰棍造成大吐血，24小时内输血量高达8,000毫升以上。新闻中，记者采访了一位医学专家。这位专家认为是因为冰棍太冰了，造成黏膜急性糜烂、溃疡出血。这则新闻的播出引发了家长的恐慌。这则新闻后来被辟谣：该名儿童患有十二指肠溃疡，一直未被诊出，当时的大出血与吃冰棍不成因果关系。因此，这则新闻所下的虚假因果论断，是缺乏个体出事之前病因调研导致的。

3. 是否存在控制组

是否增加了事件前的观察研究就万无一失了呢？答案是否定的。以吃了药身体变健康为例，还有一种可能性，是个体不吃药也能自己好，也就是我们所说的自愈。

我们在谈论因果关系时常常指向这样的现象：对于事物X与Y，X产生变化的时候，Y也会产生相应的变化。但是在我们日常的观察中，往往只会看到这个现象的一面：X已经存在的时候，Y是什么样的。但是会忽视这个现象的另外一面：X不存在的时候，Y是什么样的。就如之前所说的人不吃药，身体会如何变化的情况。

在控制实验中，实验者会构造的一个没有X的控制组。控制组的个体所遭遇的一切，与有X组（干预组）的情况完全相同。

为什么控制组如此重要？以往研究证实了一系列的可能性，在没有X发生的世界，Y也会产生变化：

首先是自然变化，比如前面所说的自愈过程，再比如孩子的成长成熟。

其次是安慰剂效应，即当人们相信自己正在接受治疗，即使这种治疗是无效的，人们在生理和心理上也会产生积极的变化。这意味着，即使只给生病的个体吃糖丸，只要让他们相信自己吃的是特效药，他们的身心状况也能向好的方向发展。[①] 在探究真正的因果关系时，这样纯粹信念的作用必须剔除。而最直接的剔除方法，就是使用控制组，给控制组的参与者施加一个无实际疗效的干预。

最后是回归效应，法国科学家高尔顿发现，无论父辈的身高为多少，孩子的身高均有确近人群平均身高的倾向。即当我们多次观察时，观察值会趋向于群体平均数，无论是否存在其他因素。在教育中存在着一个非常典型的案例：人们常说，当孩子成绩好，如果表扬了他们，他们便会骄傲进而成绩变差；当孩子成绩差，如果批评了他们，他们便会端正态度，下次成绩变好。家长的夸奖和批评仿佛是一个干预措施X，

① 当然，这是夸张的说法，在非实验的情况下这么做有违伦理。

会直接影响孩子的成绩。但是如果从回归角度来看，这个故事可能是这样的：孩子的成绩在上下浮动，此次成绩较差可能只是一个异常值，下一次自然上升回归到正常水平，此次成绩较好也可能只是一个异常值，下一次也自然回归到正常水平。要确认我们观察到的现象中是否存在回归效应？最有效的排除方法就是加入控制组，观察 Y 自然状态下的发展模式。

是否设立了控制组，研究就万无一失了呢？答案仍然是否定的。理解因果关系还有一个非常重要的因素，那就是随机分配。

4. 是否随机分配被试

这里还有一个问题要回答，就是实验参与者是如何被分配到实验组和控制组的？①

继续回到我们平行世界的因果效应假说，我们预期两个平行世界，一个有 X 一个没有 X，其他条件完全一样。如果放在实验情境里面，这就要求进入两个“平行世界”中的个体是完全一样的。当然理想状态下这样“平行世界人”的最佳选择是双胞胎。在没法招募到双胞胎的情况下，实验者的普遍选择是随机分配参与者到实验组和控制组。

随机这个看似十分简单的问题，在实践上却是十分复杂的。以乳房 X 射线能够早筛癌症以及预防扩散的调查为例，20 世纪 70 年代，研究者就提出实验设计，来检验乳房 X 射线的作用。但是在实施过程中，研究者面临许多和随机分配相关的问题：因为先询问病史再做分配，护士有意或者无意地将已经患病的个体更多地分配到实验组；实验协调员会把自己的朋友安插到实验组；参与实验的妇女们向分配者暗示，自己更想参加哪一组的研究。结果在项目开始之初，虽然花费了人力物力，但是研究项目仍然得不出有效的结论。最终，在克服了诸多实践困难后，2002 年《柳叶刀》发表了一篇研究报告，为乳房 X 射线的效用下了论断。②但此时距离这个研究项目开始，已经过去了 26 年。

随机分配中解决无论是来自实验者还是参与者的干扰的最佳方法是做双盲设计。单盲指的是参与者不知道自己被分到了实验组还是控制组，而双盲实验是参与者和实验者都不知道参与者被分配到了哪一组。这样可以有效减少实验者的期望在有意识和无意识情况下对研究的干扰。

当然，这在实践过程中仍然可能受到干扰。在美国的一项艾滋病药物的临床实验中，参与者也就是艾滋病病人，为了获得真正的药物而非安慰剂，做出了许多主动干扰随机分配的措施：实验组和控制组所获得的胶囊味道有差异，有的参与者便拆开胶囊品尝，来判定自己是否在实验组；有的参与者会混合实验组和干预组的药物，进而

---

① 关于参与者如何影响研究可靠性其实存在两大问题：什么样的人来参加实验以及怎么分配这些人去不同的组别。在此主要探讨怎么分配这些人去不同的组别的问题。

② NYSTRÖM L，ANDERSSON I，BJURSTAM N，et al. Long-term effects of mammography screening：updated overview of the Swedish randomised trials[J]. The Lancet，2002，359（9310）：909-919.

对冲吃到安慰剂的可能性；有的参与者会将药物拿到药剂师那做检验。① 这意味着在自然环境中做到真正的随机分配是非常困难的。

（四）随机控制实验

将上边讲的几种实验混合在一起，如增加样本量、增加观察点、增加控制组以及随机分配参与者，加之以控制实验条件，就是一个随机控制实验。

严格来说，随机控制实验要有四个要素：

第一，操控刺激，即体现 X 的变化。实验组和控制组一个有干预，一个没有干预。

第二，随机分组，确保实验组和控制组在基线状态上是一致的。

第三，控制条件，除了关注的因素，尽量消除或平衡其他环境因素带来的可能影响。例如每次实验要在同样的实验室，跟每个参与者说同样的话，测试时间点相同等。这在实验情境下是比较容易达到的条件，但是如果我们以随机控制实验的要素作为观察现实世界中因果效应的逻辑时，控制条件则是相对难以达到的。而在这些环境因素中，可能潜藏着阻碍我们做出正确因果推断的要素。

比如有丹麦研究者② 在自然环境中研究口罩的效应，随机分配了 6,024 名成人到实验组和控制组里。其中给予实验组口罩以及如何正确佩戴口罩的指南，并让他们正常生活。研究者在一个月后比较他们的新冠肺炎感染情况。在实验的一个月里，实验者无法控制参与者做什么，比如有的人可能频繁往返于人群密集区域，有的人领了口罩但没有戴。当然这样的差异有些可以被随机分配和大样本所中和。但是在这一个月里，人们具体如何生活以及口罩的使用方式会影响他们感染的情况。

第四，观察结果。随机控制实验可谓是因果关系的试金石。但是需要注意的是，第一，随机控制实验能够保证的是研究的内部效度，但是不能保证外部效度。即随机控制实验的情境是非常“干净”的。得出的结果虽然可靠，但是可靠的前提条件是在实验限定的条件下、面对实验所研究的人群。在其他情境，比如在更贴近现实的情况下，随机控制实验所表明的结果并不一定能够复现。第二，现实中不是所有的问题都能够被拉进实验室，用随机控制实验的方法去调查。特别是社会层面和流行病学的问题，比如社会分层、经济政策的影响，教育对个体发展的影响。出于伦理和现实问题，我们不能让同一批孩子接受差异化的教育，让一些人感染病毒另外一些人不感染。现实中的干扰因素纷繁复杂，让我们无法做出纯粹的观察。③ 这一点也提醒我们，如果我们作为普通民众、记者去调查相关社会层面的问题，或者当我们阅读到研究这

① EPSTEIN S. Impure science：AIDS，activism，and the politics of knowledge[M]. Univ of California Press，1996. 204.

② BUNDGAARD H，BUNDGAARD J S，RAASCHOU-PEDERSEN D E T，et al. Effectiveness of adding a mask recommendation to other public health measures to prevent SARS-CoV-2 infection in Danish mask wearers：a randomized controlled trial[J]. Annals of internal medicine，2021，174（3）：335-343.

③ 当然的确存在类似随机控制实验的方法来检验这些问题，即因果推断，这里不做深入探讨。

些问题的报道时，都需要对照随机控制实验要素仔细考量。因为这些生活中的观察非常容易带有系统性的误差，得出有偏差的结论。

（五）系统性回顾

系统性回顾指的是将同一主题下的不同研究进行汇总。为了使系统性回顾更加严谨科学，研究者常常会采用荟萃分析（也被称为元分析）的方法。这种方法在收集同一主题下不同研究的基础上，汇总不同研究的信息（如研究方法、研究对象、样本大小、效应值等），并对信息进行统计分析，得出所关注的两个因素关系的效应值。

正如我们描述个案一样，单个研究作为研究而言，也只是一个“个案”。它可能存在样本量、研究情境局限的不足。研究结果也可能存在一定的波动性。因此将多个单一研究集合起来看，我们能够对所关注的两个因素的关系做出更公允的评判。这也体现了可重复性的科学原则。

三、理解研究环节中的系统性误差

最后，我们来简单讲讲在研究的各个环节可能存在的系统性误差。

系统性误差和随机性误差是一对概念。随机性误差指的是因为偶然因素造成的具有相互抵偿性的误差。比如我们每次使用秤时，因为站位差异带来的测量结果的差异，这种误差是偶发的、不稳定的，但可以被多次测量所中和。系统性误差则指的是非随机性误差。比如我们的秤坏了，当我们称重时，它每次都会增加 5 斤。这种误差是稳定的，来源于系统——秤——而不是随机性的因素。它对结果的影响也是固定的，且不能被多次测量中和。

在评判研究中，判断是否存在系统性误差尤为重要。它能帮助我们理解研究存在什么样的问题，是否能有效地论证预期的关系，所得出的结果会高估还是低估实际情况。但是这是一个相对困难的步骤，需要对现有研究过程有十足的了解。下表依据研究过程列举了一些系统性误差的来源，并举以实例。但是这些并不是系统性误差的所有来源。更多可能的系统性误差来源，需要我们在实际案例中去体会（表 5-3）。

表 5-3　一些研究过程中的系统性误差举例

研究过程	系统性误差	举例
研究设计	时间窗口设置 控制组设置 随机分配原则等	见（三）病例系列研究、病例对照研究及其他中的讨论

续表

研究过程	系统性误差	举例
样本选择	所选取的样本不能代表总体 研究过程中流失了特定特性的群体	以偏概全：使用主动填写问卷的读者来推测所有人 幸存者偏差：只调查了幸存者，忽视了未幸存者身上的关键信息。 不晒太阳的人死亡风险更高？只因调查对象是瑞典白人女性[①]
测量方法的选择	测量方法不能有效地反映预期的因素	调查幸福感，使用口头询问“你幸福吗？”
数据筛选	在数据层面只保留符合自己预期的数据，剔除不完美的数据	某人发表“万能细胞”发现后被查出在数据上造假
数据分析	选用不合适的方法来分析数据	辛普森悖论：在调查学校录取率是否存在男女差异时发现，从每个院系的数据看，男生录取率高于女生；但是从学校层面看，女生录取率高于男生。发生该现象的原因是在数据分析中忽视了院系差异带来的影响。
结果解读	错误的结果解读，以偏概全	主食吃太少会减寿4年？对结果解读有误，并且误解了预期寿命和实际寿命的区别[②]

四、科学素养

在这一章，我们介绍了评判科学研究质量的简单方法，本章的内容本质上是在帮助大家培养科学素养。

科学素养到底包含哪些内容？表 5-4 是戈尔马利（Gormally）等人提出的科学素养的测量维度。[③] 可以看到，其中不仅看重个体对科学知识的理解，也重视个体分析和解读量化数据的能力。

表 5-4　科学素养维度和解释

维度	解释	学生普遍的困难和误解
一. 理解探究科学知识的方法		
1. 识别科学论证是否有效	认识到什么是科学的证据，以及科学的证据何时支持一个假设	不能正确地将主张与证据联系起来，缺乏对证据的审视 “事实”或甚至不相关的证据被当作科学论点的支持

① https://vp.fact.qq.com/article?&id=6dab132ad50dbae778541a66e6cd99fc.

② https://vp.fact.qq.com/article? id=c72f98a41470bed12f6c5fd254b8b68f.

③ GORMALLY C, BRICKMAN P, LUTZ M. Developing a test of scientific literacy skills（TOSLS）: Measuring undergraduates' evaluation of scientific information and arguments[J]. CBE—Life Sciences Education, 2012, 11（4）: 364-377.

续表

维度	解释	学生普遍的困难和误解
2. 评估信息来源的有效性	区分信息来源的类型；识别它们的偏见、权威性和可靠性	无法识别准确性和可信度问题
3. 评估科学信息是否被误用	认识到有效和符合伦理的科学行动方案，确定政府、行业和媒体在做出社会决策时适当地使用了科学信息，这些使用不存在偏见、经济和政治压力。	盛行的政治信仰可以决定科学发现被如何使用 争论的所有方面都应得到同等的重视，无论其是否有效
4. 理解研究设计的元素，以及它们如何影响研究结果	识别与偏见、样本量、随机化和实验控制有关的研究设计各自的优势和劣势	误解特定研究设计中的随机化方案 普遍缺乏对良好研究设计要素的理解
二．组织、分析、解读量化数据和科学信息		
5. 制作数据的图片说明	使用适当的图片形式来表现特定类型的数据	散点图显示组间差异 散点图最适合表现平均值，因为该图显示了整个数据范围
6. 阅读和解读图片形式的数据	通过解释以图表形式呈现的数据来对研究结果作出结论	解释图表出现了困难 无法将增长模式（例如，线性或指数）与图表形状相配对
7. 用量化技能，比如概率和数据来解决问题	计算概率、百分比和频率以得出结论	猜测答案而不能解释基本的数学计算 自我效能感低，比如声称自己不擅长数学
8. 理解和解读基本的统计数据	理解统计学对量化数据不确定性的需求	不熟悉统计学的功能和科学的不确定性 统计数据证明了数据是正确的或真实的
9. 基于量化数据评判推断、预测、结论的质量	解释数据和批判实验设计，以评估假设并识别论证中的缺陷	在提出假设或评估论点时，倾向于曲解或忽视图形数据

整体来说，科学素养并非一日之功，需要大家在日常生活中留心科学类的信息及假信息，熟悉其传播特性以及可能的误读点。这样，我们才能更好地防治科学类的虚假信息。

最后，推荐一本书《这才是心理学》[①]作为课后的阅读材料，这本书详细说明了什么是科学与伪科学、科学具有哪些要素，以及如何批判性思考，并带有丰富的案例。

思考

1. 调查发现[②]，科学家与公众对于转基因食品是否安全的问题存在分歧。88% 的

① 在过往版本里，它也被翻译成《对“伪心理学”说不》。

② FUNK C. 5 key findings on what Americans and scientists think about science［W］. Pew Research Center，2015. https://www.pewresearch.org/fact-tank/2015/01/29/5-key-findings-science/.

专家认可转基因食品的安全性，而大众则仅有37%。为什么存在这样的数据差异？

2. 有些媒体在报道科学研究时，为了传播效果，以及为了让读者理解，往往“缩写”研究结论。这样可能会造成对原研究的误读。比如钟南山说，依据卡塔尔的资料，感染奥密克戎后，78%的人在之后相当长一段时间不会被重复感染。到了微博热搜，这句话被转述成了“近八成人不会重复感染奥密克戎”。似乎句子的原意没有变化，但是限定条件和陈述的确定性有很大的差别。那么在报道科学类新闻时，严谨性和通俗性应该如何平衡？

练习题

1. 关于戴普通口罩是否能够预防病毒传染的问题，① 有人查阅了相关文献，发现有一篇发表在《柳叶刀》上的文章，一篇发表在 PLoS ONE 上的文章；一篇使用问卷调查的文章，样本人数 2,000 人，一篇使用实验设计的文章，样本人数 200 人；一篇在实验室里实施的口罩病毒透过率的研究，一篇在真实情境下实施的，调研发给人们口罩后，一个月后个体感染的情况。② 请比较这些文章的信息，评判哪一篇得到的结论会更可靠。

2. 2020 年 2 月 6 日，中国临床试验注册中心 ③ 上线了一篇名为《双黄连口服液治疗新型冠状病毒肺炎（COVID-19）有效性和安全性的随机、开放、平行对照、多中心临床试验》。④ 下表摘录其中一些信息，请凭借以下信息，估计此项研究结果能够推广到什么样的人群和情境中、可靠性如何、预测结果与真实情况相比是否存在高估或者低估的情况（表 5-5）。

表 5-5　双黄连口服液治疗新型冠状病毒肺炎（COVID-19）有效性和安全性的随机、开放、平行对照、多中心临床试验信息

经费或物资来源	哈药集团三精制药有限公司
纳入标准	1. 确诊的新型冠状病毒感染的肺炎患者 2. 年龄 18 岁以上（含 18 岁） 3. 自愿签署书面的知情同意书

① 本题为虚构。

② 以 BUNDGAARD H，BUNDGAARD J S，RAASCHOU-PEDERSEN D E T，et al. Effectiveness of adding a mask recommendation to other public health measures to prevent SARS-CoV-2 infection in Danish mask wearers：a randomized controlled trial[J]. Annals of internal medicine，2021，174（3）：335-343 为例。

③ 中国所有的临床实验均需在该网站上注册：http://www.chictr.org.cn/。

④ http://www.chictr.org.cn/showproj.aspx?proj=53925.

续表

排除标准	1. 重症肺炎需要机械通气、危重型新型冠状病毒感染肺炎患者 2. 预计 48 小时内死亡者 3. 原发性免疫缺陷病、获得性免疫缺陷综合征、先天性呼吸道畸形、先天性心脏病、肺发育异常等基础疾病引起的呼吸道感染，有明确细菌感染证据 4. 胸部 CT 证实存在严重的肺间质病变、支气管扩张等基础性肺部疾病患者 （后略）
干预措施	组别：　试验组　样本量：30 干预措施：　标准治疗 + 双黄连治疗组 组别：　对照组　样本量：30 干预措施：　标准治疗
盲法	未声明

第六章　事实核查选题与制作

本章要点

1. 事实核查选题按内容划分通常都有哪几种类型？
2. 不同国家不同媒体的核查选题有哪些不同之处？
3. 如何寻找事实核查的选题？
4. 通过案例介绍事实核查如何开展。

事实核查选题，简单来说，就是要核查什么信息。由于核查需要花费大量时间精力，通常媒体会有针对性地选择自己认为是重要的信息进行核查。信息有可能是文字的、图片的、数据的、视频的，核查结果也一样可以运用多种形式来表现。

世界上每天都会发生各种各样的事情，互联网上每天有大量真假难辨的信息在传播，就像每条新闻报道，都要从选题开始一样，事实核查也要从选题开始。

第一节　事实核查选题

不同国家、不同背景的事实核查媒体，通常会根据自身定位，确定所要核查的内容选题。

一、政治性内容

一些西方国家的事实核查媒体，通常都会将选题聚焦于核查民选政治人物的言论，特别是特朗普当选美国总统以来，对政治人物所发表的言论进行真实性检验，成为事实核查的一个重要方向。美国《华盛顿邮报》的事实核查栏目“事实核查员”（Fact Checker）明确指出，该栏目重点核查政治领域的信息。该报开发了特朗普的

错误 / 误导言论数据库，[①] 根据该数据库统计，特朗普在担任美国总统期间，共发表 30,573 次错误或误导性表述，近半发生在任期内最后一年。“事实核查员”重点核查政治人物事先准备好的文本，因为政客及其工作人员有时间搜集资料和统计数据。如果发现问题，核查员就会指出他们使用了哪些技巧来误导公众。如果政客重复其错误主张，核查员会揪住不放，持续揭露。[②]

美国的事实核查媒体 PolitiFact，持续关注重要政治人物包括美国总统拜登、副总统哈里斯、国会众议院议长佩洛西、国会参议院少数党领袖查尔斯·舒默、国会参议院多数党领袖米奇·麦康奈尔、参议员伯尼·桑德斯、前总统特朗普等，还会根据选举情况增加新的人选。除了政客的政治主张外，该网站还监督民选官员在竞选期间所做出的承诺是否兑现，包括特朗普的 Trump-O-Meter、奥巴马的 Obameter 以及拜登总统的 Biden Promise Tracker。

二、与疫情相关

2020 年，新冠疫情席卷全球，据世界卫生组织估计，新冠疫情在 2020 年和 2021 年直接和间接导致近 1500 万人死亡。[③] 对疫情的恐慌，导致流言四起，网络上出现大量虚假错误疫情信息，对科学防疫、社会稳定造成困扰。与疫情相关的信息核查，成为这段时间的核查重点。

新冠疫情暴发伊始，中国互联网联合辟谣平台推出了“疫情防控辟谣专区”，腾讯新闻较真团队推出“新冠病毒肺炎实时辟谣”。国际事实核查网络（IFCN）成立新冠病毒事实核查联盟，[④] 联合 70 多个国家的事实核查媒体，收集 40 多种语言的虚假 / 误导疫情信息，建立数据库免费对外开放，供核查人员使用。[⑤] 截至 2022 年 8 月 31 日，数据库共收集超过 1.8 万条经过核查的疫情虚假 / 误导信息。

在 Facebook、Twitter、YouTube 等社交媒体上频频传播的新冠疫情虚假信息在 2020 年造成了疫情防治困难。Google 新闻倡议（GNI）2021 年启动 300 万美元的全球开放基金，支持新闻工作者打击有关新冠疫苗的虚假信息。在社会压力下，Facebook 删除了 300 多个传播虚假 / 误导新冠疫苗信息的账户。尽管如此，美国进步中心网站发表的报告认为，这些举措无法扭转“真相衰退”（Truth Decay），社交媒体平台形成的信息环境，与其他因素相结合，使公共卫生反应复杂化，造成广泛的

① KESSLER G，RIZZO R，KELLY M. Trump's false or misleading claims total 30，573 over 4 years，[EB/OL]. January 24，2021. https://www.washingtonpost.com/politics/2021/01/24/trumps-false-or-misleading-claims-total-30573-over-four-years/.

② KESSLER G. About the fact checker. [EB/OL]. January 1，2019. https://www.washingtonpost.com/politics/2019/01/07/about-fact-checker/r.

③ 新华社 . [EB/OL].（2022-05-05）[2023-03-27] .http://www.news.cn/world/2022-05/06/c_1128624782.htm.

④ Fighting the infodemic：the #coronavirusfacts alliance. [EB/OL]. https://www.poynter.org/coronavirusfactsalliance/.

⑤ The CoronaVirusFacts/DatosCoronaVirus Alliance Database. [EB/OL]. https://www.poynter.org/ifcn-covid-19-misinformation/.

混乱，导致新冠疫情大流行期间无数人被夺去生命。如果没有强大的本地媒体生态系统，社交媒体平台将难以缓和虚假错误信息的传播。①

三、战争和冲突

2022 年，俄乌冲突引发全球动荡，冲突双方以及各自的支持方，纷纷卷入信息战，由于冲突的不透明性，社交媒体上充斥着大量带有明显立场和情绪的信息，关于俄乌冲突以及所引起的连锁反应的事实核查明显增多。

在俄乌冲突中，有很多信息难以核实，比如布查事件、扎波罗热核电站遇袭等，俄乌双方各执一词，互相指责是对方制造的危机或者发布的不实信息，对此类信息，核查起来非常困难。

在俄乌冲突中，也可以明显看到美国事实核查媒体的偏见。俄罗斯用多项证据指责美国在乌克兰部署大量生物实验室，对俄罗斯造成威胁，美国副国务卿诺兰在国会作证时，也承认美国与乌克兰合作开展生物实验，但《纽约时报》《华盛顿邮报》《今日美国》的事实核查文章，却矢口否认美国在乌开展生物实验，反而指责这是俄罗斯信息战的一部分。

美国国内的一些 YouTuber 用大量证据质疑美国政府：为什么美国要在乌克兰“建立”46 个实验室？真的是为了乌克兰人民的福祉吗？美国投资公司去乌克兰建生物实验室真的是为了讲好“生物研究故事”吗？为什么选择乌克兰而不是其他国家？为什么乌克兰卫生部与美国国防部签署协议？为什么美国要求这些实验室销毁文件和病原体？如果是正常的交往，为什么要删除网站信息？② 这些质疑声音在社交媒体上获得大量转发和点赞，也成为另一种事实核查。

四、国际斗争

近年来，以美国为首的西方国家的部分媒体和政客，在涉疆、涉港、涉台问题上编造大量谎言，利用其全球话语霸权，对中国进行无理指责、诋毁抹黑。中国政府及中国媒体对此给予有力反击。

中国英文媒体 *China Daily* 的事实核查栏目，连续发表多篇事实核查报道《新疆是否禁止穆斯林斋戒？》《新疆是否压制宗教信仰？》《事实核查：被拘留者不是宗教教职员工》《事实核查：政府在新疆保护宗教》《事实核查：不拆除清真寺或宗教场所》，外交部发言人也在社交媒体上用事实反击美国国务院全球参与中心报告妄称的所谓“强迫劳动”“种族灭绝”等谎言。对于这些谣言，美国的事实核查机构则保持

① Erin Simpson，Fighting Coronavirus Misinformation and Disinformation. [EB/OL]. (2020-08-18) [2023-03-21] . https://www.americanprogress.org/article/fighting-coronavirus-misinformation-disinformation/.

② Russell Edward Brand. So This is What They've Been Hiding. [EB/OL]. (2022-03-24) [2023-03-21] . https://www.youtube.com/watch?v=JCr7zkPAm1Y.

沉默。

尽管国际事实核查网络声称，事实核查媒体应保持独立，不受政党控制，但毫无疑问，在对待中国问题时，美国的事实核查媒体却“戴上了有色眼镜”，受到意识形态影响，存在明显的媒体偏见。

在东欧原属苏联势力范围的一些国家，事实核查的目标对象很明确，就是“抵御俄罗斯的虚假宣传”。格鲁吉亚和乌克兰的事实核查媒体，接受来自美国国家民主基金会、美国大使馆、国际复兴基金会、欧安组织等机构的资金资助，有针对性地开展与“反俄”相关的事实核查活动。事实核查被利用，成为政治斗争的工具。

五、各类热点事件

当重大社会热点和敏感事件发生，谣言就会相伴而生。由于事件调查需要时间，调查结果公布之前的“空窗期”为谣言的产生和传播创造了条件。荷兰传播学者克罗斯曾提出一个“谣言公式”：谣言的流通量 = 事件的重要性 × 事件的模糊性 / 公众对信息的批判能力。根据这个公式，谣言的效应，与事件的重要性和模糊度成正比，与公众对信息的辨别能力成反比：事件越重要而且越模糊，谣言产生的效应就越大，同样，公众的信息辨别能力越弱，谣言产生的效应也就越大。

2022 年 6 月 10 日凌晨，河北唐山一烧烤店内，多名犯罪嫌疑人暴力殴打女性，手段残暴，性质恶劣，引发网民强烈愤慨，连续多日成为网络热点。在公安机关公布调查结果之前，网络上开始出现大量谣言：

> 受害者是高考结束后来吃烧烤庆祝的学生。
>
> 受害女子被性侵害后从二楼扔下，甚至汽车碾压，造成死亡。
>
> 央视记者去唐山调查的车进了唐山被砸。

这些谣言甚至配有图片和视频为证，在社交媒体发酵，加剧网民的愤怒。

突发事件发生后，总有一些人，出于各种目的，编造谣言，或传播来路不明的信息。一方面，权威机构通过建立快速透明的信息反应机制，及时回应谣言，可以有效阻断或抑制谣言的传播；另一方面，提高公众的媒介素养也是全社会一项长期持久的任务。

六、其他领域

枪支毒品犯罪等社会问题领域，医学、科学、前沿技术等专业领域，健康、养生等生活领域，名人娱乐圈等领域，都存在大量不实信息。

学者喻国明做过一项统计，在中国互联网上，数量最多的谣言依次是科学常识类、社会时政类、明星八卦类，大体呈现 4∶2∶1 的分布规律[①]。根据《2017 腾讯公司

① 喻国明 . 网络谣言的文本结构与表达特征——基于腾讯大数据筛选鉴定的 6000+ 谣言文本的分析 . [J]. 新闻与写作，2018（2）：53-59.

谣言治理报告》，在网络各平台处理的有效谣言文章中，健康与养生类文章占比最大。

由于各国国情不同，在治理互联网虚假不良信息方面采取的对策和手段不同，各国事实核查媒体的选题也呈现不同特点。

第二节　媒体事实核查案例

根据前述介绍，虚假错误信息有很多种，不同的选题，在核查时所采取的方法也不同。比如要核查政治人物所发表的陈述是否真实，就要通过大量证据验证其所说的“事实”是否有根据；如果信息没有标注来源，就要检查信息的来源，看看是从哪里发出的信息，发出信息的人或媒体是否可靠；如果是科学类信息，就要结合专业知识或者请相关专家进行解读；如果是令人怀疑的照片，可以尝试用“反查”的方式，看看照片以前是否出现过，是否有被篡改的痕迹。

通过具体的事实核查案例，可以看出事实核查中所运用的方法。

一、信源不清 / 伪造信源

社交网络上大量信息没有注明来源，但由于被大量转发，处处可见，人们看得多了，便会信以为真。学会甄别信息，首先要学会分辨信息来源。在数字环境下，文字、声音、图片、视频都可以伪造，因此，要注意信息是从哪里发出的，原作者是谁，有没有可靠的事实依据，如果觉得不可靠，自己又没有时间或者能力去核查，那不妨等一等。

核查案例:《歌手席琳·迪翁去世？》(有据)[①]

以下为节选，全文详见原文。

【背景】

2022 年 8 月 23 日下午，微信群和微博突然传出歌手席琳·迪翁（Celine Dion）去世的消息。

有关说法附有一张 YouTube 截图，英文标题为“10 分钟前 / 安息吧，席琳迪翁 / 再见，席琳·迪翁”（10 Minutes Ago/ R.I.P Celine Dion / Goodbye Celine Dion），画面上有席琳·迪翁的头像和蜡烛。

席琳·迪翁今年 54 岁，她的健康问题近年来引人关注，她在公众场合日益消瘦。2021 年 10 月，席琳·迪翁首次宣布，由于“严重且持续的”肌肉痉挛，她无法按她希望的方式上台。

席琳·迪翁最有名的代表作是《泰坦尼克号》的主题曲 *My Heart Will Go On*

① 有据 . 歌手席琳·迪翁去世？［EB/OL］.（2022-08-23）［2023-04-02］. https://chinafactcheck.com/10330/.

(《我心永恒》),凭借演唱这首歌曲,她曾获得第41届格莱美奖“年度歌曲”及“年度制作”奖,“最佳流行女歌手”奖。

【核查】

1. 有关说法源自何处?

根据有关传说附有的截图在YouTube上检索,可以发现这则YouTube视频发布于8月5日,但视频中没有提到席琳·迪翁去世的信息,只是回顾了她成名的过程以及与病痛的斗争。

以“R.I.P. Celine Dion”为关键词检索,可以发现声称席琳·迪翁去世的说法从2019年就已经出现。

不过,国际媒体近日都没有报道所谓席琳·迪翁去世或病情突然恶化的消息。

2. 席琳·迪翁近况如何?

据法国娱乐杂志*Gala* 8月9日报道,席琳·迪翁的粉丝团体The Red Heads于8月6日在Facebook群组公布了这位歌手未公开的照片。

照片由席琳·迪翁的发型师Dee Amore Marti拍摄,席琳·迪翁正在装饰一尊大象雕像,这是在拉斯维加斯名胜世界展出的“大象游行”艺术装置的一部分。法国版*Cosmopolitan*杂志也报道了这些照片。

2022年4月底,席琳·迪翁在Instagram发布视频,宣布再次推迟今年欧洲场次巡演至2023年。她在视频中数次哽咽,并向歌迷致歉。“我很抱歉,非常难过被迫再次推迟演出。先是因为疫情,这一次是我的健康问题,迫使我推迟欧洲巡演……不过我感觉好多了……但仍有肌肉痉挛的一些症状……我必须健康起来,这样我才可以在舞台上给大家一个100%的席琳·迪翁,因为你们值得这一切。”

在2022年5月发给加拿大魁北克媒体La Presse的信息中,席琳·迪翁的经纪公司说:“当席琳·迪翁准备好并且觉得自己已经恢复到100%时,我们就会做好准备。如果她在未来几个月恢复顺利,我们希望她能在今年晚些时候为她在拉斯维加斯名胜世界的居住地揭幕。”

2022年7月,Deuxmoi网站和Vegas Twitter账号Vital发布了席琳·迪翁已经治愈“95%”和“准备尽快再次表演”的消息。“最新传闻说席琳·迪翁可能会在新年前夜开始在拉斯维加斯名胜世界举办大型演出。看来她已经快康复了,她正在接触时尚设计师,为巡演准备服装。”

【结论】

席琳·迪翁近年一直在与肌肉痉挛作斗争,不过各大国际媒体均无她去世或病情恶化的报道。席琳·迪翁的粉丝团体8月初还公布过她的照片。

二、存在互相矛盾的说法

当一件事情存在完全不同的说法，各执一词，就有核查的必要，但这类核查又存在相当大的难度，特别是像俄乌冲突这样严重对立的不透明事件。有时候，事实难以核查，但可以将双方的证据摆出来，特别是有第三方支持的证据。

核查案例:《布查事件过去 80 天了，调查进展到底如何？》（核真录）[①]

以下为节选，全文详见原文。

【背景】

2022 年 6 月，莫斯科一家法院对维基媒体基金会处以 8.8 万美元的罚款，原因是基金会拒绝删除维基百科俄语版关于乌克兰战争的“虚假”文章，其中包括“俄罗斯入侵乌克兰”“俄罗斯入侵乌克兰期间的战争罪行”和“布查大屠杀”。莫斯科法院认为，维基百科上的虚假信息对俄罗斯的公共秩序构成了威胁，基金会因未能删除被禁信息而被起诉。维基百科于当地时间 6 月 6 日提出上诉，并于 6 月 13 日公布了细节，称删除信息是对人权的侵犯。

距离布查事件曝光已经过去 80 天了，上述消息又一次把布查拉到人们的视野中。然而，布查事件的真相到底如何？各方宣称要进行的调查进展如何？一度热度很高的布查事件，似乎已经不再被各方关注。

【核查】

一、布查事件经过梳理

3 月 31 日

俄罗斯从乌克兰的首都基辅撤军。布查市市长发布视频宣布俄罗斯已经从布查撤离完毕，但当时并没有提及任何有关居民被枪杀的事情。随后国际纵队和乌克兰军队进入布查，开始战场清理工作。但国际纵队并未发布任何有关屠杀的视频照片。

4 月 2 日

俄罗斯军队离开后留下大量死伤平民的视频被发布到了社交媒体上并得到了广泛传播。这些视频片段引发了极大的轰动，西方多国媒体开始声讨制裁俄罗斯犯下的战争罪行。

对于乌克兰及西方国家的“大屠杀”指控，俄罗斯第一时间反驳，声称是乌克兰刻意伪造。俄罗斯国防部剖析了一段拍摄布查现场的视频，并表示拍摄的尸体似乎在移动（该说法后被西方媒体证伪）。

4 月 4 日

麦克萨科技（Maxar Technologies Inc）向《纽约时报》提供了卫星图像。

---

① 核真录 . 布查事件过去 80 天了，调查进展到底如何？［EB/OL］.（2022-06-20）［2023-04-06］. https://mp.weixin.qq.com/s/MWLJgqD3aIhE-CsXHB4txw.

《纽约时报》分析得出，许多平民是在三个多星期前被杀害的，当时俄罗斯军队正控制着该镇，这与俄罗斯关于俄军撤离后尸体才被“摆放”的说法相悖。

4 月 5 日

俄罗斯方面要求联合国安理会举行会议，议题名称为“关于乌克兰在布查制造可恨挑衅”，全面调查布查事件的真相。

4 月 7 日

联合国安理会就布查大屠杀召开紧急特别会议，针对是否暂停俄罗斯在联合国人权理事会成员资格进行表决，结果有 93 张赞成票、24 张反对票、58 票弃权。任期还剩余大约一年的俄罗斯代表在投票结束后宣布主动退出人权理事会。

二、西方主流媒体如何报道布查事件

西方主流媒体在布查事件后基本一致讨伐俄罗斯军方。然而从 Google 的“布查”词条搜索量统计可以看出，西方媒体的关注度在 4 月 4 日左右到达顶峰后，便迅速跌落。

三、联合国的布查事件调查进展如何

布查事件后，联合国救援事务负责人格里菲斯于 4 月 7 日访问了布查并呼吁对大屠杀进行调查。虽然他“赞同联合国秘书长立即进行独立调查的呼吁，以保证责任得到追究”，但截至 6 月 6 日，联合国官网并未发布独立调查的进展或结果。

目前，联合国官网上有关布查的举措有两条，其一是以布查事件为导火索的 4 月 7 日联合国大会，会上投票决定暂停俄罗斯联邦在人权理事会的成员资格；另一个是 5 月 12 日人权理事会通过决议要求加强对乌克兰人权状况的审查，宣布乌克兰问题独立国际调查委员会即将开始工作，将推进对布查事件的国际调查。

另外，在联合国人权高专办网页上，由理事会授权的调查中，也没有与乌克兰相关的调查，这一栏目中，最新的两条消息是 2018 年关于缅甸相关问题的报告和 2016 年关于阿拉伯和叙利亚的报告，但联合国人权理事会主席于 3 月 30 日任命了三位乌克兰调查机构成员，且已宣布开始工作，或许对乌克兰的调查还需要一定时间。

四、乌克兰发布了哪些控诉、有无证据

4 月 28 日，乌克兰总检察官韦内迪克托娃（Iryna Venediktova）公布了 10 名涉嫌折磨布查镇平民的士兵，他们来自俄罗斯陆军第 64 独立机动步兵旅。随后，乌克兰总检察官办公室和警方陆续公布了多名涉嫌战争罪的俄罗斯军人，据韦内迪克托娃 5 月 24 日对《华盛顿邮报》的回应，乌方截至当时已确定了 17 位涉嫌在布查犯下战争罪的俄军士兵。欧盟于 6 月初对此做出了反应，在新发布的一系列制裁条目中，64 旅的长官阿扎特别克（Azatbek Omurbekov）因为布查事件被列入其中。

乌克兰总检察官办公室网站上并没有公布各项控告的图片或视频证据，均是证词。

五、俄罗斯对布查事件的调查进展如何

俄方的诉求是彻查布查事件，揪出幕后黑手（乌克兰挑衅者和西方赞助商），证明此事并非俄罗斯军队所为。其目前提供的主要证据均由今日俄罗斯 Russia Today 官网发布，具体内容包括：布查市市长在视频讲话中证实，该镇没有俄罗斯军队，而且他也没有提到过任何有关“当地居民双手被绑被枪杀”的信息。

【结论】

距离布查事件发生已过去两个月之久，当初宣布要彻查并问责的联合国尚未公布调查进展。各方媒体对布查事件的关注热度在消退。世界似乎正在逐渐遗忘在布查发生的一切。

三、这种事是真的吗?

当人们看到网络信息第一时间反应是“这是真的吗？”那么这可能会成为事实核查的一个选题。

美国经常向其他国家挥舞人权大棒，当看到美国法律居然允许未成年人结婚的消息，人们第一时间的反应是“这是真的吗？”

核查案例:《美国“童婚”合法？》(核真录)[①]

以下为节选，全文详见原文。

【背景】

近日，简体中文网络广泛流传一则视频，视频中称美国仍有 44 个州存在合法童婚，其中 9 个州没有最低结婚年龄限制，只有 6 个州完全禁止童婚。

网络流传的视频展示了美国各州最低结婚年龄限制，其中明尼苏达州、宾夕法尼亚州、纽约州、特拉华州、新泽西州、罗得岛州 6 个州完全禁止童婚，华盛顿州、加利福尼亚州、怀俄明州、新墨西哥州、俄克拉何马州、密歇根州、西弗吉尼亚州、马萨诸塞州、密西西比州等 9 个州没有最低结婚年龄限制，其他州最低结婚年龄为 14 至 17 岁不等。

【核查】

一、如何理解“童”及“童婚”？

联合国《儿童权利公约》规定，“儿童”指 18 岁以下的未成年人，联合国人口基金会指出:“童婚”是指 18 以下的未成年婚姻。公约得到 196 个会员国通过，却遭到美国拒绝。本文采用联合国对儿童和童婚的年龄标准。但根据美国法典第

① 核真录 . 核查 | 美国“童婚”合法？[EB/OL]. 2022-06-14.

91 章第 6501 条和美国《儿童网络隐私保护法》所给定义，美国认定的“儿童”仅指 13 周岁以下人群。

二、美国各州有关最低结婚年龄的法律规定

检索美国 Findlaw、Westlaw 数据库并核对各州法律原文后，我们发现的确只有 6 个州完全禁止 18 岁以下的未成年婚姻。其他州虽允许 18 岁以下的人结婚，但大部分也有最低年龄限制，且大多设置在 16 至 17 岁，一般都需经父母或其他监护人同意。加利福尼亚州、马萨诸塞州、新墨西哥州等 9 个州的确没有最低结婚年龄限制，允许 16 岁及以下的未成年人在得到法庭允许的“特殊情况”下结婚，但这属于个别特例。此外，在没有法定最低结婚年龄的州，也可能以普通法（女性最低 12 岁，男性最低 14 岁）为准。

为了防止未成年人遭受性剥削、进入掠夺性婚姻等，部分州规定了未成年婚姻的最高年龄差。例如，俄亥俄州规定，未满 17 岁的未成年人不得和自己相差 4 岁及以上的人结婚；密苏里州则规定，18 岁以下的未成年人不得与 21 岁以上的人结婚。

另外，由于中美不同法系的差异，“美国仍有 44 个州未禁止童婚”表述很容易让中国读者误解，认为美国 44 个州将童婚合法化。实际上中国属于大陆法系，采用成文法，司法机关根据法定程序制定发布的法律文件判案，调整空间较小；而美国属于英美法系，采用判例法，相对灵活，法官可基于具体情况做出调整，所以美国各州法院在审核未成年婚姻时也会依据具体情况进行限制。

不过，怀孕是肯塔基州、弗吉尼亚州等州的未成年婚姻“通行证”。在肯塔基州，18 岁以下的未成年人如果怀孕或生育，无须父母许可便可向法院申请获得结婚证；而在弗吉尼亚州，16 岁以下的未成年人如怀孕或生育，经父母同意并经医生证明怀孕，便可以获得结婚证。

这一“通行证”也可能存在对未成年女性的风险。由于美国多个州都对堕胎有着较为严格的限制，部分未成年女性可能因怀孕被迫结婚。以俄克拉何马州为例，在大多数情况下，堕胎都是非法的，2022 年 4 月 12 日，州长凯文·斯蒂特签署了一项法案，该法案无限期禁止堕胎（强奸和乱伦也不例外），除非母亲的生命受到威胁。俄克拉何马州现行的最低结婚年龄为 16 岁，但如果 16 岁以下的未成年人怀孕或生育，则可以在父母同意和法院授权的情况下结婚，且俄克拉何马州对于夫妻双方年龄差没有限制。这就意味着，在俄克拉何马州，如果一个 16 岁以下的少女怀孕，若没有足够条件证明强奸，不结婚则很有可能成为单亲妈妈。

三、美国童婚现状

美国反童婚组织 Unchained at Last 在 2019 年更新的一项研究发现，2000 年至 2018 年间，美国估计有 29 万未成年人结婚，约 96% 的未成年人结婚年龄在

16 岁至 17 岁之间，但也有少数儿童年仅 10 岁。

据该组织调查，自 2000 年以来，约有 6 万次未成年人婚姻掩盖了本应被视为性犯罪的案件。在这种情况下，结婚证成为州法下的“免费出狱卡”，让本应被视为强奸的罪行在一纸婚约中合法化了。

此外，如果未成年人进入婚姻后遭到家暴对待，离婚通常也并不顺利。据美国 *Teen Vogue* 杂志报道，在美国，未成年人不能自己申请离婚，因为婚姻被认为是一种合同，大多数法律规定只有成年人才能签订合同。所以，他们需要一个成年人来作为他们的“诉讼监护人”，代替未成年人行事。这给未成年离婚造成了障碍。

实际上，纽约州、罗得岛州等都是近两年才将最低结婚年龄提高到 18 岁，北卡罗来纳州等也是在近几年才将最低合法结婚年龄提高到 16 岁，在过往，美国的未成年婚姻现象更为严重。

未成年生育率是未成年婚姻现象的映射。根据美国疾病预防与控制中心的数据，2020 年美国 15—19 岁女性的生育率为 1.5% 左右，而在 30 年前，这一比例曾高达 6%。

据联合国儿童基金会 2020 年发布的数据，在过去 10 年中，全球共有 2,500 万起童婚得到了制止；但同时该基金会也指出，如果不进一步采取行动，在未来 10 年里，仍有 1.1 亿女孩可能会遭遇童婚。

迄今，童婚仍然是亟待关注和解决的全球性问题。

【结论】

美国的确存在普遍的“童婚”现象，但“童婚”也有一定的条件限制。在处理“童婚”问题上，美国一些州的法律虽然兼顾“法理人情”，但是，也为侵犯未成年人权益留下了借口。

四、强烈的情绪或明显的预设立场

俄乌冲突以来，世界分成两大阵营，以美国为首的西方阵营支持乌克兰，对俄罗斯采取严厉制裁措施；以中国为首的爱好和平的国家，反对通过战争手段解决纷争，希望俄乌双方通过政治谈判解决纷争。在互联网上，既有人同情支持乌克兰，也有人支持俄罗斯。当我们看到来源不明的信息表现出强烈的情绪或者明显的预设立场时，就要格外小心。

核查案例：《梅德韦杰夫威胁若俄遇袭将打击白宫？》（有据）①

以下为节选，全文详见原文。

① 有据．梅德韦杰夫威胁若俄遇袭将打击白宫？［EB/OL］.（2022-08-24）［2023-05-02］. https://chinafactcheck.com/10348/.

【背景】

中文网络流传说法称，俄罗斯安全会议副主席、前总统梅德韦杰夫发出警告：如果俄境内的重要设施受到攻击，所有乌克兰境内和境外的战略机构和建筑都将遭到无情打击，包括白宫、五角大楼、白金汉宫。

梅德韦杰夫真的说过这样的话吗？

【核查】

用俄语、英语检索“梅德韦杰夫白宫”“梅德韦杰夫白金汉宫”等关键词，没有发现俄罗斯媒体和国际媒体有相关报道。梅德韦杰夫的 Telegram 账号也没有发布过上述内容。

2022 年 7 月，梅德韦杰夫曾表示，乌克兰和西方大国拒绝承认莫斯科对克里米亚的控制对俄罗斯构成“系统性威胁”，对该地区的任何外部攻击都将引发“审判日”（Judgement Day）回应。

梅德韦杰夫声称，如果克里米亚遭到袭击，“审判日将非常迅速而艰难地到来。这将很难隐藏。”

变换关键词检索可以发现，网传说法可能是对梅德韦杰夫 6 月初接受卡塔尔半岛电视台采访时有关表态的加工和挪用。

据半岛电视台 6 月 3 日报道，梅德韦杰夫在接受采访时表示，美国将多管火箭炮系统移交给乌克兰的决定威胁了俄罗斯的安全，如果这些导弹瞄准俄罗斯领土，俄罗斯将别无选择，只能瞄准乌克兰的决策中心。

梅德韦杰夫说：“如果这些类型的武器被用来针对俄罗斯纵深，我们国家的武装部队将别无选择，只能打击（乌克兰的）决策中心，这指的是（乌克兰）国防部、（武装部队）总参谋部等。”

塔斯社报道，梅德韦杰夫补充称：“但需要知道一点，不幸的是，在这种情况下，最终决策中心甚至都不在基辅地区。因此，这是一个需要考虑的威胁。”

【结论】

俄罗斯安全会议副主席、前总统梅德韦杰夫没有说过如果俄境内重要设施受到攻击，俄罗斯会打击白宫、五角大楼、白金汉宫等目标。

五、专业性强的领域

在医学、科学、法律等专业领域，由于专业门槛较高，即使信息解释出现错误，一般人也不大容易看出来。全球各地关于新冠疫苗的虚假信息大量传播，很多人因为担心疫苗有副作用而拒绝注射，导致严重的死亡后果。

核查案例:《美国最高法院裁决取消疫苗全民接种？假！》(有据)①

以下为节选，全文详见原文。

【背景】

美国总统拜登于2021年9月9日签署行政令，要求所有联邦政府员工和与联邦政府有业务往来的承包商雇员必须接种疫苗。不过，拜登的这些决定导致美国人之间广泛的党派分裂，一些共和党籍州长纷纷表示反对联邦政府的疫苗接种令。美国法院正在审查许多针对联邦和州政府的案件，因为部分人认为，此举侵犯了他们的宪法权利。

微博流传消息称:“美国最高法院取消全民接种，因为无法证明疫苗对公民健康是安全的。”

【核查】

1. 有关消息源自何处?

根据有关微博截图中的网址检索，该消息源自一个名为bestnewshere的英文网站。

该文声称，美国最高法院取消了全民疫苗接种。比尔·盖茨、美国首席传染病专家安东尼·福奇和大型制药公司在美国最高法院败诉，因为他们未能证明在过去32年里的所有疫苗对人体健康是安全的。

该文没有署名，没有发布时间，也没有标明信息来源。

2. 美国最高法院是否有相关裁决?

在美国最高法院网站的案例文件中搜索“covid vaccine”(新冠疫苗)，结果显示该法院近期并没有作出过有关新冠疫苗的案件的裁决，也没有出现比尔·盖茨等人的姓名信息。

在美国最高法院网站发布的新闻稿中，未查找到有关“取消全民疫苗接种”的报道。

3. 最高法院对疫苗强制令问题有无动作?

2021年8月，最高法院法官艾米·康尼·巴雷特(Amy Coney Barrett)驳回了阻止印第安纳州立大学关于必须接种疫苗的决定的要求。

10月1日，最高法院法官索尼娅·索托马约尔(Sonia Sotomayor)拒绝了纽约市部分教师提出的要求，即阻止纽约州强制公立学校雇员接种新冠疫苗的决定。

4. 肯尼迪说过这些话吗?

微博流传的这篇源文章还引用了小罗伯特·弗朗西斯·肯尼迪(Robert F.

① 有据.美国最高法院裁决取消疫苗全民接种？假！？[EB/OL].(2021-10-15)[2023-02-09]. https://www.thepaper.cn/newsDetail_forward_14906071.

Kennedy Jr.）的话。他来自美国著名的政治家族肯尼迪家族，长期呼吁民众不要接种疫苗。

文章声称，有关诉讼是由参议员肯尼迪带领的一群科学家提起的。文章引用据称是肯尼迪的话："应该不惜一切代价避免使用新的新冠疫苗。我紧急提请你们注意与下一次新冠疫苗接种有关的重要问题。在疫苗接种的历史上，最新一代的所谓 mRNA 疫苗首次直接干扰了病人的遗传物质，因此改变了个人的遗传物质，这就是基因操纵，这在以前已经被禁止，被认为是一种犯罪。"

不过，肯尼迪告诉美联社，这些文章是假的，这句话也是如此。

【结论】

美国高级法院并没有裁决取消全民接种新冠疫苗，目前也没有与比尔·盖茨、福奇等相关的疫苗诉讼案件。有两位最高法院大法官近期驳回了两起试图阻止强制性新冠疫苗接种措施的请求。

六、有图未必有真相

社交媒体上，大量的图片、音频、视频信息，给人以"有图像有声音有证据"的印象。然而，数字时代，图片可以篡改，声音可以伪造，视频可以移花接木，断章取义，人们看到的听到的，未必是真实的。

核查案例：《明查 | 这是 5,000 年前苏美尔人的铜人？》（澎湃明查）[①]

以下为节选，全文详见原文。

【背景】

近期，中文社交平台流传一张铜人图片。相关说明文字称："这是 5,000 年前苏美尔人的铜人！当时的华夏文明，还是旧石器时代！"由此还传出华夏文明来源于苏美尔人，苏美尔人向东迁徙至中国，击败蚩尤部队，占领中国，带来了甲骨文文字系统、青铜冶炼技术以及马拉战车技术等说法。

【核查】

对网传图片进行反搜，可以在艺术家作品展示平台 ArtStation 网站上找到造型相同的铜人图像。一个叫维克多·格里琴科（Viktor Grytsenko）的艺术家在其作品集中展示了与该铜人相关的大量图片，称这是为 Plazma 设计工作室制作的马尔杜克（Marduk）角色，系团队合作作品。该角色人物的设计师名叫克里斯蒂安·约翰逊（Christian Johnson）和丹·贝克（Dan Baker）。格里琴科则作为 Blacklab 工作室的一分子负责了角色的雕刻和纹理工作。

克里斯蒂安·约翰逊在 ArtStation 上有个人主页，网站显示其身份为伦敦的

① 明查 | 这是 5000 年前苏美尔人的铜人？［EB/OL］.（2022-08-29）［2023-05-02］. https://www.factpaper.cn/detail?id=402.

一位电影导演/动画负责人。2019年，约翰逊在ArtStation上发布了一张名为“马尔杜克概念V002”的设计图，这是古巴比伦的创世神话《埃努玛·艾利什》（Enuma Elish）中提到的马尔杜克神的概念作品。图中的人物外形及穿着细节与网传图片中铜人的特征均相符。但显然，此铜人并非5,000年前苏美尔人创作的作品。

经核查，记载有马尔杜克神战胜混沌力量的创世故事的《埃努玛·艾利什》（又名《创世七表》）与“青铜冶炼”技术或“青铜塑像”无直接关联。该神话曾以阿卡德语史诗的形式被刻于数块泥板上，在19世纪下半叶被发现。

非营利机构“历史百科全书网”（World History Encyclopedia）称，阿舒尔、基什、尼尼微亚述巴尼拔图书馆、苏丹特佩等地发现的《埃努玛·艾利什》泥板的年代均在公元前1200年左右。但这些泥板的页眉内容表明其可能为更早版本的神话的副本，该史诗最早出现的时间或可追溯到公元前1750年苏美尔文明陷落前。

另外，中国的青铜制品在5,000年前就已经出现。现藏于中国国家博物馆的马家窑文化青铜刀是迄今中国发现最早的青铜器，经碳十四年代测定，可追溯至公元前3280年至公元前2740年间。

而历史学界和考古学界对于中国青铜冶炼技术的由来问题目前仍有争议。有“西来说”认为，中国黄河流域上古的青铜制造技艺已经很成熟，却没有发现早期冶炼的遗存，且黄河流域并无易采矿脉，不可能自发产生青铜文化，该技术可能是由西方“史前丝路”传来。“西来说”提出的依据是，中亚的米努辛斯基地区蕴藏丰富矿产并靠近中国西北，可能会有文化传播关系；且目前中国西北区域出土了一些时代相对早、技术不成熟的红铜、砷铜与青铜器，对其矿源已经有所判断。

对“西来说”持怀疑态度的学者，如台湾中正大学历史系的郭静云、邱诗萤、范梓浩，中山大学人类学系的郭立新和湖北省文物考古研究所的陶洋等人则认为：“中国青铜技术西来的说法仍有许多难以自圆其说的疑问，包括传入路线不明、技术发展脉络不同、青铜器的器型和制造方式不同，等等。”他们通过梳理考古资料发现，中国长江中游地区在公元前4000年至公元前2000年间的诸多遗址，如龙嘴、屈家岭、一百三十亩、石家河、殷戴家湾、金鸡岭等地，已经发现诸如铜块、青铜工具、红铜及青铜炼渣、冶炼工具和设施、相关废品等直接证据，证明长江中游曾经历过漫长的认识铜料并探索冶炼的过程，由此提出“中国青铜技术并非接受外传，而是本土自行发展，其源头在长江中游地区”的观点。

【结论】

网传图片中的铜人并非5,000年前苏美尔人创作的作品，而是Plazma设计工作室在2019年集合团队建模制作的作品。该作品灵感来自公元前2世纪古巴比伦创世神话《埃努玛·艾利什》，表现的是史诗中战胜混沌力量并建立世界秩序的巴比伦主神马尔杜克的形象。仅凭一张网图就断定华夏文明源于苏美尔无疑是荒谬的。

七、讽刺类网站 / 账号发布的信息

在西方，有一类媒体被称作讽刺 / 戏仿网站，最有名的如“洋葱新闻”（The Onion），这类媒体以真实新闻事件为蓝本，用夸张讽刺的手法，加工杜撰看起来像是“真实新闻”的内容，表达观点，通过互联网进行传播。如果不了解这类媒体的背景和特点，很容易上当受骗。

核查案例：《明查丨特朗普称其机密文件保存在拜登儿子的笔记本电脑上？》（澎湃明查）。[①]

以下为节选，全文详见原文。

【背景】

当地时间8月8日，美国联邦调查局（FBI）人员持搜查令，突袭并搜查了美国前总统特朗普位于佛罗里达州的海湖庄园，带走了20余箱物品，其中包括一些被标注为“最高机密”的文件。

近日，社交平台流传消息称，特朗普在审讯期间回应了FBI：“我把所有机密文件都保存在亨特·拜登的笔记本电脑上。”

有关说法附有一张新闻截图，显示来自一家叫Genesius Times的网站。亨特·拜登是美国现任总统约瑟夫·拜登之子，此前曾因笔记本电脑信息泄露事件陷入性丑闻和不当交易争议。

【核查】

经核查，Genesius Times网站确实在8月10日发布了一篇文章，与网传消息附带图片内容一致。

在联邦调查局史无前例地突袭了唐纳德·特朗普总统的海湖庄园后，联邦调查局表示他们正在寻找秘密文件，特朗普解释说：“我把所有的秘密文件都放在亨特的笔记本电脑里。”

这将迫使联邦调查局调查这台笔记本电脑，其中包含亨特·拜登和他的总统父亲乔·拜登与乌克兰等国进行非法商业交易的证据，以及亨特性交易和使用非法毒品的证据。

“我们真的不想看亨特的笔记本电脑。”联邦调查局局长克里斯托弗·雷伊说，“但现在看来，我们不得不这样做了。”

---

① 明查丨特朗普称其机密文件保存在拜登儿子的笔记本电脑上？［EB/OL］.（2022-08-16）［2023-05-02］. https://www.thepaper.cn/newsDetail_forward_19461855.

据报道，在2020年美国总统大选前的几个月里，联邦调查局持有这台笔记本电脑，但从未查看过其内容。

现在，他们将被迫这样做。

“我们将会试图忽略所有与拜登们有关的非法内容，而专注于特朗普放在那里的文件。”雷伊说。

表面上看，Genesius Times的文章确实提到了“特朗普把机密文件保存在亨特·拜登的笔记本电脑上”等相关表述，但需要注意的是，Genesius Times并不是专业的新闻媒体机构，而是一家讽刺类新闻网站。美国中央佛罗里达大学（UCF）图书馆网站、事实核查平台Media Bias/Fact Check和Facebook平台均将该网站列作“讽刺类”消息来源。

Genesius Times口号为“地球上最可靠的假新闻来源”。网站发布有大量诸如“埃隆·马斯克买下金·卡戴珊和坎耶·韦斯特以修复他们的婚姻”等讽刺搞笑类内容。

8月10日，据美国有线电视新闻网（CNN）、《纽约时报》、politico等媒体报道，特朗普在当日抵达了纽约州总检察长莱蒂亚·詹姆斯（Letitia James）的办公室，接受了一项民事调查取证，涉及特朗普集团是否向贷款人、保险公司和税务机关提供了具有误导性质的财务报表一事。

《纽约时报》称，特朗普在这场持续了一天的取证中只回答了一个问题，即他的名字是什么。在被问及他的商业行为时，他反复援引了《美国宪法第五修正案》规定的“不得在任何刑事案件中被迫自证其罪”的权利。

特朗普在当天以其名义发布的另一声明中解释了其援引《美国宪法第五修正案》的理由，称“当你的家人、你的公司和你周围的所有人都成为由律师、检察官和假新闻媒体支持的毫无根据的、出于政治动机的猎巫行动的目标时，你别无选择”，并提到这是其律师提出的建议。

【结论】

网传特朗普对FBI表示“已把所有机密文件都保存在亨特·拜登的笔记本电脑上”一事源自讽刺类新闻网站Genesius Times，其内容不可当真。特朗普在8月10日接受了纽约州总检察长办公室的一项民事调查取证，但除回答其姓名外，拒绝为此提供证词，并反复援引了美国宪法第五修正案规定的“不得在任何刑事案件中被迫自证其罪”的权利。

思考

1. 当你发现一条信息的真实性存疑，你想知道真实情况？你该怎么做？

2. 在很多专业领域，比如科学、医学等领域，存在不同甚至是相互矛盾的观点和看法，这时候你应该相信哪一方？

练习题

1. 针对一件有争议的事件，请选择不同媒体的报道，看看他们是如何处理信源和呈现观点的。

2. 有微博博主称，某电影在春节档票房造假，并抛出很多“证据”，制片方迅速做出澄清并声称要起诉该博主。如果你是媒体记者，你会如何报道这件事？

3. 两个国家发生冲突，社交媒体上出现大量触目惊心的图片和视频，作为一名新媒体编辑，应如何核实这些内容的真实性？

第七章　社交机器人、算法与事实核查

本章要点

1. 机器人的定义、现状、影响机制及识别方法。
2. 算法的定义、社会影响及其问责体系。
3. 网络平台应对虚假信息的策略。

虽然虚假信息不是Web2.0时代所独有的，但不可否认的是，新媒介改造了新闻生产的过程，加剧了虚假信息的生产和传播。两项与社交媒介相关的技术为防范虚假信息带来更大的难题：一是社交机器人，二是推荐算法。这两项技术带来的不只是动摇了信息真实性的根基，还威胁着网络安全。

作为学生、媒体工作者、普通公众，虽然不会涉足这些专业领域，但需要了解社交机器人和推荐算法的现状和运行机制。这是一种算法素养，更有助于我们在日常生活和工作中理解新媒介上的诸多现象，去伪存真。

具体而言，本讲将讲述这些新挑战的原理、现状，它们如何影响虚假信息的传播，以及平台层面的应对策略。

第一节　社交机器人

在开始讲述之前，让我们先来回溯一下“通俄门”事件。“通俄门”事件是特朗普竞选团队被指控在2016年选举期间“通俄”。虽然2019年美国司法部认为没有足够证据证明存在“通俄”，但情报部门仍然有证据怀疑俄罗斯干预了2016年美国总统选举。俄罗斯互联网研究机构（Internet Research Agency，IRA）在Facebook、Instagram和Twitter上开展活动，在2015—2017年美国选举期间，IRA相关用户发布的内容至少被分享了3.4亿次，其中一些用户被怀疑是社交机器人。超过3,000万真实用户与他们的朋友参与分享这些内容，此外，IRA被指在竞选期间为3,500多个

Facebook 广告花费了 10 万美元。①

“通俄门”事件后，人们开始关注到机器人的影响力。它们对虚假信息的传播产生了不可估量的影响，甚至能够干涉一个国家政权的更迭。

在这一节，我们将探讨社交机器人如何产生？会对大众产生什么样的影响？以及如何去识别它们。

一、机器人的定义

机器人在不同语境中代表不同事物，比如能够与用户对话的智能客服，依据编程而行动的实体机器等。在社交平台上出现的机器人统称为社交机器人（Social bots）。但是该概念涵盖的机器人种类非常繁杂。斯特凡等人依据机器人意图的好坏以及模仿人类行为的程度，将其分为六大类，② 如表 7-1 所示。

表 7-1　社交媒体上的机器人分类 ③

		意图		
		恶意	中性	良性
模仿人类行为程度	程度高	水军机器人 僵尸网络 关系渗透型机器人 干预讨论型机器人 社交机器人 身份盗用机器人	幽默信息生成机器人	聊天机器人
	程度低	垃圾信息 / 邮件机器人 虚假账户 流量吸引机器人	无意义信息生成机器人	新闻机器人 招募机器人 公共发布类账号 地震速报机器人 维基百科编辑 反破坏机器人

本讲侧重讨论模仿人类行为程度高的恶意机器人，即基于人工智能的方法模拟真实互联网用户行为，意图为恶意的机器人（本文简称为机器人）。我们主要关注其中影响舆论、散播虚假信息的机器人。它们通过发布、转发或与社交媒体用户互动，迅速分享大量信息，传播虚假信息，夸大信息在社交媒体上的流行度。

① HOWARD P N，GANESH B，LIOTSIOU D，et al. The IRA，social media and political polarization in the United States，2012-2018[J]. 2019.

② STIEGLITZ S，BRACHTEN F，ROSS B，et al. Do social bots dream of electric sheep? A categorisation of social media bot accounts[J]. arXiv preprint arXiv：1710.04044，2017.

③ 周葆华，梁海译 . 大数据时代的计算舆论学：理论、方法与案例[M]. 上海：复旦大学出版社，2022：70.

二、机器人的现状

机器人广泛存在于社交平台中。一项基于 2015 年 Twitter 英文用户的分析估算，平台用户中有 9%—15% 是机器人，即存在 480 万的机器人账户。[①] 在全球范围，机器人不是单一社交平台上的个案。阿森马赫等人调查代码分享网站 Github 发现[②]，以制作社交网站机器人（包括良性、恶意等所有类型）为目标的代码，来自全球各个主要国家和地区。针对 Twitter 的机器人代码主要来自美国，针对 Telegram 的机器人代码主要来自俄罗斯，针对 Whatsapp 的机器人代码主要来自印度。

三、机器人的目标

社交机器人的行为逻辑是什么？有研究者分析认为，[③] 从国际事务的角度，社交机器人一方面用于散播假新闻，诋毁目标人物；另一方面，也用于与他国安全局人员交流，套取情报。机器人会散播带有木马的链接以套取信息，机器人的活动高峰是重要日期，用以造势、吸引他人关注。

机器人在国内事务中的作用，有研究者[④]假设了四种可能的策略，包括（1）增加相关帖子的总量，以分散用户注意力，形成信息噪音；（2）转发多样化的帖子，使普通用户暴露在丰富的信息环境中，分散他们的注意力，让用户难以专注于核心议题；（3）带头支持，表达支持政府的言论；以及（4）负面宣传，谴责诋毁敌对方领导人。研究者进而分析了 1,516 个亲政府机器人和他们上百万的帖子，结果发现这四个策略在实践中均会采用，面对线上抗议，采用前两种策略的更多，而面对线下抗议，后两种策略使用更多。而且有意思的是，这些机器人发布的不全都是亲政府的言论。具体来说，帖子中有 27% 支持政府，49% 相对中立，24% 反对。

四、机器人塑造舆论的心理机制

为什么水军能够塑造舆论，这与社会心理学中的说服有紧密的联系。

（一）边缘路径说服

学者认为说服的过程存在两种路径，一是中心路径，当个体的中心路径被激活，人们会深入思考说服的内容，仔细评判内容质量，包括证据好坏、逻辑通顺等。二是

---

① VAROL O，FERRARA E，DAVIS C，et al. Online human-bot interactions：Detection，estimation，and characterization[C]//Proceedings of the international AAAI conference on web and social media. 2017，11（1）：280-289.

② ASSENMACHER D，CLEVER L，FRISCHLICH L，et al. Demystifying social bots：On the intelligence of automated social media actors[J]. Social Media+ Society，2020，6（3）：2056305120939264.

③ WEISBURD A，WATTS C，BERGER J M. Trolling for Trump：How Russia is trying to destroy our democracy[J]. War on the Rocks，2016，6.

④ STUKAL D，SANOVICH S，BONNEAU R，et al. Why botter：how pro-government bots fight opposition in russia[J]. American Political Science Review，2022：1-15.

边缘路径，当边缘路径被激活，人们会不加思考地处理信息，使用与理性判断无关的要素进行快速评判，比如依据谁说了该信息、是否喜欢信息传播者、信息的点赞数等。在生活中，我们时常会看到人们青睐普通人的讲述而不是专家的劝导，原因即在于专家的言论会激发中心路径，使得个体思考其说服的有效性，因此专家或者权威在设计说服的内容时，需要仔细推敲内容的质量。而见证性的叙述，激发的是边缘路径，无须提供可靠的证据便可让人信服，这也是口碑营销起作用的方法之一。

对于机器人来说，他们意图扮演的就是普通群众，他们有目的的言论会通过边缘路径来改变真实个体的观点、影响事件走向。

（二）社会影响 / 从众

人们会追随大众所同意的，而不去思考事件的意义。有时甚至会怀疑并改变自己的观点、判断和行为，以便和其他人保持一致。而机器人想要充当的，就是虚拟网络中的“大众”。出于营销和说服的目的，机器人的操控者通常会去营造一种万人空巷的氛围，仿佛有许多人已经认可某一信息、实践某一行为，这是一种造势。

最经典的从众案例来自阿希的实验，请观看链接中的视频[①]，了解从众的力量。

有两个博主发了同样的视频，都是讲赚钱的方法，但是其中一个博主拥有 1 万粉丝，其视频的浏览量有十几万，另一个博主只有一位粉丝、两百多浏览量。如果是你在信息搜索中看到这样两条信息，两者相比，你会选择浏览哪一个视频？哪一个博主看起来更可信呢？

社交平台上充斥着社会影响的线索，包括点赞、转发、评论数。还有一些栏目专门为社会影响而设，比如“朋友曾经看过”、热门搜索排行榜。推荐系统的算法也会依据信息的热度来将其推广到更多的人群中。这些线索均可以被数量众多的机器人所操控。

（三）曝光效应与真实效应

以上的社会影响说的是一种群众营造的压力和势头。水军也能通过增加信息的曝光频次来达到说服的效果。心理学中的曝光效应（mere exposure effect）描述的便是事物或者人出现得越频繁，个体越会产生一种亲近和熟悉感。而真实效应（truth effect）的相关研究则发现，真理可以通过重复谎言来创造。[②]即使人们知道陈述是假，重复也能增加人们对该陈述的接受度。成语“三人成虎”也是描述类似的现象。在社交媒体上，机器人的重复转发也能够使得信息被曝光的次数增加，进而使得个体对虚假信息信以为真。

（四）锚定效应

此外，由于事实核查、权威信息的发布需要一定时间，社交机器人可以第一时间

① https://www.bilibili.com/video/BV15x411Z7wm.

② Dechêne A，Stahl C，Hansen J，et al. The truth about the truth：A meta-analytic review of the truth effect[J]. Personality and Social Psychology Review，2010，14（2）：238-257.

占据话题。虽然真相随后才到，但是公众在首次曝光时接收的信息，会对其后续的认知，以及是否接受后续真相产生深远影响。在行为决策领域的锚定效应为此做出解释。在做决策时，人们会不自觉地受最初所获得的信息影响。起始值像锚一样制约着人们的估测值。比如研究发现，当对两组人分别询问："土耳其的人口超过 3,500 万吗？你认为土耳其的人口是多少？""土耳其的人口超过 1 亿吗？你认为土耳其的人口是多少？"前一组人的估计值显著小于后一组。

在虚假信息领域有一个影响深远的例子，是关于疫苗和自闭症关系的。在中国语境中，未曾见疫苗致自闭症相关报道，也未曾见专家提示过相关风险，但是在美国，疫苗与自闭症的关系是一个重要的公共议题，也是人们常常会质问疫苗支持者的问题。这其实与一篇造假论文有关。在 20 世纪 90 年代，权威医学期刊《柳叶刀》发表了一篇论文，宣称婴儿打麻疹疫苗会引发自闭症，并附有多个自闭症儿童的案例为证。此事引发轩然大波。但是随后这篇论文被发现造假，律师、儿童家长、非营利机构企图与疫苗研发公司打官司以获取高额赔偿，进而诞生了这篇研究论文。虽然《柳叶刀》最终撤回了这篇稿件，至今也没有科学证据支持这一论断，但是疫苗致自闭症的讨论并未停止。直到现在，即使面对的是新冠疫苗而非麻疹疫苗，仍然有相当多的公众担忧注射引发自闭症的问题。

五、机器人识别

识别机器人的逻辑有两点：第一，机器人的行为比真人更为刻板，在行为多样性、观点多样性、活跃时间多样性等方面都不够充分。第二，由于机器人是批量生成的，所以它们的行为是成规模的，并且内部一致性极高。虽然我们探讨的很多措施来源于计算机领域，但是它们能够给予我们鉴别机器人账户的角度。另外需要注意的是，无论是网络平台还是网络管理方，都不欢迎恶意机器人，所以使用机器人一方与打击机器人一方存在协同进化的关系。随着识别机器人算法的更迭，机器人也变得愈加与真人无异。早期的识别方法直观、简单，但是随着时间推移，早期的识别方法已不再适用。

目前识别机器人有以下几种方法：

（一）账户信息

早期的机器人会使用默认头像，也会使用卡通人物作为用户头图。但是现在，机器人会捕获真实用户图片作为自己的头像。如图 7-1，除了第一位带黄 V 标志的账户是真人账户外，其他均为"李鬼"账号。

图 7–1　一位认证用户和他的“李鬼”账号

此外，机器人也会使用合成头像。一些社交机器人的头像是使用人工智能技术合成的虚拟人。但是这些头像也并非没有破绽可寻，对于真实用户而言，在上传头像照片时，均会存在裁剪的过程，无法保证眉眼在头像框的固定位置。但是图 7–2 中的合成头像，由于使用人工智能技术批量合成头像，这些头像中人物眉眼的位置能够固定在同一位置，甚至可以将不同头像的眼睛连成一条直线。

图 7–2　合成头像

图片来源：Centre for Information Resilience

（二）行为特征

从在线行为来看，机器人的行为相较真人更为刻板，主要表现为：发布消息的可变性相对较低；转发率非常高，因为它们很难如真人产生多样化的原创发言；发文非常频繁。有些机器人账户，为了让自己更像真人，会去盗取真人弃用的账号，因此机器人账户存在相当长时间内不活跃的现象，并且不活跃时间前后发布内容不一致。行为特征是识别机器人技术首要观测的指标，但是更加仿真的机器人，则可能会掩藏这些行为特性。

（三）行为的时间特性

行为的时间特性往往是部署机器人时被忽视的部分。真实用户发文的时间往往不固定，但是整体而言具有一定的规律性，而不同用户发文的时间特性又不尽相同，因此有学者认为用户在线行为的时间特性是一种“数字指纹”。① 机器人在发文的时间性上则会露出马脚，表现为僵化的时间分布。学者 ② 基于此研发了可视化软件，来展示在线用户行为的时间特性并以此识别机器人。

（四）文本特性

机器人以造势为目标，因此它们所发布的内容必然带有引导性。学者对识别机器人贡献最高的行为指标进行了排序 ③，其中贡献前十（去重）的指标分别为：

- 发文频率；
- 带话题标签数；
- 平均情感；
- 带情感推文占比；
- 提及（@）其他用户数；
- 朋友的矛盾性排名（同一话题下，特定用户与其好友观点的相悖程度）；
- 负面情感强度；
- 不和谐评分（同一话题下，特定用户与其他用户观点相悖与观点一致程度之比）
- 朋友的一致性排名（同一话题下，特定用户与其好友观点的一致性程度）；
- 积极情感强度。

从以上这些核心指标中可以看出，与文本情感相关的指标占大多数。研究还发

---

① JEONG J，MOON S. Interval signature：Persistence and distinctiveness of inter-event time distributions in online human behavior[C]//Proceedings of the 26th International Conference on World Wide Web Companion. 2017：1585-1593.

② MAZZA M，CRESCI S，Avvenuti M，et al. Rtbust：Exploiting temporal patterns for botnet detection on twitter[C]//Proceedings of the 10th ACM conference on web science. 2019：183-192.

③ DICKERSON J P，KAGAN V，SUBRAHMANIAN V S. Using sentiment to detect bots on twitter：Are humans more opinionated than bots?[C]//2014 IEEE/ACM International Conference on Advances in Social Networks Analysis and Mining（ASONAM 2014）. IEEE，2014：620-627.

现，在这些情感指标中，机器人和真实用户在态度变换上存在不同，真实用户有一定的概率会在积极和消极之间转换对特定话题的态度，但是92.5%的机器人的态度变换概率小于0.1，意味着机器人比真实用户更不会改变自己的态度。在积极消极情感强度上，真实用户的情感分布大致是正态的，即情感强度大部分处于中间水平，很少有极端的情感表达。但是机器人大部分（61.4%）的情感强度较低。这意味着真实用户比机器人更会去表达强烈的情感。在带情绪的推文占比中，真实用户的情感推文占比接近正态分布，但是机器人要么完全不带情绪，要么带情感的推文占大多数。此外，在和同话题其他用户态度的差异性上，机器人与大众的差异会更小，真实用户更敢于与平台上的其他用户持不一样的观点。

（五）社会关系

由于机器人并非真人，所发的内容具有目的性，所以它们往往吸引不到真人粉丝。机器人内部会互相关注以营造账号具有一定关注度的假象，因此识别特定账户粉丝中机器人的数量，与其他机器人相互关注的数量能够帮助我们判定其是否同样为机器人账号。不过随着技术发展，以往的机器人或许只与机器人互动，而现在的机器人也会与真人互动，存在真人粉丝。

针对IRA的研究报告①显示，大部分IRA的机器人账户会关联一个其他的IRA账号。它们会通过提及（@）来传递信息，

（六）集群行为

近年来识别机器人的工作开始关注集群或者说同步行为，即成规模的，在文本、时间或其他维度协调一致的账户行为。这些账户并非相互关注，但是基于这样的逻辑：海量机器人是由一个实体操纵的，这些机器人被设计出来是因为一个特定目标。因此它们的行为具有集群性。识别这种统一的行为特性，便能够更准确地预测谁是机器人。学术界关于基于群体特征的识别算法研究近年来在逐年增长。

六、尚未解答的问题

学术界对于机器人的了解尚在起步阶段，仍有很多问题尚未解答。社交媒体上非政治性社交机器人有多少？比如商业营销使用的水军机器人。真人水军的规模有多少？对待他们的方式是否可以与防治水军机器人画等号？他们的识别方法一致吗？我们所说的境外势力——外国政治性机器人在国内社交平台的部署情况是怎样的？如果我们要去做舆论相关的研究，应该如何“脱水”以了解真实的舆情？这些都是亟待解答的问题。

---

① HOWARD P N，Ganesh B，Liotsiou D，et al. The IRA，social media and political polarization in the United States，2012–2018[J]. 2019.

第二节 算　　法

我们常常听到一些富含科技感但是又与日常生活息息相关的词：算法、人工智能、AI、机器学习、神经网络、推荐系统。它们究竟代表了什么？算法与虚假信息也有紧密的联系。许多人担忧虚假信息在算法的助推下，会被传播到更多人面前。这一节我们将了解什么是算法、它会带来怎样的影响，以及我们怎样了解它。希望读完这节，大家能够形成算法素养。①

算法是一个宽泛的领域，其影响涉及社会生活的方方面面，本讲的讨论也会超越虚假信息的范畴，在更广范围内探讨算法的影响。

一、算法的定义和功能

虽然我们会混用几个与算法相关的概念，比如人工智能（AI）、算法、机器学习、推荐系统等，但是整体来说，人工智能应该是最为上位的概念。从抽象层面看，它的最终目标是达成类似科幻片中具有智慧的机械。当然，当今的人工智能所做的还有限。算法是人工智能下的一个具象概念，它指的是人指导计算机解决问题所发出的以编程语言为媒介的指令。而机器学习是一种特殊的算法，这种算法使得机器能“学习”人类处理任务的方式，并最终自动化地在广泛的场景里应用“学习到的知识”。机器学习在大数据时代被广泛应用，因为人工已经无法很好地处理海量复杂的任务。推荐系统则是机器学习技术的一种应用。

学者迪亚科普洛斯依据算法的功能，将其分为排序、分类、关联、过滤四大类。②

排序指的是算法能够计算相关事件的重要性，将一系列的事件依据一定次序呈现给用户，进而使用户关注特定内容，而忽视其他内容。在生活中，比如百度搜索排名、新闻流、热搜、排行榜，都是排序的例子。

魏则西事件就涉及排序的作用。大学生魏则西患有晚期滑膜肉瘤，在普通治疗无望时，他通过百度搜索关注到了排名靠前的武警北京总队第二医院的生物免疫疗法。他在该医院接受了未经审批且效果未经确认的治疗方法，花费巨额医疗费却不见效果、延误了治疗，最后不治去世。此事引发媒体和舆论的轰动，随后国家网信办联合调查组公布了对此事件的调查结果。③调查组认为百度搜索相关关键词竞价排名结

① 算法素养指的是个体了解和算法有关的知识，包括什么是算法 /AI；意识到算法的存在；了解其工作原理，其特征、功能、后果；能够批判性地评估算法做出的决策；拥有应对甚至影响算法操作的技能；知晓如何关闭个性化推荐，取消关注。

② DIAKOPOULOS N. Algorithmic accountability reporting：On the investigation of black boxes［J］. 2014.

③ http://www.cac.gov.cn/2016-05/09/c_1118833529.htm.

果，对魏则西选择就医产生了影响，百度竞价排名机制存在付费竞价权重过高、商业推广标识不清等问题，影响了搜索结果的公正性和客观性，容易误导网民，必须立即整改。要求必须将以信誉度为主要权重的排名算法落实到位；对商业推广信息逐条加注醒目标识，并予以风险提示；严格限制商业推广信息比例，每页面不得超过 30%。

第二个功能是分类，分类即算法对不同事物打上分类的标签。垃圾邮件处理、标记信息是否合规都属于此类。而这个功能可能带来的问题是假阳性、假阴性的问题，即把同一类别错误地划分到不同类别上，或者把不同类别划分到同一类别上。

第三个功能是关联，算法被用来标记要事物之间的关系。这种关系可以基于事物之间的相似性、逻辑关系或者社会关系等。早期推荐系统主要基于关联进行推荐。这种关联可以基于用户之间的相似性，包括地域、性别、年龄等，也可以基于内容的相似性。

最后一个功能是过滤，即根据各种规则或标准包括或排除信息。存在的问题是要么过度强调，要么审查某些信息。

虽然算法的功能被分为以上四类，但是在实践过程中，这些功能常常混杂在一起。比如推荐系统的前提首先是对事物进行分类，然后再将不同事物依据标签关联起来，最后依据重要性排列并呈现在用户的界面上。

二、算法“作恶”

（一）反馈回路

算法能对受众产生什么样的影响？首先，我们得了解一个核心机制：反馈回路。

在希腊神话里，皮格马利翁作为雕塑家，塑造出自己心中理想女性的雕像。在女神的祝福下，这个雕像变成了真人，成了皮格马利翁的妻子。算法有时就像那块待雕琢的石头，而人们像皮格马利翁一样，将自己的喜好投射在社交网络中的行为里，而算法“学习”了这些喜好，塑造成了人们喜好的模样，反馈人们喜好的内容。这就像一个回路，用户的行为塑造了算法，而算法在“理解”用户行为后，反馈的信息又会反过来塑造用户。这也是观点极化、信息茧房出现的原因之一。有人认为，假新闻之所以能够借助算法广泛地传播，是因为假新闻的内容特性贴合了人性的“弱点”，比如人们会偏爱情感性、戏剧性的内容。

当然，将这种反馈回路的后果完全归咎于用户是不恰当的。在皮格马利翁的故事里，石头是个人意志的直接投射。而在现实中，算法则像是一个黑箱。虽然算法设计者能够确保所设计的算法能够达成预期的特定任务，但是为了设计而进行的小范围实验，是无法预料在真实情境中会发生什么，也可能是意料之外的后果。此外，算法的一系列过程，包括数据收集、处理、建模、推断和接口等一系列环节，都可能存在有偏向性的设置。这种有偏向性的设置并不是偶发现象，多种有偏向性的叠加，会使得我们无法预料算法最终会产生何种程度的偏移。我们在本讲后面会讨论如何使算法更可靠的问题。

（二）信息茧房

观点极化、信息茧房是反馈回路的一个后果，它们也是最受关注的算法的负面影响。

信息茧房指的是人们在信息消费过程中偏好与自己的兴趣和观念相一致的内容，久而久之，接触的信息范围越来越狭窄，就像茧房一样，人们被限制了了解不同观念的能力和机会。

以推荐系统为主要信息呈现方式的社交平台上，算法主导了用户的信息流。算法的排序会促成特定内容出现的频次增加，也会使得其他内容出现的频次减少。而在以关注和接收好友信息为主要信息消费方式的社交平台上，算法也会在其中发挥作用。用户所关注信息的呈现方式并非完全按照各项信息发布的时间来排列，算法会对这些内容进行二次排序。当一个用户更偏好假新闻式的消息，推荐系统便会使用排序等手段，使得这类消息更多地呈现在用户的信息流中。当平台中大部分用户都偏好新闻式的消息，即使某些用户并无此偏好，该消息也会因为热度而被广泛地推送。

算法是否会造成信息茧房？有研究尝试用现实中社交媒体的数据来回答这个问题。这项研究[①]比较了四种情况：完全随机的情况下，人们看到跨意识形态信息的概率；被朋友分享的跨意识形态信息的比例；被朋友分享之后，的确出现在个体信息流上的跨意识形态信息的比例；以及个体最终点击内容中跨意识形态信息的比例。这四个方面正好反映了一条信息进入个体视野的过程。而浏览跨意识形态的信息代表着人们愿意去突破信息茧房，了解与自己观点相左的内容。在这四种情况中，被朋友分享的和的确出现在个体的信息流上的跨意识形态信息差异则表现了算法的作用。研究发现，由于算法排序的原因，人们在信息流中阅读跨意识形态信息的概率减少了 15%，进一步点击浏览这些交叉信息的次数减少了 70%，这意味着算法的确促成了信息茧房的出现。

这种影响的负面结果是可观的。Facebook 曾经在平台上做过一个实验，[②]研究者利用计算机程序给平台用户选择性地过滤和呈现其朋友的信息。有一批用户的信息流中朋友积极情绪内容的曝光被减少，另有一批用户的信息流中朋友消极情绪内容的曝光被减少。[③]实验进行了一周，结果显示，无论是积极帖子被减少，还是消极帖子被减少，这些被减少曝光的用户都相应地降低了自己对应情绪的表达。这表示在情绪层面上，人们会无形地被所呈现的信息所影响。

---

① BAKSHY E，MESSING S，ADAMIC L A. Exposure to ideologically diverse news and opinion on Facebook[J]. Science，2015，348（6239）：1130-1132.

② KRAMER A D I，Guillory J E，Hancock J T. Experimental evidence of massive-scale emotional contagion through social networks[J]. Proceedings of the National Academy of Sciences，2014，111（24）：8788-8790.

③ 需要注意这样的实验操作违反研究伦理。

（三）偏见

算法带来的另外一种后果是偏见。即用不同的方式对待不同群体的人。常见的是与种族与性别相关的偏见。比如，人们发现，亚马逊的人脸识别算法，在特定场景中无法可靠地确定深色皮肤女性面孔的性别，[①②] 但识别浅肤色男性的准确率达到 100%（图 7-3）。

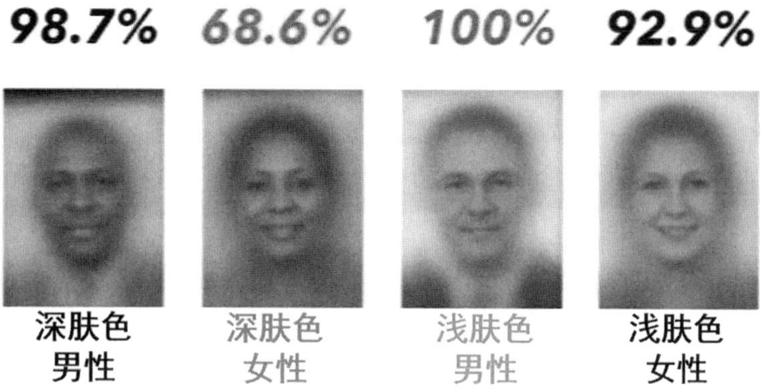

图 7-3　亚马逊人脸识别针对不同人群的分类准确率

图片来源：Buolamwini.（2019）

这种偏见也表现在对文本的审查上。一项针对 Facebook 早期审查的分析发现，算法标记非裔美国人用户发布仇恨言论信息的可能性是 1.5 倍。如果使用非裔美国人惯用的表述，标记为仇恨言论的可能性是一般情况的 2.2 倍。此外在图像搜索结果中，学者发现，在现实中美国 27%CEO 是女性，Google 图像搜索 CEO 的结果中女性只占 11%。而在现实中美国 56% 作家是女性，Google 图像搜索作家的结果中女性占 25%。[③]

这会带来什么样的影响？除了呈现给用户有偏向性的信息，由于一些算法能够参与重要决策，其带来的偏见会产生更广泛的社会影响。比如之前所说的亚马逊人脸识别算法，其客户中有执法部门也有企业，而招聘信息中肤色性别差异，会使得某些特定人群失去平等就业的机会。

三、探索算法的黑箱

对很多人甚至对算法设计者自己而言，算法能够做什么是一个黑箱。算法设计者

① RAJI I D，BUOLAMWINI J. Actionable auditing：Investigating the impact of publicly naming biased performance results of commercial ai products[C]//Proceedings of the 2019 AAAI/ACM Conference on AI，Ethics，and Society. 2019：429-435.

② 人脸识别的另一个实践，可访问 http://gendershades.org/.

③ KAY M，MATUSZEK C，Munson S A. Unequal representation and gender stereotypes in image search results for occupations[C]//Proceedings of the 33rd annual acm conference on human factors in computing systems. 2015：3819-3828.

需要贯彻算法问责制（Algorithm Accountability），即需要对算法可能带来的结果负责。而公众也有权力去了解算法的可靠程度。无论是设计者还是公众都需要去探索算法这个黑箱，明确算法决策的基础是什么、是否存在歧视、算法分类是否存在不确定性、训练数据是否存在偏差、是否促成了信息茧房、是否过度摄取用户隐私等。

如何探索算法问责？如果把算法看作一个黑箱，它将特定输入转换成特定输出（比如搜索中的输入词和返回的结果）。输入和输出是能够观察的，但是黑箱不行。那黑箱外的我们能做的是设计差异化输入元素，观察输出结果，检验输出结果是否存在偏差。通过这个方式理解黑箱如何运作。这一方法也被称为反向工程。

下面，我们来介绍一些探索算法黑箱的案例。

《华尔街日报》记者曾经调查电商的价格歧视问题。① 即同一样商品，对不同背景的用户，平台会显示不一样的价格。记者所做的，便是模拟不同的电脑和浏览器，创建不同的用户档案，并观察电商所呈现的价格是否存在差异。结果显示，电商价格随用户所在国家、家庭地址的不同而不同。在美国或者加拿大购买德语教材比在英国和阿根廷购买便宜 20%。

记者们还尝试用反向工程的方法去检查谷歌、苹果公司是否符合公序良俗。比如 Google 在其条款中说“排除了与色情、暴力、仇恨言论和侵犯版权有关的搜索查询”。记者对此做过调查。② 他们首先选择 110 个和性、暴力有关的词语，其次将这些词搭配“儿童”在 Google 中搜索。最后观察输出界面是否被锁定。如果大部分输出结果没有被锁定，那 Google 并未达到它所声称的“排除了与色情、暴力有关的搜索”。在记者的调查中，虽然 Google 在大部分情况下做到了锁定相关页面，但是仍然有遗漏。

再比如，是否支持堕胎在美国是一个重要的政治议题。各个公司的算法对此是否有倾向性？有记者对苹果公司的 IOS 系统进行了检验。③ 记者首先检查了拼写更正。其假设是系统如果不更正一些敏感词的错误写法，比如“abortiom”（堕胎，正确拼法是 abortion），说明系统并不希望用户去堕胎。因此输入一系列敏感词和非敏感词，检查被更正的比例，就可以知道是否存在倾向性。结果发现许多频繁使用的敏感词不会被更正，包括堕胎、谋杀等。第二步，记者检查了智能语音系统 Siri。假设如果系统无法回答有关堕胎和节育的问题，不推荐附近的堕胎诊所，那系统的设计者便存在反对堕胎的倾向。而测试结果是 SIRI 会推荐堕胎诊所，但是如果提出节育要求，它会推荐计划生育联合会而不是真正的诊所。

---

① VALENTINO-DEVRIES J S V J，Soltani A. Websites vary prices，deals based on users’ information，December 24 2012[J]. Wall Street Journal.

② DIAKOPOULOS N. Sex，violence，and autocomplete algorithms：what words do Bing and Google censor from their suggestions? [J]. Slate（Aug. 2，2013），2013.

③ KELLER M. The Apple ‘kill list’：what your iPhone doesn’t want you to type[J]. the daily beast，2013.

四、算法问责

（一）算法问责

面对算法的诸多问题，学界和业界倡导算法责任方能够担起算法责任，开发人员和产品经理以公开负责的方式设计和实施算法系统，将算法问责制落实到相关的实践过程中。2016 年，计算机科学家、产品经理、IT 研发人员和设计者一同在“负责任的数据”研讨会中商讨了算法问责的细则，其包含以下几个方面[①]：

（1）责任：为算法系统的不利影响提供外部可见的补救途径，并指定负责及时补救此类问题的人员。

（2）可解释性：确保可以以非技术的语言向利益相关者解释算法决策以及驱动这些决策的数据。

（3）准确性：在整个算法及其数据源中识别、记录和阐明错误和不确定性的来源，以理解预期和最坏情况的影响，并告知缓解过程。

（4）问责：通过披露能够监控、检查或批评的信息（包括通过提供详细的文档、技术上合适的 API 和许可的使用条款），使第三方能够探测、理解和审查算法行为。

（5）公平：确保算法决策在比较不同的人口学信息（例如种族、性别等）时不会产生歧视性或不公正的影响。

（二）实践

不同国家针对网络治理提出了自己的方案，其中最为严格的是欧盟于 2020 年提出的《数字服务法案》（*Digital Service Act*）[②]，其目标为更好地治理网络环境，保护消费者及其基本权利，为在线平台建立强大的透明度和明确的问责框架并且促进市场创新、增长和竞争力。法案规范了提供网络基础设施的中介服务、托管服务、在线平台、大型的在线平台四大提供商。四者的义务累计递增。其中，对在线平台的义务如下：

透明度报告；

充分考虑基本权利的服务条款要求；

根据命令与国家当局合作；

联络点，必要时还要拥有法定代表人；

向用户提供信息的通知、行动和义务；

报告刑事犯罪；

① DIAKOPOULOS，N. et.al. Principles for accountable algorithms and a social impact statement for algorithms：fairness，accountability，and transparency［EB/OL］2016［2022-08-11］. https://www.fatml.org/resources/principles-for-accountable-algorithms.

② 详情可参阅欧盟相关网站：https://ec.europa.eu/info/strategy/priorities-2019-2024/europe-fit-digital-age/digital-services-act-ensuring-safe-and-accountable-online-environment_en.

投诉和补救机制以及庭外纠纷解决；

值得信赖的举报者；

针对滥用通知和反通知的措施；

市场的特殊义务，例如审查第三方供应商的证书、设计合规、随机检查；

禁止针对儿童和基于用户特殊特征的定向广告；

推荐系统的透明度；

面向用户的在线广告透明度。

可以看到，条款细则与算法问责的理念相符。

针对潜在的算法影响，我国也制定了相关规定。2022 年 3 月，国家网信办联合工业和信息化部、公安部、国家市场监督管理总局发布《互联网信息服务算法推荐管理规定》，要求算法推荐服务商不得利用算法虚假注册账号、非法交易账号、操纵用户账号或者虚假点赞、评论、转发，不得利用算法屏蔽信息、过度推荐、操纵榜单或者检索结果排序、控制热搜或者精选等干预信息呈现，实施影响网络舆论或者规避监督管理行为。不得根据消费者的偏好、交易习惯等特征，利用算法在交易价格等交易条件上实施不合理的差别待遇等违法行为。

（三）讨论

由于篇幅限制，本节仅对算法进行了简要介绍，其中可以引申许多话题。读者可以想一想，在日常实践中，你有意识到算法的存在吗？能发现不同平台针对算法透明、假信息防范的措施有何不同吗？谁做得更好？谁能改进？这些算法透明措施的可及性如何？用户能很容易地找到吗？

结合之前几讲的内容，大家可以想一想，算法“作恶”是如何助力虚假信息的传播的，能举出几个具体的案例吗？也请思考一下，我们要如何利用探索黑箱的技术去理解平台在传播假新闻中的作用？

★延伸阅读

如果想更深入地了解算法及其社会影响，读者可以访问联合国算法和数据素养网站①，其中提供了非常多寓教于乐的小游戏，用户可以用非常简单的方法来上手制作算法，可以看到自己设计的算法会带来什么样的后果等。此外，由计算社会科学发起人之一锡南·阿拉尔撰写的《炒作机器》②一书，也从各个方面介绍了社交平台属性所产生的社会影响。

① https://algorithmliteracy.org/.

② 阿拉尔 . 炒作机器——社交时代的群体盲区［M］. 北京：中信出版集团，2022.

第三节　平台实践

在本讲的最后，我们还是回到防治虚假信息的问题上。由于社交媒体是假信息的多发地，平台也从多个方面来防治假信息的传播。

一、交互设计

当存在疑似或确定是虚假信息的帖子，平台会设置警告和提示标志。当用户的浏览体验被警告所打断，人们会对相关信息产生警觉。① 因此警告标志能够显著降低假信息的可信度。研究②发现，当在正常的帖子框架中高亮信息来源时，个体感知到的可信度能够提高 0.39 倍。当在正常的帖子框架中高亮对信源可靠性的打分，并显示该信源的可靠性相对较低时，人们感知到的可靠性会降低 0.33 倍。这表明添加额外的提示能够有效改变个体对在线信息的认知。

和改进算法相比，这种做法更容易做到（比如信源的可靠程度只需要与专门的事实核查网站合作就可以获得相关数据），能够有效提高假新闻传播的门槛。但是该措施的缺点是，如果在社交网站界面上添加过多的提示线索，可能会降低用户的使用体验。也会降低用户对提示的敏感性，起到事倍功半的效果。

二、众包

由于虚假信息识别算法的更迭速度赶不上各种虚假信息出现的速度；而虚假信息不只是词汇上的，更是隐喻上的；此外，虚假信息纷繁复杂的分类使得算法无法给出统一的识别方案。因此，平台方往往会采用众包的方法来弥补虚假信息识别算法的不足。众包也被称为人计算（human computation），也就是将识别虚假信息的任务外包给普通人，通过集合广大普通人的群体智慧，众包来完成复杂的任务。

例如常见的微博投诉按钮就是一种众包实践，针对每一条信息，用户都可以主动报告信息是否违反社区公约。在微博的举报办理平台上，举报双方需要举证，供站方和公众评判，证据和判定结果皆完全公开。

这项措施的好处是减少了平台方人力、时间和金钱的投入。完成的任务相较于构建算法具有更多的灵活性。而众包完成的识别任务，可以作为后续迭代算法的素材。但是不足之处在于可能会存在假投诉的情况，这样会干扰正常的虚假信息防治工作。

---

① ALTER A L. The benefits of cognitive disfluency[J]. Current Directions in Psychological Science，2013，22（6）：437-442.

② KIM A，Dennis A. Says who?：How news presentation format influences perceived believability and the engagement level of social media users[J]. 2018.

三、调控人

第三种方法是平台设立内容审查员，主要审查违背社区公约的涉及性、暴力、仇恨、恐怖主义等内容。Facebook 大约有 15,000 名内容审查人员。

四、其他措施

除了改变交互设计、设立审查员和众包，社交媒体平台也从算法等角度来防治虚假信息。Facebook 的实践展示了一些平台具体的策略方法。[1]

第一，减少虚假信息的传播。

- 在“新闻流”中降低虚假信息的显示。
- 对屡犯者采取行动。
- 减少反复分享虚假信息的网页和网站的曝光度。

第二，给看到虚假信息的用户提供更多背景信息。

- 提供关于虚假信息的背景。
- 当有事实核查人员撰写的文章能提供更多信息时，用户会看到一个提醒，可以点击查看。
- 通知分享虚假信息的人。
- 如果用户试图分享一个包含虚假信息的帖子，或者在过去分享过一个虚假信息，会收到通知。
- 虚假信息评级（针对事实核查员）。

第三，提供识别虚假信息的方法，并给予反馈

- 指导用户学会识别虚假信息。
- 提醒用户注意什么可以帮助其在阅读和分享时做出更明智的决定。
- 为用户提供反馈虚假帖子的渠道。
- 呼吁事实核查人员对内容进行评级。
- 如果认为事实核查有误，请及时反馈。

思考

1. 真人水军是否在其行为目标、影响和治理对策上需要和水军机器人画等号？为什么？

2. 有人秉持“工具理性”的观点，认为工具是无罪的，问题在于使用工具的人。所以不应该斥责算法作恶，而是应该斥责使用算法的人（尤其在面对反馈回路的机制

① https://transparency.fb.com/en-gb/enforcement/taking-action.

时）。你是否认同这样的观点？为什么？

3. 在日常生活中，你做过对抗算法的行为吗？比如关闭推荐系统、屏蔽自己不喜欢或者喜欢的标签、密集地点击某类信息。为什么这样做或者为什么不这样做？

练习题

1. 针对某一热门话题，观察话题下讨论用户的特性，用识别机器人的方法判断参与讨论的一些用户是否为机器人。

2. 假设对某一社会热点话题进行舆情分析，你会采取哪些策略以及什么样的步骤快速又准确地过滤掉机器人信息，还原真实的舆论？

3. 针对某一算法，提出算法是否“作恶”的假设，设计方案探索算法的黑箱，并用数据验证自己的假设。

第八章　公众与事实核查

本章要点

1. 事实核查可能的负面影响以及对策。
2. 个人与社会层面使得虚假新闻难以治理的原因。
3. 公众层面有效的防治虚假信息的方法。

前一章我们探讨了媒体以及社交平台防范假信息的相关措施。在学习完事实核查的技巧之后，我们要更进一步发问，核查作为一种报道类型对改变公众的观念是否有用？有多大的作用？事实核查作为一种报道类型会带来反面效果吗？为什么？怎么做才能遏制事实核查的反面效果，让事实核查更有效？

更进一步，在前面几章中，我们的角色是从事事实核查工作的媒体从业人员。但是“求真”不只是媒体从业人员的责任，社会中的每个人都有“求真”的需求。那么有哪些现实阻碍了我们去寻求真相？是否存在普遍干预策略，能够有效地提升全民对待虚假信息的免疫力？这是本章将要讨论的内容。

第一节　事实核查的心理影响

一、事实核查的影响有多大

事实核查作为一种报道类型，对个体改变观念能有多大的影响？沃尔特等人对学界涉及事实核查效果的研究进行了系统性分析。[①] 他们发现事实核查对信念的改变有影响，其效应值 d 为 0.29。依据效应值大小的评判标准，这样的效应值大约在小到中等水平。研究进一步发现这种更正效应的异质性很大，意味着在不同人群和不同情境

① WALTER N，COHEN J，HOLBERT R L，et al. Fact-checking：A meta-analysis of what works and for whom[J]. Political Communication，2020，37 (3)：350-375.

下事实核查的效果是有差异的。

具体而言，揭穿对立态度、支持已有态度的信息更正，效果大于揭穿已有态度支持对立态度。这印证了学界对事实核查的核心忧虑：事实核查对于支持先前存在的信念是有效的，但纠正既成观念的作用可能非常有限。此外，没有添加事实核查量表图的文章，效果大于添加了量表图的文章，也就是说，事实核查组织发明的那些衡量错误程度的量表图，实际上并没有太大作用。而驳斥整个事实的效果大于驳斥部分事实的效果。

同时，一些事实核查因素也起到了反向作用。第一是词汇复杂程度。当用词的多样性和复杂性相对较高时，个体更不可能接受更正的观点。第二，读者的政治老成也会起到反面的作用。它代表的是一种怀疑态度和丰富的知识经验。政治老成的人通常会对信息持有怀疑态度，所以这类人既不会轻易相信假信息，也不会轻易相信核查信息。不过以此反推，这一反面结果告诉我们，要培养一种持续的怀疑态度。正如辛纳特拉和宾特里奇所言[①]，当信息接收者希望获得正确的信息，并有足够的动力去关注、思考问题，并记住新的见解时，"打假"效果最好。最后，沃尔特等人也发现了对改变态度没有什么影响的因素，包括文本长度、核查的文章是否带标识，以及是否提及核查组织的权威性。

二、事实核查的反面效果

（一）事实核查反面效果分类

虽然说事实核查文章总以改变人们的已有观念为目标，但是人们阅读这样的文章并不必然会带来观念的改变，有时甚至会带来反面效果，加深已有的、本质上是错误的观念。这种反面效果主要表现在传播广度、重复次数和持续时间三个层面。

1. 从传播广度而言

对于核查或者辟谣信息的分享存在一个传播悖论：成功地纠正少数错误的信仰者，可能要以误导许多旁观者为代价。因为核查方会期望将核查信息传递到更广的受众面前，以增加事实核查的效果，但是这样的行为会将假信息顺带传播给那些并不知晓原信息的受众。造成的结果之一是核查方会助长假信息的传播。

2. 从重复次数而言

受众对核查信息接触次数的增加会增加假信息的可信度。斯克尼科等人[②]做了一项研究，他们让老年人和年轻人阅读如"鲨鱼软骨对关节炎有好处"等陈述，这些陈述被标记为"真"或"假"。参与实验的群体有一半是接触此类陈述一次，有一半接触同样的信息三次。研究者发现，如果在接触信息后立即做测试，检验参与者的回忆

---

① SINATRA G M，PINTRICH P R.（Eds.）. Intentional conceptual change[M]. London：Routledge，2003.

② SKURNIK I，YOON C，PARK D C，et al. How warnings about false claims become recommendations[J]. Journal of Consumer Research，2005，31（4）：713-724.

程度，接触次数对真假判断有积极的影响，即当一条陈述被告知是假的次数越多，个体在测试中接受该陈述的可能性越小。但是当三天后做同样的测试，却出现了相反的结果：当阅读时被告知陈述是假的次数越多，参与者在三天后更有可能认为该陈述是真实的。这种现象在老年人中尤其明显。

接触次数还能够增加信息来自可靠信源的信念。弗拉加莱和贺斯[①]给受试者呈现了两到五次诸如“用于桶装泡面表面的蜡被证明会导致大鼠患癌”的陈述，参与者被告知，有些陈述来自可信度较低的《国家询问报》，有些来自可信度较高的《消费者报告》。在阅读完毕之后，受试者被询问所读陈述可能来源于哪个信源。结果发现，当一条陈述被呈现的次数越多，人们就越有可能将其归于可信度较高的《消费者报告》而不是《国家询问报》。

在以上两个实验的过程中，个体在回想时，已经不再能回忆起陈述最初是被标记为真还是假，但是重复的陈述能让人们体验到更容易处理和熟悉感，这使得重复的陈述被认为是真实和可靠的，无论其真假与否。

3. 从作用时间而言

事实核查的反面效果也体现在作用时间上。首先，这表现在过往观念的持续影响。个体根深蒂固的观念会影响其当下的推理和判断，即使信息内容最近已经进行了更正，这被称为持续影响效应（Continued Influence Effect）。

其次，即使个体对信息没有既有的态度，信息（无论是假信息还是核查信息）没有被重复多次，随着时间的推移，个体也会模糊信息正确与否的记忆。加西亚 - 马克斯等人[②]做了一项实验。实验要求参与者阅读一些陈述，他们被告知这些陈述有一半的概率为假。阅读完之后，研究者给参与者呈现一系列新的陈述，并要求判断其真假。其中有一些是参与者阅读过的（比如鳄鱼睡觉时眼睛睁着），有一些未被呈现过，并且与呈现过的陈述相矛盾（比如鳄鱼睡觉时眼睛闭着）。结果发现，当个体阅读到与之前一致的陈述，其更有可能判断这些陈述为真。而与控制情况和一致陈述相比，矛盾陈述最不可能被判断为真。这与我们之前说的熟悉带来可信感结论一致。但是当这些参与者一周后再做判断，情况出现了反转：矛盾陈述和一致陈述的正确性评估几乎没有分别，并显著高于控制组。这意味着随着时间的推移，个体会混淆陈述真假与否的关键细节，而相似的文本会因为熟悉感而被认为更真实。

在业界也有相似的事情发生。20 世纪中期，李施德林的广告一直错误地声称其漱口水有助于预防或降低感冒和喉咙痛，这样的虚假广告传播了 50 年之久。美国联邦贸易委员会强制要求其发布纠正广告，明确撤回欺骗性声明。于是李施德林在历时

① FRAGALE A R，HEATH C. Evolving informational credentials：The（mis）attribution of believable facts to credible sources[J]. Personality and social psychology bulletin，2004，30（2）：225-236.

② GARCIA-MARQUES T，SILVA R R，REBER R，et al. Hearing a statement now and believing the opposite later[J]. Journal of Experimental Social Psychology，2015，56：126-129.

16 个月的时间里，花费 1,000 万美元投放更正广告。发布后的调查发现，有 42% 的用户继续认为该产品仍被宣传为有效的感冒药，有 57% 的用户表示该产品声称的药用效果是他们做出购买决定的关键因素。

（二）核查产生反作用的心理机制

为什么核查的信息会带来反向的作用，学者从多个方面进行了解释，而这些解释也会指导我们设计更好的事实核查新闻。

1. 心理模型

心理模型指的是人们对现实世界中事物如何运行的解释。每个人对现实的理解就像一幅拼图，在同一逻辑下，不同的信息和观察被组织起来。这些信息和观察可能是不准确的，但是这些信息相互印证，互为一个体系。采用事实核查或者别的方法，去除其中一条信息存在的合法性，剩下的部分仍然可以依据其系统逻辑稳固地运行着。而在被去除一块的地方，新的或者说真的信息也不能完全贴合地嵌入，反而会造成理解的连贯性出现困难。因此，人们倾向于用不准确但是与自己既有观念一致的信息来填补逻辑的空白。比起不完整的模型，个体更偏好不准确但是完整的模型。

就以古希腊的天文观而言，“地心说”的观念就是基于一系列现实的观察而得出的结论，比如观察到地面是静止的，观察到太阳月亮每日在天空上以地面为中心起落，观察到重物向任何方向抛出都会落回地面。如果提出“地球围绕太阳旋转才是真”的陈述，它虽然替代了“太阳围绕地球旋转”的位置，但是它并不能回答与日常观察相矛盾的地方，比如为什么重物抛出后不向太阳飞去。可想而知，生活在古希腊的人们，即使了解了“日心说”，也并不会将其视为颠覆性发现。

2. 流利度和熟悉度

直接或间接地重复虚假信息，虽然目的是为了纠正错误，但是却会提高人们对它的熟悉度。由于人们通过评估某个特定想法出现的容易程度来判断证据的可靠性，因此个体越熟悉的陈述，即使它是假的，也被认为是可靠的。

这也与我们将会讲到的人类的两个认知系统有紧密的联系（见本章第二节）。在慢通路里，人们会依据客观现实和证据，仔细考量信息的质量进而确认其正确与否，但是在快通路里，像流畅度这样非常直观的指标却成了评判标准。

比如下面一段关于游离糖的陈述。这段文字一开始界定游离糖是额外添加的糖，后面又说蜂蜜、糖浆、果汁中天然存在的糖也属于游离糖，在普通读者的眼里这些并非额外添加的糖。在阅读过程中，这些矛盾点产生的不流畅感，会影响受众对其的接受程度。

> “游离糖”是指厂商、厨师或消费者额外添加到食品中的糖，比如常见的方块糖、冰糖、白砂糖、蜂蜜、糖浆、果汁中天然存在的糖。

3. 检索失败

人们在在处理反驳信息时，需要额外增加“否定标签”。这样额外的标签需要额外的认知资源去激活。比如一条“10 万只浙江鸭子出征巴基斯坦灭蝗”的信息，当个体被要求记忆"'10万只浙江鸭子出征巴基斯坦灭蝗'是假新闻"的辟谣信息时，每次回忆都会强化"10万只浙江鸭子出征巴基斯坦灭蝗"这一原本的陈述在大脑的记忆，并且只有首先回忆出该陈述，其为假的额外信息才有可能被激活。

（三）减少反作用

如何减少事实核查的反作用呢？莱万多夫斯基等人[①]针对反作用的四个方面，提出了相应的建议。

第一，针对假消息的持续影响效应（即尽管有核查、纠正或者撤稿，人们依然相信错误的信息），莱万多夫斯基等人给出的建议是：第一需要做到填补空白。具体到事实核查实践，我们不能只追求否认一个陈述，更需要提供解释，用来填补个体逻辑中否认陈述后留下的空白。我们需要解释为什么错误陈述被认为是正确的，解释错误陈述出现和传播背后的动机；此外，新的解释必须整合到现有信息中，并且这种解释需要简单而不是复杂。第二个建议是，需要使用重复的方法不断地强调事实，增加事实出现在公众面前的曝光率，但是要在不强化假信息的情况下强化事实。

第二，针对熟悉带来的逆火效应（即重复假信息会增加个体对其的熟悉度，在脑内强化它），莱万多夫斯基等人给出的建议是：第一需要强调事实，避免重复假信息。比如下图针对一个截图进行的辟谣，它只对截图和谣言内容进行简单的文字描述，并未直接引用原始假信息和假图片，这避免了虚假信息的二次传播（图 8-1）。

钟南山没打新冠疫苗

假

流传说法：近日，一条"钟南山一针疫苗都没打，却要求全国人民打"的聊天记录在圈群中传播。还附有一张截图，截图中的姓名为"钟**"，照片疑似是钟南山院士，疫苗显示"无接种记录"。

较真鉴定： 假谣言

查证要点：

1 早在2021年5月14日，人民网公开播放了钟南山接种疫苗的现场视频。钟院士在视频中称近期已接种了疫苗，并呼吁大家尽快接种。

2 网传聊天记录截屏与某地"健康宝"小程序的截屏高度相似，经测试发现该小程序仅能查询居住地或疫苗接种地为本地人士的疫苗接种信息，对非当地人士的查询不予支持。因此按此种方式查询钟南山院士的疫苗接种情况，从而得出"钟南山没打疫苗"的结论并不可信。

查证者： 上海辟谣平台　解放日报·上观新闻运营的辟谣新闻和辟谣服务网络平台

图 8-1　一则辟谣消息，来自腾讯较真平台

① LEWANDOWSKY S，ECKER U K H，SEIFERT C M，et al. Misinformation and its correction：Continued influence and successful debiasing[J]. Psychological science in the public interest，2012，13（3）：106-131.

第三，在暴露在假信息之前就提供提醒。提醒受众即将看到误导性信息，需保持警惕。这是社交媒体常用的防治虚假信息的措施。即在存在争议或是被辟谣的信息上列出醒目标识。这可显著提高个体的警觉，激发人们对信息更详细的考察，进而降低信息的可信度。

但需要注意的是，事前警告的作用可能是有限的。虚假信息的一大来源是虚构作品，很多人会误将虚构作品中的内容作为真实的知识。即使如“本故事纯属虚构”的声明出现在作品的开头，也很少有人会警觉和留心虚构内容的错误之处。① 相类似的，在面对标明“推广内容”的网页广告时，调查发现仍有 82% 的美国高中生会将其认作真实的新闻。②

第三，针对过度反驳的逆火效应，（即简单的假信息比复杂的反驳在认知上更有吸引力），莱万多夫斯基等人给出的建议是：第一，反驳需要简单。在反驳假信息时使用较少的论据。多使用图表也是不错的方法，因为图表更为直观。第二是要在日常培养公众健康的怀疑精神。正如本章开头的系统性分析所发现的，驳斥整个事实，比驳斥部分事实效果要好，词汇复杂性越低越好，而对信息来源持怀疑态度，可以显著减少错误信息的影响。

但是需要注意的是，过度简化会造成新的误解，这在报道科学发现时尤为明显。2004 年《自然》发表过一项研究。研究者在文章中声明，“鉴于一些关键的假设，在‘适度’气候变化的情况下，研究中所考虑的 1,103 个物种中，有 15% 到 37% 将在 2050 年之前趋向灭绝”。这意味着，在满足研究设定的条件下，特定物种的居住条件将不适于它们长期生存。但是该论文被报道时，却遭到了过度简化。③ 在所有 29 个相关报道中，大部分报道将研究结果描述为“百万或者更多物种灭绝”，却没有一家媒体提及灭绝结论的尺度和范围。如表 8-1，其中 1 至 6 是媒介使用的不恰当陈述，而 7 至 10 是能够从该研究中得出的正确结论。可以看到新闻报道几乎都过度地简化了研究内容，进而宣扬了误导性结论。

表 8-1 媒体对一项科学研究的报道（Ladle et.al.，2005）

内容	主要报道	次要提及
1. 百万或更多物种灭绝	14	7
2. 2050 年物种灭绝	10	3
3. 所有陆地生物的四分之一灭绝	1	2

① MARSH E J，FAZIO L K. Learning errors from fiction：Difficulties in reducing reliance on fictional stories[J]. Memory & Cognition，2006，34（5）：1140-1149.

② MCGREW S，BREAKSTONE J，ORTEGA T，et al. Can students evaluate online sources? Learning from assessments of civic online reasoning[J]. Theory & Research in Social Education，2018，46（2）：165-193.

③ LADLE R J，JEPSON P，WHITTAKER R J. Scientists and the media：the struggle for legitimacy in climate change and conservation science[J]. Interdisciplinary Science Reviews，2005，30（3）：231-240.

续表

内容	主要报道	次要提及
4. 所有陆生动植物的四分之一灭绝	7	1
5. 所有陆地生物的三分之一灭绝	2	0
6. 所有陆生动植物的三分之一灭绝	1	0
7. 报道灭绝的尺度和范围	0	0
8. 基于数百万个未识别的物种	0	0
9. 到 2050 年只有少数物种实际灭绝	2	0
10. 使用了“趋向灭绝”的措辞	1	0

第四，威胁世界观会加强最初持有的信念。那些有坚定世界观的个体，是很难接受逆世界观的陈述的。但是这样的个体往往也是最需要被说服的对象。对此的建议是，首先要以肯定世界观的方式构建证据。其次要肯定个人的价值。对读者个人价值的肯定，会增加他们对证据的接受度。

比如，古道尔作为动物保护主义者，受到了反对动物保护者的诘难。古道尔在《点燃希望》[①]一书中记录的一段论辩如下：

她（一位支持动物试验者）有个女儿心脏有毛病。她女儿能得救，就是因为在狗身上做了许多试验。她属于“支持用动物做试验的组织”。

那位妇女劈头盖脸地数落我，说什么如果要照我说的，她女儿早就死定了，还说我这样的人使她感到恶心。

等我终于有机会说话的时候，我告诉她说，我母亲的心脏上就移植了猪的瓣膜。那瓣膜是取自屠宰后供应市场的猪，可是手术程序却是根据在实验室猪身上所做的试验。我也很喜欢猪，猪的智力跟狗差不多——而且往往有过之。我非常感谢那头救了我母亲命的猪，感谢那些为手术成功而受到痛苦的猪。所以我愿意尽我的努力来改变猪的生活条件——包括实验室里的和农场上的。难道你不感谢那只救了你女儿一命的狗吗？我们要努力找到其他方法，目的是为使未来不再用狗——或者猪——来做试验品，难道你不愿意支持这样的努力吗？

可以看到她并没有直接反驳，否定反对者女儿手术的合法性，却巧妙地运用了肯定个人价值和世界观的方式，认可反对者母爱的动机，并与之共情（两个人有共同的经历），进而解释为什么要去做动物保护。这样的讲述有事半功倍的效果。

① 古道尔．点燃希望[M]．祁阿红，译．上海：上海译文出版社，2022：198.

第二节 公众与事实核查

虚假信息并非随着互联网发展而产生的新兴事物，可以说人类生活将永远与真假信息相伴。我们需要承认这样的现实，理解原因，在此基础上才能更好地探讨如何防治虚假信息。在之前介绍中，我们从传播方式切入，探讨虚假信息是一种顽疾。在本章，我们将从心理与社会层面探讨虚假信息为何难以根除。

面对防治虚假信息的“持久战”，有哪些被证明行之有效的干预策略？我们作为社会的一分子，如何参与防治假信息的进程？这也是本节将要讨论的内容。

一、现实情况

（一）个人层面

在理解假信息的传播时，首先我们需要理解个体新闻消费的过程。事实核查的目标在于求真，但是信息消费不是以求知、求真为首要目标。人们消费信息不只是为了接收信息，同样也是为了娱乐、人际沟通、逃避现实。人们分享信息是为了满足、社会互动、互惠、自我认同和利他。① 甚至只要新闻标题能够满足这些需求，即使完全并未阅读新闻的全文，人们也会分享这些信息。实证研究发现，社交平台上 59% 的新闻在分享前都未被点开过。② 虚假信息的传播，正因为它们的内容能够满足个体各方面的心理需求。

其次需要理解人的认知存在的两种思维系统：一个被称为快通路、直觉性系统，这里称其为系统 1，它的加工特点是快速、无须意识启动、自动和情绪化的。另一个被称为慢通路、分析性系统，这里称其为系统 2，它的加工特点是缓慢、需要意识参与、费力和逻辑性的。在常规认知里，“人是理性的”，但现实中却恰恰相反，由于分析性系统启动较慢、需要额外的意识支持，在很多情境下，都是由直觉性系统在第一时间来主导人的决策。③ 个体认知虚假信息的情形也是如此。

施瓦兹和贾伯特总结了人们判断信息是否真实的五条标准（表 8-2）：

① AN J，QUERCIA D，CHA M，et al. Sharing political news：the balancing act of intimacy and socialization in selective exposure[J]. EPJ Data Science，2014，3：1-21.

② GABIELKOV M，RAMACHANDRAN A，CHAINTREAU A，et al. Social clicks：What and who gets read on Twitter?[C]//Proceedings of the 2016 ACM SIGMETRICS international conference on measurement and modeling of computer science. 2016：179-192.

③ 卡尼曼 . 思考，快与慢[J]. 中国对外贸易，2013，3：60.

表 8-2 检验真实的标准（Schwarz，& Jalbert，2020）[①]

标准	分析性评估	直觉性评估
1. 兼容性：是不是和我已经知道其他事情相容	是否与我已有的或者权威信源的知识相容	文字读起来顺畅吗
2. 连贯性：内容是否连贯	文章的组织是否有逻辑、证据是否支持结论	文字读起来顺畅吗
3. 可靠性：是否来自可信赖的信源	信源是否有专业知识、是否利益相关、值得信赖吗	信源是否听起来熟悉和可靠
4. 一致同意：别人相信它吗	朋友怎么说、民调怎么说	信息听起来熟悉吗
5. 证据：是否有支持性证据	是否存在同行评审的科学文章作为支持性证据	是否很容易就能想起来一些佐证

这些标准被满足时，个体便会接受信息。当分析性评估（系统 2）被激发，人们会将信息对照自己的知识体系；会注重内容的逻辑性，会思考证据是否支持结论。可靠性需求下人们会思考信源是否有专业知识、是否利益相关、是否值得信赖。一致同意需求下人们会去寻找专家的意见。证据需求下人们会寻找高质量的证据，比如是否存在同行评审的科学文章作为支持性证据。

但是人们也能够使用直觉性评估（系统 1）来思考信息是否满足这五条标准。在系统 1 下，评判兼容性和连贯性靠的是评估信息读起来是否顺畅、故事的戏剧性和词汇的复杂性。词汇越复杂、故事读起来越不顺畅，个体更有可能认为陈述是假的。评判可靠性依据信源的名字是否容易发音，是否有熟悉感。如果信源的名字更容易发音，更有可能认为是真的。一致同意需求下人们仅会去评判信息听起来是否熟悉。前一讲所说的“三人成虎”就是通过营造虚假的群众意见来影响人们对事实的判断。证据需求下人们会思考是否很容易就能想起来一些佐证，有时候身边人案例的重要性高于科研文章，因为身边人的案例更为鲜活。

由于系统 2 运行和触发的速度远不及系统 1 的速度。个体在进行在线新闻消费时通常也不会投入过多的时间和精力。因此直觉性评估会主导我们评判信息真假的过程。不过因为两个系统运行机制的存在，我们也能利用一些简单的不涉及内容论证的方法，来阻碍人们消化信息的速度，比如第七章谈及的平台层面阻止阅读流畅性的方法。

（二）社会层面

就像之前所说的传播悖论，事实核查的内容设计需要吸引人们注意，同时将内容传递给需要它的人。数字鸿沟是其中不可忽视的问题。它指的是不同人群接触和使用数字媒体的差异。提供信息来告知真伪，前提是大众能够触及这方面信息。不可否

① SCHWARZ N，JALBERT M. When（fake）news feels true：Intuitions of truth and the acceptance and correction of misinformation[M]//The Psychology of Fake News. London：Routledge，2020：73-89.

认，互联网提供了海量的信息，事实核查媒体主要在互联网上从事辟谣工作。但并不是每一个人都有资源和能力去寻找这些信息，更别提后续甄别信息的技能需求。

数字鸿沟可以分为三级。第一级的鸿沟涉及硬件条件，包括是否拥有数字设备、网络和带宽等。这方面的研究多集中于互联网发展和普及的早期阶段，因为普及硬件是首要任务。随着硬件设备的普及，研究者提出了二级鸿沟。它涉及使用数字设备技能的差异。比如和媒介相关的软件与操作技能，和信息内容相关的社交技能、信息搜索技能，多样化地使用网络的技能，以及广义的数字素养等。更进一步，研究者提出了三级鸿沟。它涉及的是个体是否有能力通过数字媒介的使用而获得积极的后果，比如心理幸福、社交和知识等。

了解了数字鸿沟概念之后的问题是，我国一级、二级数字鸿沟的现状如何？第49次《中国互联网络发展状况统计报告》① 显示，截至2021年年底，我国的手机普及率为72.8%，农村地区互联网普及率为57.6%。60岁及以上老年人互联网普及率达43.2%，其中能独立完成查找信息的有46.2%。这意味着60岁及以上老年人中仅约20%拥有网络信息查找的能力。2017年中国综合社会调查数据显示②，56.46%的城市老年人未曾使用互联网，而在农村地区，该数字是91.88%。这些数字告诉我们，在呼吁提升媒介素养之前，仍然有必要普及信息获取方式和技能。有相当部分的公众仍然处在一级数字鸿沟的劣势中。

二、干预策略

（一）接种理论

在虚假信息防治领域，“疫苗接种”是常被提及的措施。这里的疫苗不是采用生化手段制作的对抗病毒的疫苗，而是用文字构造的预防虚假新闻的信息。我们知道，疫苗将小剂量的病菌注入人群体内，引发身体的免疫反应，但是由于剂量很小，所以不会对身体带来如真正病菌一样大的伤害。免疫系统记住了病菌的模样，产生了相应的抗体。这样在真正的病菌到来时，免疫系统能够产生大量抗体以抵抗病毒。基于类似的原理，研究者对于虚假信息也提出了一种接种“疫苗”的方案。即给公众提前演练和警告虚假信息的存在，揭露其论证技巧，这样在未来公众能够对虚假信息产生免疫能力。具体来说，“接种”内容侧重情感和认知两个层面。在情感层面，“接种”内容需要发出警告，提示读者即将阅读对一个人先前信念的威胁和攻击；在认知层面，则要从逻辑上反驳即将看到的论点。

从接种深度而言，接种假信息有三个层次。第一层是被动阅读特定辟谣。比如针

① 中国互联网网络信息中心．第49次中国互联网络发展状况统计报告[R/OL].（2022-02-25）[2022-08-11]. http://www.cnnic.cn/hlwfzyj/hlwxzbg/hlwtjbg/202202/P020220407403488048001.pdf.

② 冉晓醒，胡宏伟．城乡差异、数字鸿沟与老年健康不平等[J]. 人口学刊，2022，44（3）：46-58.DOI: 10.16405/j.cnki.1004-129X.2022.03.004.

对某一特定谣言的反驳。这从接种设计而言相对简单，因为有明确的反驳对象。但是这样接种的效用相对较小，因为它只适用于某一种特定的虚假信息。由于适用范围狭窄，其所能触及人群规模以及作用时间也是有限的。

第二层是被动阅读广义辟谣。这一层次的接种范围扩大了，这从设计辟谣文本而言有一定难度，因为它需要针对一类而不是一条信息，但是它的效用相对提升。比如由剑桥大学、布里斯托尔大学和 Google 的 Jigsaw 合作发起的真理实验室，它以“接种”预防虚假信息为目标制作了五段视频。这些视频针对的是唤起情绪、论证不连贯、错误的二分推理、替罪羔羊、对人不对事的攻击这五个虚假信息的广义特征。[①]

第三层则是让参与者尝试自己制作“假新闻”。和之前的阅读相比，如此主动地参与，能够加深个体对假新闻产生和传播机制的理解，进而获得最大的效用。但是这样干预程序的设计也是最难的。联合国教科文组织协办的算法素养教育网站可以作为参考。[②]其中的科普小游戏《选择你自己的假新闻》，[③]让参与者亲自参与假新闻的产生过程。在玩小游戏的过程中，个体能够对假新闻以及假新闻的目的有更深刻的记忆。在真理实验室的网站上，同样有和虚假信息相关的游戏供人参与。[④]

范德林登等人对于虚假信息接种（或者说辟谣）的效用进行了研究，[⑤]除去特定辟谣和广义辟谣两个条件，研究者还设计了只看到假信息或真信息、同时看到假信息和真信息，以及真假信息都没看到的基线组作为对照。研究发现，和基线组相比，接种有效地改变了公众的观点，阻止了假信息对个体观念的影响。不过，接收辟谣信息时个体观念改变的程度还是不能与阅读真信息相比。而结果也发现特定辟谣的效用高于广义辟谣。这意味着广义辟谣虽然铺大了针对的“面”，但是降低了单一信息的辟谣效用，深度略显不足。

（二）纠正

除去机器识别、官方辟谣、加强教育外，是否有其他有效的手段能够杜绝假信息的传播？有些学者关注到纠正的行为。其基本理念是，人在没有外人指出的情况下，是无法知道自己传播了一条假信息的。当有外人提醒信息为假，人们更有可能去重新审视自己传播的信息。另外，这种个体自发的纠正也更能触及算法无法触及的虚假信息及其易感对象。

个体什么情况下才更容易接受纠正？马戈林等人[⑥]分析了社交网站上用户发布信

① https://inoculation.science/inoculation-videos/.

② https://algorithmliteracy.org.

③ https://chooseyourownfakenews.com/.

④ https://inoculation.science/inoculation-games/.

⑤ VAN DER LINDEN S，LEISEROWITZ A，ROSENTHAL S，et al. Inoculating the public against misinformation about climate change[J]. Global Challenges，2017，1（2）：1600008.

⑥ Margolin D B，Hannak A，Weber I. Political fact-checking on Twitter：when do corrections have an effect?[J]. Political Communication，2018，35（2）：196-219.

息下的评论，尤其关注存在评论纠错的帖子。他们发现差异的核心在于评论双方是否是关注或被关注的关系。在个体接受纠正的案例中，有 73% 是来自互相关注朋友的纠正，39% 来自陌生人的评论；而在个体不接受纠正的案例中，有 27% 来自互相关注朋友的纠正，61% 来自陌生人的评论。而个体有多少关注和粉丝量以及谣言的类型，则不影响个体接受纠正的可能性高低。这意味着我们作为更广大人群的亲友，在阻止虚假信息传播上能起到非常强大的作用；意味着对于我们目及之处的虚假信息，我们要尽可能主动地去纠正。

有研究者设计了一种面向用户的社交机器人，[①]这种机器人被用来评论用户发布的仇恨信息。在识别出有伤害性的内容后，机器人账户会在相关信息下回复，内容比如“嘿，兄弟，请记住当你发表这些言论的时候，会有真实的人受到伤害”。研究者发现这样的干预措施能够显著减少伤害性内容的出现。

（三）提升素养

对于大众而言，提升相关素养非常有必要。有几种素养与虚假信息相关，包括新闻素养、媒介素养与信息素养。它们相当接近，相互联系，又各有侧重。其中，新闻素养指的是个体对新闻生产、传播和消费的社会过程的了解，以及对这些过程进行控制的技能水平。[②]媒介素养指的是获取、分析、评估各种形式的信息的能力。[③]信息素养指的是培养思维习惯和参与信息丰富的社会实践。[④]

以新闻素养为例，它要求人们明白新闻并不是现实的直接映射，明白很多因素会左右新闻生产的过程，包括个体因素（选择性曝光）、组织因素、社会因素等，也需要明白这些因素是如何影响新闻的生产、流通和消费过程（表 8-3）。

表 8-3　新闻素养的维度（Vraga et.al，2021）

领域	解释	涉及理论
背景	新闻生产所处的社会、法律和经济环境	把关理论、层次影响模型
制造	记者和其他人参与构思、报道并最终创作新闻报道和其他新闻内容的过程	把关理论、层次影响模型，尤其是在个人和日常层面的影响
内容	新闻报道区别于其他类型媒体内容的质量特征	新闻的属性对受众行为和认知的影响
流通	新闻被分发和传播给潜在受众的过程	把关理论、媒体间议程设置、新闻网络研究

① Munger K. Tweetment effects on the tweeted：Experimentally reducing racist harassment[J]. Political behavior，2017，39（3）：629-649.

② Vraga E K，Tully M，Maksl A，et al. Theorizing news literacy behaviors[J]. Communication theory，2021，31（1）：1-21.

③ Vraga E K，Tully M，Maksl A，et al. Theorizing news literacy behaviors[J]. Communication theory，2021，31（1）：1-21.

④ Addison C，Meyers E. Perspectives on information literacy：A framework for conceptual understanding[J]. Information research：an international electronic journal，2013，18（3）：n3.

续表

领域	解释	涉及理论
消费	接触、关注和评价新闻的个人因素	选择性回避、选择性接触和注意研究、敌对媒体效应

关于媒介素养，周葆华和陆晔①在2008年对中国公众的媒介素养进行了调查。他们调查了4个维度：（1）思考：喜欢在读新闻时寻找“弦外之音”；（2）质疑：对新闻报道提出疑问；（3）拒绝：有时拒绝接受新闻报道里的某些观点；（4）核实：有时会通过其他途径来核实某个报道。调研发现，中国公众更多地使用拒绝作为主要的手段。而核实是四个维度中分值最低的，意味着中国公众核实新闻内容的意愿比较低。虽然这篇文章成文于2008年，但它提醒我们：对抗虚假信息，道阻且长！

在大众层面的媒介素养提升有赖于科普教育。斯坦福大学的公民在线推理项目②提供了一个不错的范本。该项目设立于2014年，以帮助大众提高判断网络信息可信度的能力为目标。该项目的研究者设计了针对不同年龄段学生的教学方案，比如初中生需要区分新闻和评论，高中生要学会比较不同用户提供证据的可信度，大学生需要有能力去核实争议话题的观点。详细的教学方案、教学素材、评估材料和科研成果都免费向大众开放。

（四）未回答的问题

本节主要从公众视角来探讨虚假信息的防治，但是仍然有很多未及的问题。虚假信息传播和防治中的参与者不只有公众、媒体和信息发布方，还有平台、广告商、政府等。这些参与者在虚假信息传播的过程中各自应该起到什么样的作用？我们如何更好地使用立法与行政手段来防治虚假信息？这些问题留待同学们思考。

思考

1. 你喜欢的辟谣文章和辟谣平台，具有哪些别的文章和平台不具有的特征？

2. 平时你浏览新闻主要出于什么动机？娱乐、学习、逃避现实或其他？

3. 老年人常常难以分辨虚假信息，从社会和个人的角度，思考如何有效地帮助老年人掌握识别虚假信息的技能。

4. 社交媒体平台在个人主页显示IP属地、在评论区展示发评人IP属地，你认为这样的功能能够有效阻止虚假信息的传播吗？为什么？

① 周葆华，陆晔．从媒介使用到媒介参与：中国公众媒介素养的基本现状［J］．新闻大学，2008（4）：58-66.

② https://cor.stanford.edu/.

练习题

1. 尝试将一篇科研论文写成新闻通稿，并邀请专业人士评估新闻通稿是否准确地传达了科研论文的意思。

2. 选定一类虚假新闻话题（如食品健康、运动康复等），尝试撰写广义而非针对特定内容的辟谣信息。

3. 寻找公开的媒介素养问卷，测试自己的媒介素养水平。

第九章　全球事实核查媒体

本章要点

1. 从事前核查到事后核查的变化。
2. 美国和欧洲的事实核查媒体。
3. 亚太和非洲的事实核查媒体。
4. 中国与虚假错误信息做斗争的实践。

由于媒体一词的多义性，媒体既可以是网络平台，也可以是机构媒体，还可以是小众团体甚至个人在社交平台上的自媒体账号。

网络时代信息发布门槛降低，参与用户众多，信息传播速度加快，各种新技术手段层出不穷，文字、图像、声音、视频可以随意进行修改、裁切、剪辑、拼接、重组，基于人工智能的深度伪造技术，可以合成人脸、模拟语音、生成视频等，网络上活跃着大量机器水军，社交媒体上充斥着各种难辨真假的信息。2019 年《牛津英语词典》将“后真相时代”选作年度词，这提醒人们，当人类社会进入网络时代，网民们更愿意相信自己的感觉和情感，愿意获取自己想听和想看的信息，而真相反而退居其次，无论是新冠疫苗，还是俄乌冲突，“后真相时代”都左右着人们对信息的选择。为了取悦网民，获取点击量，从注意力经济中获得经济利益或政治利益，互联网成为各种利益博弈的战场。

为了治理互联网上出现的信息乱象，政府、立法机构、媒体、团体、个人等不同行动主体纷纷采取行动，这些行动包括但不限于：

通过立法打击虚假信息，以中国为例，实施网络后台实名制，设立新闻信息服务准入许可，界定违法信息的种类、边界和责任追究；

政府通过行政管理手段，要求互联网平台加强对虚假信息的监管和治理，定期检查通报，对问题严重者予以处理；

通过网络平台、机构媒体、个人等不同行动主体进行辟谣和事实核查等活动，广而告之，提高网民的信息素养。

由于各国国情不同，在对待虚假信息问题上，前两种手段不同国家之间有很大差异，但第三种手段有很多共性，这也是本章讨论的重点。

第一节 从事前核查到事后核查

事实核查一词由英文翻译而来，顾名思义，就是对内容中所涉及的事实进行核查，确保内容准确。

一、传统媒体的事实核查

早在20世纪20年代，《时代》周刊率先设立了事实核查团队，随后其竞争对手《纽约客》也专门设立了事实核查部门。

1947年，美国新闻自由委员会出版《一个自由而负责任的新闻界》，确立了大众传媒要对社会负有责任，要向大众提供真实、全面的事件描述；只有每个新闻从业人员、媒体管理者都担负起应负的个人责任，传媒业的整个大环境才会好起来。

20世纪中后期，新闻社会责任理论在新闻界兴起，更多报刊陆续设立事实核查部门或开展事实核查工作。作为新闻机构的一种重要的内部编辑机制，事实核查在很大程度上确保了新闻报道的真实性、准确性。

这类在编辑部内部设置人员和机构，在内容发表前进行真实性核查的做法，也被称作“事前核查”。

哥伦比亚大学出版社2012年出版了书籍《制作杂志的艺术：关于成为一名编辑和来自行业的观点》，其中第五章由《纽约客》事实核查主管彼得·坎比（Peter Canby）撰写，他对《纽约客》的事实核查工作做了详细介绍。[①]

> 防止错误出现在杂志中并不是一个简单的过程。
>
> 如果要核查非虚构作品，核查人员首先向作者了解该作品是如何组合在一起的，区分作者信源和编辑部信源，确保名字和日期正确，如果是约翰·麦克菲（John McPhee）[②]的文章，要确保他正确引用了美国地质勘测局（USGS）报告；如果是约翰·勒卡雷在作品中提及他父亲在1950年竞选议员，要确定那不是1949年或1951年。
>
> 如果要描述美国食品与药品管理局（FDA）对审批抗癌药物Erbitux的医学测试依据，就需要明白整个情况的复杂性。如果弄错了，会有严重后果。

① CANBY P. Fact-checking at The New Yorker：An excerpt from The Art of Making Magazines.［EB/OL］. OCT 23，2012 https://archives.cjr.org/critical_eye/fact-checking_at_the_new_yorker.php.

② John Angus McPhee，1931年3月8日出生于美国新泽西州普林斯顿，曾被《华盛顿邮报》称为“美国最好的记者”，是普林斯顿大学新闻学教授。作为非虚构创作领域的关键人物，他的书《前世年鉴》获得1999年普利策非虚构文学奖。

从 1952 年到 1987 年，《纽约客》有 8 位核查员。作家会在他们认为适当和有必要的情况下创作作品，通常会持续数年。一旦这些作品被杂志接受，工作人员就会进行编辑和事实核查，通常要持续数周甚至数月。

我和另外一名核查员花了两个月的时间来核查尼尔·席汉（Neil Sheehan）的《美丽谎言》①（*A Bright Shining Lie*）。席汉住在华盛顿附近，他家里的一个房间排列着 25 个文件柜，这些文件为这本书提供了资料。这些文件柜是重型工业文件柜，里边的文件都是单张纸。席汉用了 16 年来研究这些文件，他不可能把这些东西送到纽约，所以我们去了华盛顿。然后生活变得更加复杂，因为席汉失眠，他每天下午 3 点才起床。所以我们不得不调整日程安排。

今天的《纽约客》与过去最大的不同就是核查时间被压缩了。我们周四收到文章，下周三前要完成核查。过去，杂志内容是由作者驱动的，今天，杂志内容很多是由编辑部驱动的，然后分配给作者去完成。我们所核查的作品比之前处理过的任何作品都更具争议性，也远没有那么完善。

1983 年，珍妮特·马尔科姆（Janet Malcolm）撰写了一篇关于精神分析学家杰弗里·马森（Jeffrey Masson）的报道，事后她和杂志被控诽谤。直到 1994 年，法庭才完成此案审理，马尔科姆和《纽约客》摆脱诽谤指控。此案之前，作者通常会向我们提供书籍、杂志和新闻资料、电话号码等，但他们不会向我们提供笔记。此案之后，我们开始要求作者把笔记、录音带等原始材料交给我们，这让我们在处理故事方面有了更大的灵活性。我们会致电消息来源，当遇到有争议或敏感问题时，或者由于某种原因无法联系到相关人时，我们就有了可以依靠的笔记。对我们来说，理想状态是既用笔记，又打电话给相关人，因为笔记可能是错误的，就像其他一切一样。

处理某人的笔记不是一门科学，它需要审慎的判断力和强烈的感觉，只有通过实践才知道什么是可以接受的，什么是不可以接受的。

我们总是尽全力让文章中所提及的人士告诉我们不该发表此文的通常理由，同时，我们也礼貌地告诉对方：他们即将出现在《纽约客》中。事实核查会引发一系列不满，让人们在出版前表达出来并放弃指控，这比出版后再做要好。

读者也会写信给《纽约客》指出错误。在所有人的帮助下，事实核查已成为《纽约客》编辑过程的重要组成部分。事实核查的最终目的，是努力让事情顺利进行，尽量不阻碍出版，但前提是内容尽可能准确，虽然并不总是受欢迎，但它似乎奏效了。

对于《纽约客》的事实核查机制，作家钱钢深有体会。2009 年他在《南方周末》

① Neil Sheehan，美国作家，其关于越战的作品《光明灿烂的谎言》（*A Bright Shining Lie*）获得美国国家图书奖和普利策奖。

发表了一篇文章《我接受了〈纽约客〉的核查》[①]，节选内容如下：

从事新闻工作30年，头一回遇到这样的事。本周一，我接受了美国《纽约客》杂志的事实核查，颇感新奇。

一个月前，我曾接受《纽约客》记者的电话采访。他在做一篇人物特写，主人公是我的朋友——北京一家著名杂志的女主编。周一打来电话的是一位女士，她说同事已经交稿，文中内容要向我核查。这位事实核查员核查的内容包括：时间、地名、场面；记者在文中引用的我的原话；记者本人提出，而得到我认同的某观点，等等。我接受核查约半个小时。想到我只是众多被采访者之一，对那位核查员女士的勤勉不禁感叹。

美国纽约客杂志记者欧逸文（Evan Osnos）2011年在一次演讲中提到，纽约客的事实核查部门，就像独立于整个编辑团队之外的审计员一样，对每一篇文章和文章中的每个字进行核实，有二三十个全职工作人员。记者采访完交稿后，基本上采访对象都会收到事实核查员的再次采访，把所有的细节再问一遍。他提到，纽约客一篇关于美国一家大公司的深度报道，在事实核查部分提交给这家公司确认的问题一共有971个。事实核查过程的存在，时刻提醒记者，写文章的时候要特别仔细和小心。[②]

作家洪晃曾应邀为《纽约时报》撰写专栏文章，也遭遇了严格的事实核查，对此她写了一篇文章《给〈纽约时报〉写东西"费劲死了"，要出处，要核实》，[③]节选内容如下：

如果我在文章中说，X告诉我Z的故事，《纽约时报》会给X打个电话，你确认你跟洪晃说过Z吗？对方确认了，《纽约时报》才放心刊登。这是他们文章加'V'的意思（verify，即核实）。

我花了比写稿子长四倍的时间，从网上搜索出来各种资料来源。……我要是想写下去，得自己出钱去雇个助手，专门查资料……

这正是外国人闹不懂的事情，他们认为中国人很闭塞，自己国家发生的事情都不知道。我告诉她这是很扯的说法，我们什么都知道，就是不能"V"。而他们"V"来"V"去的新闻，八成都是假的。

洪晃的文章，幽默诙谐地指出美国媒体事实核查的昂贵代价，以及这种核查方式在中国的"水土不服"。

曾在美国媒体工作过的香港大学陈婉莹教授认为，传统编辑部主导的事实核查无疑意味着很高的工作成本，只有一些顶级媒体才能开展。

---

① 钱钢．我接受了《纽约客》的核查．[EB/OL].（2009-07-08）[2023-01-22]．https://www.infzm.com/contents/31122.

② 纽约客的信息核实制度[J].新闻记者，2011（4）：83.

③ 洪晃．给《纽约时报》写东西"费劲死了"，要出处，要核实．[EB/OL]. https://cul.sohu.com/20120522/n343770377.shtml.

20世纪90年代以来，许多媒体无力支撑昂贵的调查报道和事实核查，一些传统媒体采取了包括裁员在内的各种削减预算的措施。

总结来说，以美国为例，传统媒体时代的事实核查有以下几个特点：

• 由专业媒体编辑部主导，相对独立，不受采编人员影响。事实核查的目的是确保内容真实准确，保证媒体声誉，捍卫新闻专业性，进而赢得读者尊重。

• 需要一定的专业人员开展事实核查，人工成本昂贵，只有财力雄厚的媒体机构才能保证事实核查正常运行。

• 事实核查的动力一方面来自媒体自身专业报道的需要，另一方面也来自市场（读者）的压力。

• 中国媒体虽然要求一线记者核实事实，在媒体内部设有“三审三校”制度，但与美国媒体内部相对独立的事实核查部门相比，从理念到机制并不完全一致。

二、事后核查的兴起

在传统媒体时代，新闻的生产方式主要是先采访核实，再发表。进入互联网时代，包括新闻在内的海量信息，发布门槛降低甚至无门槛，对于一件事情的陈述，很多情况下是先发表，再核实。事实核查由传统媒体时代的事前核查，进入互联网时代的事后核查。目前大家谈论的事实核查，多指后者。

互联网时代，包括新闻在内的信息生产行动者日益多元化，新闻媒体只是其中一小部分，大量个体、团体、企业、互联网平台甚至人工智能都参与到内容的生产和分发过程中来。Facebook的分享按钮在2006年首次出现，2012年移动客户端开始普及，到2016年美国总统竞选期间，步调统一的宣传活动、合法的政治广告，甚至营利性的“巨魔农场”（在网络上散播仇恨的机器人水军），通过越来越不透明、算法驱动的方式进行工作，成为一种新型的社交媒体生态系统。传统由新闻编辑部主导的把关人机制失效，互联网让人们自由发表意见的同时，也传播了大量虚假错误信息和误导性主张，这些信息对社会造成危害，甚至影响到美国的政治。

2003年年底，美国宾夕法尼亚大学安纳伯格公共政策中心创办了事实核查组织FactCheck.org，该组织的成立，标志着全球事实核查运动的兴起。2007年，美国佛罗里达州《坦帕湾时报》（当时称《圣彼得堡时报》）推出PolitiFact（政治事实）的选举年项目，专注于对政治人物的公开言论进行准确度评级，该项目由独立团队运营，拥有独立网站。

以FactCheck.org和PolitiFact为代表的独立事实核查组织在美国兴起后，于2010后传播到其他国家。美国目前仍然是世界上最大的事实核查市场。有研究表明，事实核查确实可以纠正公众的看法，阻止政客传播虚假或误导性的主张。

艾米莉·贝尔2019年在《哥伦比亚新闻评论》上发表文章《事实核查行业——

我们对揭穿真相的投资是否奏效》[①]，探讨事实核查的效果。

如果说2016年美国总统选举向主流媒体揭示了一件比特朗普受欢迎程度更令人惊讶的事情，那就是美国的出版环境有多么严重的功能失调。突然间，社交媒体充斥着各种宣传、谎言和政治广告——在私有公共领域出现了错误信息危机。不久之后，政府和技术平台通过接受事实核查的力量做出回应。

根据杜克大学新闻实验室2019年的调查，近五年间，事实核查机构由44个增加到195个。PolitiFact的编辑安吉·霍兰对此的解释是：首先互联网令事实核查变得可行；其次是政治信息的日益复杂化使得它变得必要。这些组织所做的核查不是媒体内部发布前审查，而是一项独立业务，对已经发布并在网络上广泛传播的不实内容进行核查、揭穿和纠正。因此，今天的事实核查，可以理解为新闻业为适应数字环境的需要，对自身工作流程进行重构，对传统角色进行重塑。

2016年特朗普赢得总统职位后，BuzzFeed的克雷格·西尔弗曼（Craig Silverman）报道了许多关于假新闻可能影响选举的故事。一群事实核查组织敲开了Facebook的大门。Facebook同意与波因特学院的非营利组织国际事实核查网络（IFCN）合作，招募事实核查队伍，在Facebook帖子中标记错误信息。

Snopes通过与Facebook合作，2017年赚取了10万美元，2018年赚取了40.6万美元。FactCheck.org 2018年从Facebook收到18.89万美元，2019年收到24.22万美元。

事实核查对Facebook这样的公司很有吸引力，因为它解决了互联网平台的一个紧迫问题，这也符合科技公司普遍存在的世界观：对于有争议的主张，通过调查让正确的主张获胜。

通过与Facebook这样的互联网巨头合作，事实核查机构找到了新的营利模式。一方面，除了隶属于传统媒体的事实核查组织，近年涌现的独立事实核查机构，其经济来源一方面靠Facebook、Google、Twitter等互联网巨头的项目资助，另一方面，众多基金会也成为事实核查的资助方，如儿童投资基金会、福特基金会、克雷格·纽马克慈善基金（Craig Newmark）等。此外，一些事实核查机构还采取项目众筹的方式筹款，极少数的事实核查组织将核查后的信息再卖给专业媒体，如爱尔兰的事实核查机构Storyful。

互联网带来的信息失序问题，全球同此凉热。但中国的情况与美国有所不同。美国政治选举制度的竞争属性，导致大选期间出现大量政治类不实信息，不少事实核查机构也主要针对此类信息进行核实，包括对政治人物的发言进行核查，总统也不例外。

① BELL E，The fact-check industry has our investment in debunking worked? [J] .Columbia Journalism Review，Fall 2019，https://www.cjr.org/special_report/fact-check-industry-twitter.php.

中国互联网上也存在大量不实信息，但与美国开展事实核查有所不同的是，中国开展了大规模的“辟谣”行动。从字面来理解，事实核查的前提是真相不明朗，核查结果有可能是真的，也可能是假的，但多数情况是假的，因为如果都是真的，核查的意义就不大了。而辟谣的前提是已知是虚假，只是要用证据来说明真相，让辟谣更有说服力。从目标来看，无论是事实核查还是辟谣，目的都是打击虚假信息，让互联网空间更清朗。

但全球事实核查也面临新的挑战，俄乌冲突推动全球新冷战出现，互联网平台加入对俄罗斯的制裁行列，立场导致偏见，偏见加剧“后真相时代”。此外，新的社交工具层出不穷，暗网群组、阅后即焚、信源无从查找，对立双方开展信息战，等等，事实核查面临更加复杂的社会现实。

总结来说，事后核查的兴起主要有以下几个特点：

- 互联网和社交网络时代，人人可以生产、发布和传播信息，甚至机器也可以加入其中，大量虚假信息对社会造成危害，事后核查行动者网络应运而生。
- 事后事实核查，不再限于传统媒体内部，大量独立的第三方机构参与到事实核查行动中来。社交平台为避免因用户发布大量虚假信息而受到制裁，积极与事实核查机构合作，打击平台上的虚假信息。
- 事实核查是一种新型的新闻报道形式，形成了独特的营利模式，主要营利模式是与互联网平台合作，接受公益基金赞助，以及发动众筹。
- 美国选举政治导致竞选期间出现大量不实政治信息，一些事实核查机构主要进行政治类信息的事实核查。
- 中国也面临互联网虚假信息传播的问题，但由于政治体制和国情不同，中国采取多种手段开展辟谣，无论是事实核查还是辟谣，目标都是一致的，就是打击网络虚假信息，提高公众信息素养。

第二节　美国和欧洲的事实核查实践

一、美国的事实核查实践

美国是世界最大规模进行事实核查实践的国家，也是世界上拥有事实核查媒体最多的国家，其中既有传统媒体创办的事实核查部门或者项目，也有独立的事实核查机构，并形成事实核查国际组织，推动建立事实核查原则和标准，通过培训向全世界推广事实核查理念、经验和方法。可以说，美国在全球事实核查运动中扮演了组织者和领导者的角色。

本文搜集了一些活跃的事实核查组织的情况，列举如下。

（一）美国国际事实核查网络 International Fact-Checking Network（IFCN）

国际事实核查网络（IFCN）隶属于美国波因特学院，成立于2015年，旨在将世界各地日益壮大的事实核查人员以及全球打击虚假错误信息倡导者聚集在一起。IFCN通过宣传、培训和活动，向全球100多个组织推广事实核查理念、方法、经验和工具，为事实核查人员提供资源，为促进新闻问责制的项目和倡议提供支持。

该组织提出事实核查机构的五项原则，分别是：秉持无党派立场，保持公正；保持信源透明；公开资金来源和组织构成；核查方法公开；保持诚实，有错必纠。

该组织的重要工作包括：

通过组建英语和西班牙语事实核查联盟，打击2020年美国总统竞选期间的错误/虚假信息。来自法新社、Check Your Fact、FactCheck.org、Lead Stories、MediaWise、PolitiFact、The Dispatch、华盛顿邮报、今日美国等媒体的事实核查员，共享事实核查内容，将英语翻译成西班牙语，在WhatsApp支持下，双语内容上传到FactChat聊天机器人，对WhatsApp用户免费开放。

该组织成立了新冠病毒事实核查联盟，联合70多个国家的事实核查人员，收集与新冠病毒相关的至少40种语言的虚假信息，建立数据库共享资源。

在Google和字节跳动（Tiktok）资金支持下，IFCN成立青少年事实核查网络，通过建立由中学生组成的虚拟新闻编辑室，指导他们使用社交媒体，揭穿病毒式传播的错误信息，分享媒体素养。IFCN与美国公共电视网PBS NewsHour学生报道实验室合作，让全美各地数百万教师可以访问基于MediaWise的青少年事实核查网络课程计划。

网址：https://www.poynter.org/ifcn/。

（二）美国 Factcheck.org

美国宾夕法尼亚大学安纳伯格公共政策中心的事实核查项目，创办于2003年，早期主要开展政治性内容的事实核查。创始人是美国资深记者布鲁克斯·杰克森（Brooks Jackson），他曾在美联社、《华尔街日报》、CNN担任记者。FactCheck.org坚持无党派、非营利，监督美国主要政治人物发言中的事实准确性，旨在减少美国政治中的欺骗和混乱程度，近年来增加了科普（SciCheck）、移民、气候变化等核查项目，致力成为“信息消费的倡导者”。

FactCheck.org于2017年7月整理发布了虚假新闻网站目录（Misinformation Directory）①，这些大量发布虚假信息的网站，名称很像新闻媒体，例如World News Daily Report、The World News Press、Your News Wire、USA Train News、USSA News、Special News USA、7 News Political、Right Wing News，等等，这些被列入

① Misinformation Directory.［EB/OL］. July 6，2017. https://www.factcheck.org/2017/07/websites-post-fake-satirical-stories/.

黑名单的网站目前已无法打开。

所获荣誉：

2006 年，被《时代》杂志评为“不能或缺的 25 个网站”之一；被世界电子政务论坛评为“正在改变世界”的 10 个网站之一。

2008 年，被 PC Magazine 评为“20 个最佳政治网站”之一。

2009 年，关于美国大选报道获 Clarion 奖。

2010 年，关于联邦医疗保健立法的欺骗性声明获 Sigma Delta Chi 奖。

2019—2020 年，因核查特朗普主张连续两届获 Sigma Delta Chi 事实核查奖。

2008 年、2010 年、2011 年、2012 年和 2014—2019 年，获国际数字艺术与科学学院颁发的最佳政治网站韦比奖（The Webby Awards）。

网址：https://www.factcheck.org/

（三）美国 PolitiFact

美国佛罗里达州的《坦帕湾时报》[①]2007 年推出 PolitiFact 选举年项目，对民选官员、选举候选人、政党领袖和政治活动家的公开言论进行准确度评级。PolitiFact 采用 Truth-O-Meter 评价标识，绿色代表真实，黄色代表半真半假，红色代表虚假，有火苗代表严重失实。

2018 年，PolitiFact 所有权从《坦帕湾时报》转移到该报母公司波因特学院（The Poynter Institute），成为全国性的新闻机构。目前 PolitiFact 由波因特学院的记者独立管理。

PolitiFact 关注的领域比较广泛，除了政治人物的公开言论，还包括对外政策、环境卫生、新冠疫情、税收、移民、极端主义、犯罪、枪械、大麻、性少数群体、在线恶作剧，等等。PolitiFact 持续关注的重要政治人物包括美国总统拜登、副总统哈里斯、前国会众议院议长佩洛西、国会参议院少数党领袖查尔斯·舒默、国会参议院多数党领袖米奇·麦康奈尔、参议员伯尼·桑德斯、前总统特朗普。除了政治主张外，该网站还监控民选官员在竞选承诺方面的进展，包括特朗普总统的“特朗普 -O-Meter”、奥巴马总统的“Obameter”，以及拜登总统的 Biden Promise Tracker。

从 2009 年起，PolitiFact 每年评选“年度谎言”。2020 年关于新冠病毒的虚假信息入选“年度谎言”；2021 年，美国国会山骚乱中的虚假信息入选“年度谎言”。

PolitiFact 由波因特学院提供行政支持，收入来源包括商业赞助、在线广告、内容变现等。其主要赞助商有：Facebook、字节跳动、Google、微软、牛顿和罗谢尔贝克尔慈善信托基金、地球之友等。

所获荣誉：

2009 年 PolitiFact 针对 750 多项政治主张进行核查，获普利策国家报道奖。

---

① 当时称《圣彼得堡时报》。

网址：https://www.politifact.com/

（四）美国华盛顿邮报 Fact Checker

Fact Checker 最初是《华盛顿邮报》的一个专栏，2007 年 9 月 19 日推出，主要发布 2008 年总统竞选专题报道。2011 年 1 月 11 日，《华盛顿邮报》将其恢复为永久专题，负责人为资深白宫记者格伦 · 凯斯乐，团队成员共三人。2020 年，三人出版专著《特朗普对真相的攻击：总统的错误、误导性主张和彻头彻尾的谎言》[①]。

Fact Checker 鼓励读者关注其社交账号，参与提问互动，发表评论和建议，约 50% 的事实核查选题来自读者的提问。

Fact Checker 设计了一套易识别和记忆的“匹诺曹”标签，在童话故事里，匹诺曹因讲假话而鼻子变长，经 Fact Checker 核实的内容，获得的“匹诺曹”越多，说明文章虚假的成分越多。

Fact Checker 提出事实核查的若干原则：一是核查事实而非观点；二是核查重要事实，而非细枝末节；三是保持冷静，独立于党派；四是只核查事实，对各种人身攻击和指控不为所动；五是重点核查政治言论，不大关心社交媒体上关注度较少的虚假陈述；六是突出展示政客和政治运动如何使用剪辑或其他技巧来误导受众；七是要求核查人员不得参与党派政治活动或向候选人或组织捐款；八是保持透明，提供信息来源链接；九是及时更正错误。

所获荣誉：

2019 年，获雪城大学 S.I. Newhouse School 颁发的公共服务 Toner 政治报道卓越奖。

2020 年，特朗普错误言论数据库被纽约大学 Arthur L. Carter 新闻学院列入“十年十大新闻作品”，同年，《识别虚假视频指南》获得韦比奖（The Webby Awards），关于摩洛哥的视频调查报道获 Global Fact 7 奖。

网址：https://www.washingtonpost.com/news/fact-checker/

（五）美国 VERIFY

VERIFY 隶属于美国大型媒体公司 TEGNA，成立于 2019 年，目前与全国 49 家新闻编辑室有合作关系。

Verify 多为视频节目，通常会由一名主持人讲述要核查的事件，然后提供证据，最后得出结论。用户可以在 YouTube、Snapchat、Twitter、Instagram 和 Facebook 上关注 VERIFY。

VERIFY 核查领域广泛，包括选举、政府、经济、商业、教育、科技、环境、健康、病毒、疫苗、犯罪、枪支、食品、流行文化、天气，等等。

---

① 英文原文为 Donald Trump and His Assault on Truth：The President’s Falsehoods，Misleading Claims and Flat-Out Lies。

VERIFY 的核查标签分为红色和绿色，绿色对勾代表属实，红色叉号代表虚假。用户可以通过短信、电邮、社交媒体等渠道向 Verify 提出要核查的信息。

网址：https://www.verifythis.com/

（六）美国 Leadstories

成立于 2015 年，口号是“流行并不意味着真实”。编辑团队最初使用 Trendolizer 技术 ™，快速找到互联网上最流行的内容，然后进行核查。Leadstories 在 2016 年建立美国总统大选选情跟踪网站，之后全面拥抱事实调查。Leadstories 寻找社交媒体上内容可疑的热门故事、图片、视频和帖子进行核查，核查结果通过网站、Facebook 和 Twitter 账号发布。

2019 年 2 月，Leadstories 成为 Facebook 第三方合作机构，根据协议，可以访问被 Facebook 平台或用户标记为“可能虚假”的内容列表，自行决定是否要进行事实核查。2020 年 4 月，Leadstories 向运营 TikTok 的字节跳动提供事实核查相关建议和服务。

Leadstories 的收入来自广告、技术使用许可、第三方合作收入以及其他相关咨询收入。2021 年其主要收入来自 Facebook、字节跳动、Google、Repustar、MGID、AdSupply。

Leadstories 是国际事实核查网络（IFCN）认证成员。Leadstories 将核查结果直接打在图片上，让读者一眼就可以看出是哪种错误，例如：假声明、假签名、假承诺、无中生有、数据误读、旧闻炒作、戏仿、电影道具、艾滋骗局、没有风暴、无毒，等等。

网址：https://leadstories.com/

（七）美国《纽约时报》事实核查

纽约时报网站显示，该报曾辟有事实核查的专门栏目，2019 年 3 月 2 日发表第 1 篇，2021 年 3 月 20 日后网站没有再继续更新，总计更新 80 篇，作者均为 LINDA QIU。据网站介绍，LINDA QIU 为该报事实核查栏目全职编辑。虽然网站栏目不再更新，但 2022 年 LINDA QIU 仍在为《纽约时报》撰写事实核查文章，内容涉及政治、经济等多个领域。

网址：https://www.nytimes.com/spotlight/fact-checks。

（八）美联社事实核查

美联社的事实核查项目主要核查政治类内容，每周推出一篇《不是真的：看看本周没有发生的事情》（*NOT REAL NEWS: A look at what didn't happen this week*）

网址：https://apnews.com/hub/ap-fact-check

二、欧洲的事实核查实践

紧随美国开展事实核查实践的是欧洲国家，其中英国创办了多个面向全球的英语事实核查媒体，对促进事实核查的发展、扩大其影响力起到了积极作用。欧洲其他大部分国家，事实核查媒体多使用本国语言，全球影响受限。欧洲的事实核查机构大多规模有限，大部分机构的经费来自基金会赞助和参与互联网巨头的核查项目，少量事实核查机构依附于媒体集团。

德新社的事实核查有一条原则比较特别，该社认为，由于挑衅性或极端主义主张有时比客观反驳更容易被公众记住，因此 DPA 通常不会处理敏感的本地问题的事实核查，以免在全国范围内进一步促进此类信息的传播。

东欧国家的事实核查组织中，比较突出的是格鲁吉亚和乌克兰。值得关注的一个现象是，这些组织的经费部分来自西方政府或西方政府背景的基金组织，有着明显的“反俄宣传”倾向。其中乌克兰的事实核查运动以新闻学院的师生为主力，目标明确——“抵御俄罗斯的虚假宣传”。

（一）英国 Full Fact

总部位于伦敦，2009 年由商人迈克尔·塞缪尔勋爵及其研究助理威尔·莫伊创立，至 2019 年有 18 名员工。Full Fact 致力于促进公共辩论的准确性，检查和纠正新闻报道中的事实错误，查证社交媒体上流传的说法。该机构 2014 年获英国慈善委员会批准为慈善机构。

2016 年，Full Fact 核查了英国脱欧公投期间的主张；2017 年，Full Fact 与 First Draft 合作，在英国大选期间开展事实核查；2019 年，Full Fact 与 Faccbook 合作提供事实核查服务。

Full Fact 得到 Omidyar 网络和开放社会基金会的赞助，开发由计算机执行的事实核查工具，其中一个工具是将已经核查过的信息形成数据库，通过数据比对，检查相关陈述是否属实，另一个是跟踪和显示虚假信息的传播路径。

Full Fact 还与 BBC、ITV 和天空新闻等媒体组织合作，提供有关政治运动的信息，包括苏格兰独立公投、英国脱欧公投、2015 年和 2017 年大选等。Full Fact 还为英国列文森调查（Leveson Inquiry）和 BBC Trust 的公正性提供审查服务。

网址：https://fullfact.org/

（二）英国 First Draft

First Draft 创立于 2015 年，最初是一个小型非营利组织，致力于应对数字时代的媒体信任和社交媒体上的虚假错误信息问题。

从 2015 年到 2021 年，该组织陆续在伦敦、纽约和悉尼组建团队；推出事实核查协作模式，组织事实核查培训，参与培训的记者、公共卫生专业人员和社区领袖超过万人。该机构在 60 个国家以 9 种语言工作；在全球 20 次选举中参与打击虚假选举信息的工作。

2022 年 6 月 First Draft 结束事实核查业务，将工作重心转移到布朗公共卫生学院新推出的 Information Futures Lab 中。

网址：https://firstdraftnews.org/

（三）英国 Storyful

由爱尔兰记者马克·里特尔于 2010 年 4 月创立，初期提供服务包括在线内容和新闻来源核查，总部位于爱尔兰都柏林，2013 年被默多克的新闻集团以 2,500 万美元收购，全球员工从 2014 年的 30 人增加到 2018 年的 200 人，业务随之扩大到 Storyful 视频内容授权、为企业客户提供社交新闻监控以及声誉风险管理等服务。

Storyful 网站将公司定义为“新闻和情报社”，新闻产品包括新闻专线、内容授权和广告、调查报道等。Storyful 是一家利用技术手段进行事实核查的机构，工作流程包括从数字媒体环境中发现有待核查的信息、通过各种技术手段进行核实、对所核实过信息取得授权、将取得授权的已核实信息进行分发，为合作伙伴提供深入、完整的事件解读。

该公司的情报产品包括商业报告、调查方法、科技解决方案，为商业伙伴提供包括客户分析、竞争对手分析、评估风险减轻伤害等服务。该公司运用编程语言（ML）、自然语言技术（NLP）和人工智能技术，分析社交网络上的文本特征和情感属性，识别包括威胁、淫秽、侮辱、仇恨等有害信息，分析社交网络上参与者的观点和态度的极端性。

2018 年，Storyful 的客户包括 CNN、ABC 和福克斯新闻、《纽约时报》、《华盛顿邮报》、澳大利亚广播公司以及新闻集团的所有出版物。

网址：https://storyful.com/

（四）英国 BBC Reality Check

2017 年，英国 BBC 在其制作的 Reality Check 系列节目的基础上，成立了事实核查栏目，由专门团队提供支持，以打击在社交媒体上广泛分享的虚假故事。工作人员对 Facebook、Instagram 和其他社交媒体上伪装成新闻的受欢迎内容进行核查。

网址：https://www.bbc.com/news/reality_check

（五）英国路透社事实核查

2020 年 2 月 12 日，路透社宣布与 Facebook 合作，开展第三方事实核查计划，旨在识别社交媒体上的错误信息。路透社事实核查部门将核实 Facebook 和 Instagram 上发布的内容，揭露其中的虚假或误导内容。路透社还与 Facebook 合作开发了一套学习课程，帮助世界各地的新闻编辑室识别被操纵的视频、图片和音频，该课程以四种语言提供，包括英语、法语、西班牙语和阿拉伯语。

网址：https://www.reuters.com/fact-check

（六）法新社事实核查

法新社 2017 年推出事实核查服务，团队遍布全球，在香港、悉尼、华盛顿特区、巴黎和约翰内斯堡设有事实核查区域编辑，他们与法新社在世界各地的分局合作，调查和反驳虚假信息，重点关注危害性和影响力大的操纵性议题。

网址：https://factcheck.afp.com/

（七）法国 Les Décodeurs

2009 年，法国《世界报》网站政治版块负责人纳比尔·瓦基姆（Nabil Wakim）受美国事实核查运动启发，萌生了创建事实核查协作博客的想法，四年间共发表 200 余篇事实核查文章。2014 年，博客内容被整合到世界报网站上，博客团队大约由 10 人组成，包括记者、数据分析师、平面设计师和社交网络专家。Les Décodeurs 是 Facebook 第三方事实核查伙伴，接受其资助。

网址：https://lesdeqodeurs.fr/

（八）德国 Correctiv

成立于 2014 年，是德国首家非营利性调查新闻编辑室。经费来自私人捐助以及基金会和机构赠款。其宗旨是将调查新闻、教育使命和参与式方法相结合，让新闻成为赋予公民权力的一种手段，促进人们提升使用社交媒体的能力和辩论文化。

Correctiv 设有独立的事实核查团队，自 2017 年以来专注于事实核查和对错误和虚假信息的调查。2022 年，Correctiv 加强了俄乌冲突中的事实核查，揭露了大量虚假信息。

Correctiv 获国际事实核查网络（IFCN）认证，是全球调查新闻网络（GIJN）的成员。

自成立以来，Correctiv 获得 30 多个奖项，包括 Grimme Online 奖、Nannen 奖、Helmut Schmidt 新闻奖、Otto Brenner 批判新闻奖和法德新闻奖。

网址：https://correctiv.org/en/

（九）德新社事实核查

德国新闻社（Deutsche Presse-Agentur，简称 DPA）的事实核查，宗旨是以新闻的方式推广事实核查。

事实核查团队是德新社内部独立组织，由编辑自行决定是否发布核查内容，不受外部编辑影响。DPA 事实核查坚持无党派，不受任何教派或意识形态的束缚，核查文本中使用的所有公共信息都提供链接，目的是让读者可以使用这些链接自行进行事实核查。核查选题广泛，包括政治、商业、科学、社会生活等，通常优先处理与国际或国内重要事项相关的核查。由于挑衅性或极端主义主张有时比客观反驳更容易被公众记住，因此 DPA 通常不会处理敏感的本地问题的事实核查，以免在全国范围内进一步促进此类信息的传播。

DPA 事实核查通过国际事实核查网络（IFCN）认证，并与 Facebook、WhatsApp、TikTok 以及 Google 合作，为记者提供培训课程，允许免费下载 DPA 事实核查白皮书。

网址：https://www.dpa.com/de/unternehmen/faktencheck#faktencheck-bei-dpa

（十）德国之声 Deutsche Welle

德国之声英语节目 2020 年增加事实核查内容，但没有专门的栏目。

网址：https://www.dw.com/en/top-stories/s-9097

（十一）德国今日新闻 Tagesschau

今日新闻是德国的一档电视新闻节目，1952 年 12 月 26 日开播，起初由西北德广播公司制作，现由位于汉堡的 ARD 时事（德语 ARD-aktuell）制作。内容包括事实核查。

网址：https://www.tagesschau.de

（十二）德国 Volksverpetzer

2014 年推出的博客，2015 年以来专注于揭露互联网上的假新闻，2018 年设立非营利独立网站。大约有 20 名员工，经费主要来自捐赠。2020 年获奥格斯堡媒体奖（Augsburger Medienpreis），获奖理由是“每天都面临着一项几乎不可能完成的任务，即促进形成更平衡的舆论，遏制阴谋论、假新闻和民粹主义神话的传播。”

网址：https://www.volksverpetzer.de/

（十三）荷兰 Bellingcat

2014 年 7 月由英国记者 Eliot Higgins 创办，总部位于荷兰，在全球拥有 18 名全职员工，约 30 名支援者。该组织通过事实核查和开源情报，开展调查报道，通过与 CNN、BBC 等媒体合作扩大影响。Bellingcat 经过国际事实核查网络（IFCN）认证。

Bellingcat 采用公开数据，引入公民记者分析，推动关于冲突、犯罪和侵犯人权行为的叙述，该组织在网站上发布相关技术指南以及案例研究。

该组织主要调查的项目包括：叙利亚化学武器袭击、俄乌战争、马航 MH17 被击落、也门内战、俄前特工中毒、喀麦隆武装部队杀害平民等具有国际影响的事件。该组织网站称其在独特的领域开展业务，将先进技术、法医研究、新闻、调查、透明度和问责制融为一体。

据该组织网站介绍，其经费 35% 来自全球研讨会收入，其余来自欧盟、荷兰和瑞典的邮政彩票公益金、荷兰 Adesium 基金会、阿尔弗雷德兰德克基金会、西格雷格罗森基金会等机构。

所获荣誉：

2015 年获 Hanns Joachim Friedrichs 奖。

2017 年获欧洲新闻创新奖。

2018 年获 Ars Electronica 数字社区奖。

2019 年获欧洲新闻调查奖、伦敦新闻俱乐部数字新闻奖、政治研究协会年度政治播客奖。

2020 年获公共传播马基雅维利奖、斯克里普斯霍华德创新奖、Newsy 英国播客奖最佳真实犯罪播客铜奖、英国 ARIAS 最佳事实系列铜奖、ARIAS 最佳独立播客银奖。

2021年获英国ARIAS广播和播客媒体奖和年度最佳独立播客金奖、获Nannen调查新闻奖、新闻艾美奖。

网址：https://www.bellingcat.com/

（十四）荷兰 Factcheck EU

Factcheck EU是欧洲新闻培训协会（EJTA）的事实核查项目。主要参与者为欧洲大学生和媒体工作者。参与者对涉及欧洲各国政治主张的信息进行事实核查，指出错误信息，加强公众对自己所在国家和欧洲层面的民主进程的深入了解，在欧盟范围内激发基于事实的辩论，促进媒介素养。

该项目2019年获欧洲委员会事实核查奖。

另外，成立于1992年、总部位于荷兰的欧洲新闻中心（EJC），2013年编辑《事实核查手册》作为培训教材。手册版权遵循“创作共享”，原文可在https://verificationhandbook.com下载。

网址：https://eufactcheck.eu/

（十五）奥地利 Mimikama.at

奥地利事实核查网站，为非营利组织，由Tom Wannenmacher于2011年创立，旨在开展互联网相关的媒介素养教育。

Mimikama揭露网络恶作剧、订阅陷阱、垃圾邮件、虚假抽奖、虚假新闻以及有害的互联网链接。其活动资金全部来自用户捐赠。

网址：https://www.mimikama.at/

（十六）意大利 Bufale.net

意大利事实核查门户网站，宗旨是打击互联网和社交媒体上的虚假信息和恶作剧。

网址：https://www.bufale.net/

Facebook：https://www.facebook.com/bufala/

（十七）意大利 Pagella Politica

创办于2012年10月，内容涉及政治时事分析和事实核查，帮助读者根据事实和数据了解推动政治发展的因素。2017年成为国际事实核查网络（IFCN）的活跃成员。

网址：https://pagellapolitica.it/

（十八）意大利 Butac.it

创办于2013年，最初是一个事实核查博客，致力于打击网络恶作剧、虚假信息、危言耸听和在线欺诈，口号是“致力于对抗信息失序”，内容通过Facebook、Twitter、Telegram和Instagram账号发布。

网址：https://www.butac.it/

Facebook：https://www.facebook.com/BufaleUnTantoAlChilo/

（十九）希腊 Ellinikahoaxes.gr

2013 年推出，致力于揭穿恶作剧、都市传说、假新闻、网络诈骗和其他来源可疑的故事。

网址：https://www.ellinikahoaxes.gr/

（二十）希腊 Factchecker.gr

希腊独立事实核查网站，2017 年 2 月推出，专门研究伪科学和医疗欺诈。

网址：https://www.factchecker.gr/

（二十一）西班牙 Maldita.es

创立于 2018 年，致力于事实核查，业务包括：监督政治领域的虚假陈述、打击社会领域的虚假信息、促进科学传播、核查机构透明度、开展事实核查培训。通过国际事实核查网络（IFCN）认证。

网址：https://maldita.es/

（二十二）西班牙 Newtral

致力于事实核查和电视节目制作，通过国际事实核查网络（IFCN）认证。创办人是西班牙电视台 LaSexta 制片人安娜·帕斯特。主要核查社交媒体上有关西班牙的虚假信息。

网址：https://www.newtral.es/

（二十三）西班牙 EFE Verifies

西班牙通讯社埃菲社（EFE）2019 年推出的事实核查项目，通过消息、视频、图片或声明提供有用信息，打击互联网上以西班牙语传播的虚假信息。

网址：https://verifica.efe.com/

（二十四）葡萄牙 *Observador*

Observador 为葡萄牙报纸，辟有事实核查专栏，是国际事实核查网络（IFCN）在葡萄牙认证的首家媒体。

网址：https://observador.pt/seccao/observador/fact-check/

（二十五）葡萄牙 Polígrafo

事实核查网站，内容还出现在葡萄牙电视台 SIC 新闻节目中。

网址：https://poligrafo.sapo.pt/

（二十六）捷克 Demagog.cz

Demagog.cz 创建于 2012 年 2 月，由捷克马萨里克大学两名学生发起，受美国 Politifact.com 和 FactCheck.org 启发，目标是核查政治辩论中的事实陈述，日常由五名委员会成员管理，参与的学生志愿者 20 人左右。该组织为非营利组织，资金来自三个渠道：由青年行动计划和布拉格开放社会基金提供赞助；参加比赛如 Restart Czechia 和 Google 新闻奖等评选的获奖奖金；来自读者和项目支持者的个人支持。

网址：https://demagog.cz/

（二十七）波兰 Demagog

成立于 2014 年 4 月，是波兰首个事实核查网站，主要核查政府声明，目标是提供公正可靠的信息，以提高公共辩论的质量。2019 年 5 月通过国际事实核查网络（IFCN）认证。该组织致力于打击虚假信息和倡导性别平等，举办研讨会并实施针对年轻人的教育项目。俄乌冲突期间，加强对涉及乌克兰信息的事实核查。

网址：https://demagog.org.pl/tematy/fact-checking/

（二十八）波兰 Pravda.org.pl

波兰事实核查组织，主要开展事实核查以及媒介素养教育工作，希望通过提高全社会对虚假信息的认识，来提高公共辩论的质量。该组织致力于开发可以帮助用户识别可疑信息的技术，让用户更好地了解全国范围内的假新闻情况。通过国际事实核查网络（IFCN）认证。

网址：https://pravda.org.pl/

Facebook：https://www.facebook.com/pravdaorgpl

（二十九）芬兰 Faktabaari

2014 年推出，由芬兰非营利组织 Avoin Yhteiskuntary 管理，编辑包括专业记者、研究人员、欧盟专家、教师和技术专家等。Faktabaari 参与欧洲数字媒体观察项目（EDMO），致力于开发促进数字信息素养方法，以解决数字信息障碍以及结构性信息偏差，关注选举信息。

网址：https://faktabaari.fi/in-english/

（三十）挪威 Faktisk.no

由挪威主要媒体公司合作于 2017 年创立，包括国家广播公司 NRK、媒体集团 Schibsted 以及自由派报纸 Dagbladet。通过国际事实核查网络（IFCN）认证，主编是 Kristoffer Egeberg。2018 年与 Facebook 合作开展事实核查。

网址：https://www.faktisk.no/

（三十一）瑞典 Källkritikbyrån

创办于 2014 年 3 月 13 日，最初是瑞典免费地铁报 *Metro* 的消息来源核查栏目 Viralgranskaren。2019 年 10 月，成立独立公司 Källkritikbyrån，2020 年 3 月推出网站。

所获荣誉：

2014 年，获得斯道拉新闻奖“年度创新者”，获奖理由是“创造了一种巧妙的方法来揭示信息病毒中的神话和现实世界”。

2015 年，获得科学与民间教育协会的“年度民间教育家”奖，获奖理由是“以清晰易懂的方式核查社交媒体上传播的主张，介绍核查方法，展示核查信息的重要性”。

2017 年，获得 Sparbanksstiftelsen Sjuhärad 社交媒体奖，获奖理由是“通过一系列创新项目、教育出版物和建立‘信息来源评价’来引起人们对互联网信息来源重要性的关注”。

网址：https://kallkritikbyran.se/

（三十二）瑞典 Fakta i frågan

瑞典报纸 *Dagens Nyheter*（DN）的事实核查栏目。

网址：https://www.dn.se/om/fakta-i-fragan/

（三十三）格鲁吉亚 FactCheck Georgia

格鲁吉亚改革组织（Georgia’s Reforms Associates）2013 年推出的事实核查项目，位于首都第比利斯，自称独立和无党派，以格鲁吉亚语和英语提供经过核查和基于证据的信息。项目资金来自荷兰驻格鲁吉亚大使馆、国家民主基金会（NED）、德国马歇尔基金会、欧洲民主基金会和美国驻格鲁吉亚大使馆。其主要目标包括：向读者提供准确的基于证据的信息；提高政治家对其选区的问责制和责任感；促进基于事实的政治言论；通过向读者提供经过核实的事实来打击假新闻和俄罗斯宣传。

网址：https://factcheck.ge/en

（三十四）乌克兰 VoxCheck

2015 年成立的独立事实核查项目，2018 年通过国际事实核查网络（IFCN）认证。项目资金来自智库基金（TTF）、国家民主基金会、PACT、国际复兴基金会、美国大使馆、瑞典自然文化出版基金会（Natur Kultur）、欧安组织。自 2020 年以来，作为 Facebook 第三方事实核查计划的合作伙伴，从 Facebook 获得资金。

网址：https://voxcheck.voxukraine.org/

（三十五）乌克兰 StopFake

2014 年，位于基辅的莫希拉（Mohyla）新闻学院的教师、毕业生和学生发起创办该项目。StopFake 最初是一个志愿者项目，发展到现在已有 40 多人，主编为新闻学院院长 Yevhen Fedchenko。StopFake 的任务是检查和驳斥俄罗斯媒体传播的“有关乌克兰的虚假信息和宣传”。StopFake 还探索对其他国家和地区的影响方式，主要是欧盟和苏联解体后分裂的国家。

2016 年，StopFake 与 Bellingcat 一起举办了“在大学里开展事实核查教学”研讨会。来自乌克兰 13 所大学的 16 名新闻教师和媒体项目负责人参加了研讨会。该项目促成了乌克兰大学新闻系学生事实核查课程的开发和推广。

同年，应 MediaNet 国际新闻中心邀请，StopFake 为哈萨克斯坦记者开展了有关对政客进行事实核查、验证开源数据、搜索和揭露假新闻的培训。随后，在荷兰多党民主研究所（NIMD）和英国冲突稳定与安全基金（CSSF）的项目框架下，StopFake 在第比利斯举办了为期两天的培训课程，内容是识别和打击外部宣传，以及对来自格鲁吉亚、亚美尼亚和阿塞拜疆的年轻政治家进行政治领域事实核查培训。

2018 年，StopFake 加入 IREX 项目“学会分辨：信息和媒介素养”。该计划的目标是将媒介素养整合到学校科目中，培养乌克兰中学生的批判性思维和媒介素养技能，以抵御虚假信息和宣传影响。在该计划下，乌克兰教育和科学部正在开发课程和教材，将被纳入乌克兰九个城市的150所学校的教学中。

全球300多家媒体报道了该项目，包括《纽约时报》、CNN、Politico、《华盛顿邮报》等。

2014年，StopFake获得了德国之声颁发的The Bobs奖。

2016年，StopFake被列入由Res Publica、Google、Visegrad Fund和《金融时报》编制的中东欧变革者（New Europe 100）名单。

2017年，StopFake项目获得了国家民主研究所（NDI）颁发的享有盛誉的民主奖，作为全球打击宣传和虚假信息的领先组织。

2016年，StopFake成为First Draft全球网络合作伙伴。

StopFake与华沙Centrum Stosunków Międzynarodowych的专家一起参与了“互联网信息战”项目，该项目致力于打击中欧和东欧亲克里姆林宫的“虚假信息”。该项目的目标是监测该地区的在线媒体，以寻找被操纵的共同模式和关键主题，确定虚假信息策略是否正在发生变化。

网址：https://www.stopfake.org/en/main/

（三十六）立陶宛 Demaskuok.lt 和 debbunk.eu

由DELFI和Digital News Initiative等资助创办，有两个名称、两个网址，但内容一样。DELFI是爱沙尼亚、拉脱维亚和立陶宛的主要互联网门户网站，是波罗的海用户中最受欢迎的网站之一。

网址：https://demaskuok.lt/

https://debunk.eu/

（三十七）罗马尼亚 Factual.ro

罗马尼亚首个政治事实核查网站，2014年创立，由Funky Citizens运营。其宗旨在培养教育公民拥有批判性思维，形成聚集多元化专家的网络社区，通过事实核查监督关键政治人物的工作，促进政治讨论集中在可以通过核查证明的陈述领域。

项目资金来自公民创新基金，该基金由公民社会发展基金会与罗马尼亚裔美国人基金会和中东欧公民社会信托基金合作开发。2016年秋季，该项目为“健康投票”提供了事实核查。

网址：https://www.factual.ro/

（三十八）保加利亚 Factcheck.bg

由欧洲记者协会保加利亚分会（AEJ-Bulgaria）发起的一个事实核查项目，2021年5月由无党派专业记者组成，通过对具有广泛公众影响的话题按照专业新闻业的最高标准进行事实核查，在政治选举、公共卫生和保护人权领域帮助公民获得准确信息，打击保加利亚媒体环境中日益增多的错误信息。

网址：https://factcheck.bg/

（三十九）克罗地亚 Faktograf.hr

克罗地亚首家事实核查媒体，2015 年由克罗地亚记者协会推出，为非营利性组织，是国际事实核查网络（IFCN）的成员，自 2019 年 4 月以来，参与 Facebook 第三方事实核查项目。工作人员通过信源评估政治人物公开发言的准确性和有效性，防止毫无根据的观点在公共话语表达中被肆意放大。

网址：https://faktograf.hr/

Facebook：https://www.facebook.com/faktografhr/

（四十）俄罗斯 Лапша Медиа

Лапша Медиа 是俄罗斯“区域对话”（Диалог Регионы）组织创办的事实核查网站，”2020 年 7 月，俄罗斯自治非营利组织“对话”（Диалог）“创办“区域对话”，旨在帮助“对话”接收和处理从互联网上收集到的与地区生活有关的各领域的居民问题。2021 年 10 月，包括“对话”、塔斯社等在内的大型网络平台和媒体签署《打假备忘录》，共同制定核查和标记虚假信息的统一规则。Лапша Медиа 的主要任务是在互联网上发现、核查和标记虚假信息。读者如果想核查某些信息，可以通过电子邮件将相关链接发送给该媒体，工作人员通过查找可靠消息来源，如联络专家、查找官方文件和科学研究发表等，对信息进行核查，并将核查结果通过电子邮件回复读者。Лапша Медиа 网站每天都会更新事实核查情况，并通过其在俄罗斯社交媒体 VK 上的同名账户进行发布，VK 账户现有粉丝 74 万。

网址：https://lapsha.media

VK 社交账号：https://vk.com/public208719014

第三节　亚洲和非洲的事实核查实践

根据联合国 2022 年人口统计数据，全球人口中有 55%（44 亿）生活在亚洲，17%（13 亿）生活在非洲，亚洲和非洲人口加在一起，占全球人口的 72%。和美欧等发达国家一样，这些地区也同样面临互联网高速发展所带来的信息失序问题。

作为世界上使用互联网人数最多的发展中国家，中国在同不良信息做斗争的过程中，探索了一条有中国特色的综合治理道路。

同为人口大国的印度，在对抗信息失序问题时能够结合本土特点，提供多种语言服务，事实核查的类型也很丰富，印度政府也积极参与到事实核查的行动中来。

总体来看，除中国大陆外，亚太和非洲的大部分国家和地区开展的事实核查行动受美国影响较大，具体体现在：一是强调核查机构的独立性，强调非政党背景；二是成为美国国际事实核查网络（IFCN）的认证成员。

一、中国与虚假错误信息做斗争的实践

事实核查在中国是个舶来词，人们更熟悉的词语是“辟谣”。这两个词的背后，体现的是两种社会制度下的不同理念。美式“事实核查”有个隐含的前提，即“人人都有言论自由，即使是传播虚假错误信息”，通过事实核查，让人们知道某种说法是虚假或者错误的，以此提高人们的辨识能力。西方世界普遍存在对政客、对政府的不信任，因此，对政治人物的陈述和承诺进行事实核查非常普遍。

中国与西方政治制度不同，中国公众普遍信任政府，官员讲话谨慎。2020 年哈佛大学肯尼迪学院 ASH 中心发布了一份报告《理解中国共产党韧性：中国民意长期调查》①，3 位作者于 2003 至 2016 年间在中国进行了 8 次调查，与超过 3.1 万名中国城乡居民进行了面对面的谈话，以追踪中国民众在不同时期对中国各级政府的满意度。报告得出的结论是，2003 年以来，中国民众对政府的满意度几乎全面提升，尤其是内陆及贫困地区的民众的满意度提升较大。2016 年，中国民众对中央政府的满意度高达 93.1%，其他三级政府的民众满意度均超过 70%。中国的社会制度决定了中国媒体与西方媒体在政治报道领域的不同取态。西方特别是美国，针对本国领导人和政治人物的事实核查，是美国政治和选举制度的产物，这些做法并不适用于全世界。

但中国也同样面临互联网带来的不良有害信息问题。中国社会普遍认为，谣言等虚假错误信息对社会有害，不应该被传播，打击谣言是政府、立法机构、互联网平台、媒体的共同责任，公众也被鼓励参与其中。

然而，在很多重大事件以及专业领域，比如突发事件、健康、医学、疫情、科学、国际政治等领域，很多信息普通人一时难辨真假。另外，网络信息往往混杂着事实和个人观点及猜测，有事实被夸大的成份，也有基于部分事实合理的讨论，在这种情况下，事实核查的观念和实践方法，相对于辟谣显得较为理性，因此，也越来越多地被应用到媒体实践中。

与国际事实核查网络（IFCN）强调的事实核查“独立无党派”不同，在中国，与虚假错误信息做斗争是一场覆盖范围广泛的全民行动，涉及的行动者层次更加丰富多元，包括中国政府、互联网平台、媒体、公益组织、高校、甚至个人都参与其中。特别值得一提的是，中国的互联网平台在治理谣言方面发挥了重要作用。

（一）中国互联网联合辟谣平台

中国互联网联合辟谣平台由中央网信办举报中心主办、新华网承办，于 2018 年 8 月 29 日推出。平台建立了多部委指导、地方和主要网站参与、权威专家支持、群众举报监督的网络联动辟谣机制，辟谣范围涵盖时事热点、公共政策、科学常识等领

① CUNNINGHAM E，SAICH T，TURIEL J. Understanding CCP Resilience：Surveying Chinese Public Opinion Through Time. [EB/OL]. July 2020，https://ash.harvard.edu/publications/understanding-ccp-resilience-surveying-chinese-public-opinion-through-time.

域，为广大群众提供了识谣辨谣的权威平台。

中国互联网联合辟谣平台的媒体矩阵包括：辟谣客户端、官方微博、微信公众号、强国号、新华号、人民号、抖音号、快手号、头条号、百家号、搜狐号、大鱼号等。合作单位有新浪微博、头条辟谣、腾讯较真、百度、捉谣记、UC 浏览器等。

联合辟谣平台设有网络谣言曝光台，用户可以在辟谣平台提交谣言线索、查证辟谣信息，平台还推出了月度辟谣榜、疫情辟谣专区、打击整治养老诈骗专项行动等。

平台成立以来，举办过各类活动推动辟谣工作，如每年举办辟谣研讨班、评比辟谣影响力年度优秀作品、组织辟谣创意短视频征集活动等。

网址：https://www.piyao.org.cn/

（二）北京地区网站联合辟谣平台

在北京市网信办和首都互联网协会指导下，辟谣平台由千龙·中国首都网联合搜狗、新浪微博、搜狐、网易、百度等6家网站共同发起，于2013年8月1日正式上线，这是中国互联网史上第一个在管理部门、行业组织指导下，基于大数据结构，以开放平台方式，由行业领军网站联合建设的辟谣平台。

该平台最早由千龙网·中国首都网负责内容搭建；搜狗负责数据整合；新浪微博、搜狐、网易、百度提供辟谣信息，将谣言以统一的形式进行汇集，以统一的数据平台进行呈现。对于不能确定的北京本地事件，由千龙网记者向相关区县、委办局核实，确为谣言的将予以曝光。

平台上线初始，推出了滚动发布的“谣言曝光台”和“钓鱼网站曝光台”，整合来自各网站的数据量超过 10 万条。成员不断扩大，除创始成员外，还包括《北京日报》、北京电视台、法晚网、北晚新闻网、北青网、北京商网、今日头条、知乎、果壳、360、蝌蚪五线谱等，涵盖了在北京属地的重点网站辟谣栏目或产品。

平台从 2015 年启动辟谣工作，推出“每月科学流言榜”，由北京市科学技术协会、北京地区网站联合辟谣平台、北京科技记者编辑协会共同发布，得到中国科普作家协会科技传播专业委员会、中国晚报科学编辑记者学会、上海科技传播协会的支持。

平台除网站外，还推出微信公众号“辟谣平台”，网友可以通过公众号提交辟谣线索和建议。

网址：https://py.qianlong.com/

微信公众号：辟谣平台

（三）腾讯辟谣矩阵

腾讯的辟谣信息，通过腾讯新闻较真平台、谣言过滤器、微信辟谣助手、腾讯较真辟谣、快报、腾讯新闻、QQ 浏览器、微信安全、腾讯手机管家等渠道发布。根据《2017 腾讯公司谣言治理报告》，腾讯平台拦截谣言超 5 亿次，累计发布辟谣榜单研究报告 76 个，辟谣专家和机构合作方达 1,304 家，辟谣阅读总次数达 8 亿。

腾讯新闻《较真》是一个致力于新闻查证的全民平台，目标是对各种假新闻、缺陷新闻、谣言、钓鱼贴、营销贴进行查证和快速打击，对人们感兴趣的、但缺乏来龙去脉的消息进行溯源和探查真相。2015—2019 年，《较真》一共生产了 3,212 篇辟谣文章，为 3.34 亿人次提供了辟谣科普。2021 年，腾讯新闻全年处理疑似谣言线索数量 2,190 万条，较真团队全年识别谣言数量为 183 万条。腾讯新闻利用 ConTech 人机协同机制，利用算法帮助提高谣言治理效率。

腾讯较真主页：

网址：https://view.inews.qq.com/media/5107513

腾讯新冠病毒肺炎实时辟谣：

网址：https://vp.fact.qq.com/home

（四）新浪微博辟谣矩阵

新浪微博实施 24 小时全天候谣言监控与识别，经过多方证据核实后，严格处罚恶意造谣、传谣者，处罚方式包括禁言、封号等。

新浪微博虚假消息辟谣官方账号为“微博辟谣”，粉丝 231 万，通过 # 微博辟谣 # 汇总信息，带动转发。每周汇集影响广泛的网络谣言，每月评选十大网络谣言。2020 年，微博站方共有效处理不实信息 76,107 条，新增谣言案例 782 例。# 微博辟谣 # 平台总阅读数 91.5 亿，讨论量 605.7 万，同比阅读数增长 45.93%。@ 微博辟谣全年共发布辟谣微博 3,172 条，阅读数 7.11 亿，互动量 359.9 万次。

各地政务微博、网警微博、新闻媒体，都会第一时间发布当地辟谣信息，通过互相转发，扩大辟谣影响。据统计，2020 年发布辟谣信息最多的政务微博前十名分别为 @ 首都网警、@ 江苏网警、@ 深圳网警、@ 武汉发布、@ 石家庄互联网举报中心、@ 山东辟谣、@ 天津辟谣、@ 湖北网警巡查执法、@ 山东网警巡查执法、@ 新疆网警巡查执法；发布辟谣信息最多的媒体账号前十名分别为：@ 中新网、@ 环球网、@ 观察者网、@ 中国网、@ 半月谈、@《北京日报》、@《长江日报》、@ 千龙中国首都网、@ 红网、@ 杭州网。

微博鼓励用户参与举报谣言，在微博内容板块中点击“举报”即可投诉不实内容。微博辟谣团队收到举报，需要对举报内容进行甄别，确认是不实或有害信息后，再根据平台规则进行处理。

微博辟谣：https://weibo.com/u/1866405545

（五）头条辟谣

根据 2019 年今日头条年度资讯打假报告，今日头条采用 GUARD 反谣言系统，在内容审核方面，平台内新发出内容须经过谣言模型和人工审核双重检测，月均拦截谣言文章超过 11 万篇，年度总拦截数量超百万篇，在谣言治理上做到尽可能“防患于未然”；同时，今日头条会滚动式清理站内过往谣言，平均每周对超过 1,000 个谣言事件进行全站回溯。今日头条鼓励公众参与谣言治理，针对内容生产者建立信用评级制度，鼓励优质创作者，打击造谣账号，2018年共处罚造谣账号18,378个；同时，今日头条把用户纳入谣言治理体系，一年当中有超过247万用户参与举报不实信息。

今日头条通过上线辟谣频道和相关话题的形式，搭建辟谣矩阵：产品上，今日头条先后上线头条辟谣（有文章、视频、微头条、问答，还有“辟谣妹速报”小视频等）、三农辟谣、娱乐辟谣等针对谣言高发领域的垂直账号，2018年，辟谣频道产出相关内容超过2.7万篇，辟谣相关话题阅读量超6.2亿次。

针对网络环境曾经出现过的谣言，今日头条采取建立“谣言库”及“辟谣库”的方式，加强平台的谣言识别及检测能力，2019年“谣言库”收录相关文章超过45万篇，覆盖谣言事件6.6万多起。

今日头条官方辟谣账号有粉丝144万。

网址：https://www.toutiao.com/c/user/token/MS4wLjABAAAAC6iKyx7z-k1NhYbBohkLPYdPcJTXQlD2Z-bm2sE9u_U/?source=undefined

（六）抖音辟谣

2022年以来，抖音联手近百家媒体和机构，成立辟谣团，每周平均发布40条辟谣视频，向网络谣言说不，让事实说话。抖音平台谣言专项打击治理包括四个方面：持续丰富完善谣言库，已收集社会、健康和娱乐等领域超过2万多个谣言事件、40多万篇谣言；成立辟谣运营小组，对疑似谣言新增警示标签；通过大数据和人工智能进行“精准辟谣”；加大对谣言首发账号的处置力度，在谣言核实后，对谣言发布者进行溯源，对于首发账号予以禁言或封禁等处置。

抖音还鼓励用户参与治理谣言，举报不实信息、提供谣言线索，用户如发现平台上存在疑似谣言内容，可通过视频右侧分享键—举报—造谣传谣，输入举报描述并提交举报。

抖音辟谣号有174万粉丝，有7个辟谣合集，包括《月度谣言盘点》《疫情谣言抖来辟》《网络谣言鉴定》《听听专家怎么说？》《一周谣言“鉴赏”》《这是真的吗？》《这能吃吗？》。

网址：https://www.douyin.com/user/MS4wLjABAAAAtimgc_3RkeCaRw-g2AqQ1rHGNw7C4zhhoiWIgA-5YqY

（七）科学辟谣平台

平台由中国科协、卫生健康委、应急管理部和市场监管总局等部委主办，中央网信办指导，全国学会、权威媒体、社会机构和科技工作者共同打造，旨在建立联动合作机制，共建全网域、立体化、协同化国家科学辟谣应急体系，切实提高辟谣信息的传播力、引导力、影响力，让谣言止于智者，让科学跑赢谣言。平台于2019年8月30日启动。

科学辟谣平台专家库首期邀请到516位权威专家入驻，涉及食品安全、营养健康、生物、农业技术、航空航天等14个领域。平台采用“广泛汇聚、科学解读、矩阵传播、源头阻断”的运行机制，构建系统完备、科学规范、公众信赖、运行高效的科学辟谣体系。

平台依托中国科协主办的“科普中国”网站和同名App，以及“科学辟谣”微信公众号、微博、百家号等渠道，发布科学辟谣信息。

网址：https://piyao.kepuchina.cn/

（八）中国食品辟谣网

2015年8月28日，中国食品辟谣联盟在北京成立。联盟在中央网信办、食药监总局、农业部、质检总局和新华社支持下，由新华网联合食品行业协会、研究机构及行业工作者共同发起成立。

2016年3月15日联盟推出官方网站，6月举办首届中国辟谣论坛，每年公布涉食品安全辟谣榜。

网址：http://www.xinhuanet.com/food/sppy/

（九）China Daily Fact Check

《中国日报》的英文事实核查栏目，2020年推出，内容主要是针对国外对中国的不实信息进行核查和澄清。

网址：https://www.chinadaily.com.cn/china/factcheck

（十）澎湃明查

澎湃新闻2021年推出的事实核查项目，内容以国际事件的事实核查为主，对全球十余个国家、数十家媒体及国内外社交网络中的不实信息和错误报道进行批驳。网站设两个板块，一个是“核查中”，另一个是“有定论”。2022年俄乌战争中的可疑消息的事实检查占相当大比例。

明查鼓励用户参与事实核查，网站上有“发起求证”入口，用户可以发起求证、参与核查、提供线索或核查证据。

网址：https://www.factpaper.cn/

（十一）有据

有据成立于2020年，是中国大陆首个独立的事实核查计划，专注于核查中文世界的国际资讯。

有据基于志愿原则开展网络协作，没有运作实体，没有外来投资或资助。有据与高校师生建立合作，在老师和媒体人指导下，进行有关事实核查的训练与实践。来自其他领域的志愿者也加入有据核查员行列。受过专业训练的媒体人组成质量审定委员会，对来自大学和社会的核查员进行指导和培训，对核查过程和结果进行质量监督。

有据遵守国际事实核查网络（IFCN）的基本运作原则，即致力于公正性、透明度和准确性。有据不核查观点，只核查事实。

有据选择选题的标准：志愿者团队会监测公共领域的内容，包括但不限于微信、微博、今日头条、抖音、快手、百度、知乎、B站、视频号、新闻客户端以及媒体报道。同时，读者也会通过电子邮件或社交媒体向有据发送事实核查的选题建议，有据对这些说法进行评估，以决定是否应该对其进行核查。评估的主要标准包括：该内容是否涉及公共利益？是否广泛流传？是否来自有影响力的发布者？是对事实的陈述还是意见的表达？是否有足够的证据对该内容进行某种形式的判定？

一旦确定了某个选题，核查员就会进行粗略的研究，然后将该主题提交给编辑，编辑可以批准、要求提供更多信息或否决该选题。

有据的编辑根据有关该选题的最新和可靠的数据来检验该说法，包括使用互联网检索工具，筛选学术论文、统计资料、可信的新闻报道、研究报告等。有据不使用非公开的简报或公众无法获得的证据。在必要的时候，有据会采访专家。以帮助用户理解数据并提供分析。有据只引用愿意公开发表意见的专家，一般不使用匿名来源。

有据平均每天发表一篇核查文章，以文字和图片为主。有据的内容经常被各大媒体平台转发。2022 年 11 月停止更新。

微信公众号：chinafactcheck

网址：https://chinafactcheck.com/

（十二）中国香港事实查核实验室 Factcheck Lab

2020 年 5 月成立，由香港文化及媒体教育基金（CMEF）推出的媒体素养教育项目。2021 年通过国际事实核查网络（IFCN）认证，以专业、透明、公正等原则运作。查核团队在任期间不可担任政府公职或加入任何政党。工作人员透过社交媒体分析工具 Crowdtangle 及实验室技术团队研发的本地论坛侦察工具，从公开网站收集热门讨论题目，从中发掘需要查核的信息；此外，公众亦可向 Factcheck Lab 提供核查线索。

网址：https://www.factchecklab.org/

（十三）中国香港浸会大学事实查核 HKBU Fact Check

2021 年由香港浸会大学传理与影视学院推出，由师生参与的事实核查计划，暂不接受外部赞助，以保证事实查核过程不受任何公司和政府、政党立场的影响，坚持基于事实，忠于事实。

网址：https://factcheck.hkbu.edu.hk/

（十四）中国香港传真社 Factwire.org

2015 年，香港资深记者吴晓东众筹 470 万港元创办传真社 FactWire，专门从事调查报道和事实核查。2016 年 3 月营运，传真社为公众分辨假新闻（Fake News）、虚假资讯（Disinformation）以及误传资讯（Misinformation）。

网址：https://www.factwire.org/category/fact-check/

（十五）中国台湾事实查核中心 Taiwan FactCheck Center

2018 年 7 月 31 日运作，连续三年获 IFCN 认证，2020 年发布 511 篇核查报告，2021 年发布 663 篇核查报告。2021 年获 Google 赞助 100 万美元，联合台湾社区大学等事实核查伙伴，推行为期 3 年的数字媒体素养计划。

所获荣誉：

《查核工具箱》教学影片，荣获第47届曾虚白先生新闻奖“媒体素养奖”。

《破解“假借冠名”的医疗不实传言》查核报告作品集，荣获医师公会台湾医疗报道奖佳作。

《谣言捕手》资讯工具，荣获2021年“R&D 100 Awards”全球百大科技研究奖与“企业社会责任特殊贡献奖铜奖”。

网址：https://tfc-taiwan.org.tw/

（十六）中国台湾 MyGoPen（麦擱骗）

MyGoPen事实核查网站成立于2015年，2019年成立识实数据有限公司。网站提供事实核查、人工辟谣、数据分析研究等服务。通过IFCN认证，为Meta第三方核查计划成员。

据MyGoPen网站自我介绍，网站有工作人员3人，不领取报酬，另有志愿者若干。MyGoPen称，只澄清资讯，不参与政治活动，不带政治立场。除网站外，MyGoPen还有YouTube、Facebook和Line账号。

MyGoPen网站提供识别不实内容的教程，包括提供劣质媒体黑名单和优质媒体白名单，破解假新闻的步骤。

网址：https://www.mygopen.com

二、亚洲其他国家和非洲的事实核查实践

（一）澳大利亚 RMIT ABC Fact Check

2016年由墨尔本皇家理工大学（RMIT）和澳大利亚广播公司（ABC）联合创办，由于ABC的公共属性，该项目对澳大利亚议会负责。

该项目的宗旨是对政客、公众人物和游说团体在公共领域的声明进行核查，但不寻求影响选民，或作为“真相”的分发者。该项目对ABC记者的工作进行核查。

核查结果用三种颜色区分：未通过事实核查为红色，通过为绿色，介于中间的黄橙色为部分通过核查。该项目通过国际事实核查网络（IFCN）认证。

网址：https://www.abc.net.au/news/factcheck/

（二）AAP FactCheck

澳联社（AAP）2019年创办的非营利性事实核查项目。初创资金由Google提供，Google还向涉及澳大利亚选举的事实核查项目提供资金，该项目还获得了澳大利亚保护基金会的资助，用于加强对环境议题的事实核查。

网址：https://www.aap.com.au/about-factcheck/

（三）日本新闻核查机构

日文名称：日本報道検証機構。

英文名称：Watchdog for Accuracy in News-reporting（WANJ）。

2012 年 3 月由日本前产经新闻记者、律师柳井瞳推出，为非营利组织，目标是从第三方角度核查大众媒体报道的准确性，并促进报道质量的提高。2019 年 8 月 29 日因经费不足而宣告解散，7 年发稿约 1,000 篇。

网址：https://www.facebook.com/WatchdogAccuracyNewsJapan/

（四）日本 FIJ（Fact Check Initiative）

2017 年 6 月由日本记者和专家发起，FIJ 三大宗旨是：提高对事实核查的认识和信任、与媒体企业和公民合作、建立事实核查支持系统。该组织制定了事实核查指南，通过座谈会和研讨会传达国际事实核查最新发展趋势。呼吁媒体及团体对重大选举活动开展事实核查。FIJ 在公民和学生的支持下，监控可疑陈述，向活跃的媒体提供可供核查的信息。自 2019 年以来，FIJ 一直运营一个网络应用程序（FactCheck Navi），允许用户搜索各种媒体进行的事实核查结果。

FIJ 主要通过会费、捐赠、民间补贴等方式运作，是独立于政府和其他组织的非营利机构。FIJ 的商业活动得到企业成员的支持。

网址：https://fij.info/

（五）韩国（FactCheckNet）

FactCheckNet 由韩国记者协会、韩国 PD 联合会等机构于 2021 年 1 月发起创办，是一个事实核查众包平台，平台向市民开放，由市民提供需要核查的新闻线索，由专业事实核查员和公民事实核查员组成核查队伍。从 2021 年 1 月至 2022 年 11 月，市民提交 781 条线索，核查人员对其中 315 条信息进行了核查，吸引 38 万用户的 185 万次点击。核查最多的是社会类内容，占 63.17%，其次是政治类内容，占 12.06%，国际类内容占 7.93%，经济类内容占 2.85%。为促进全民事实核查，该网站从 2022 年起，由核查专家和专业事实核查员组成评委会，每月组织一次作品评审，评审标准包括适用性、普及性、诚实度和原创性，最终评选出最佳事实核查奖和最佳事实核查员奖。

网址：https://factchecker.or.kr/
https://youtube.com/@factchecknet

（六）韩国首尔国立大学 SNU FactCheck

SNU FactCheck 由首尔国立大学新闻信息研究所和媒体机构合作创办，为非营利性项目，旨在通过事实核查服务，促进韩国选民和信息消费者对公共议题的认识和理解。

SNU FactCheck 核实的内容包括：公职人员、政治家、公职竞选候选人的发言是否真实；媒体或社交媒体上的与上述群体相关的事实陈述是否真实；经济、科学、社会、文化等领域的公共事务需要核实的信息。

网址：https://factcheck.snu.ac.kr/home/snufactcheck

Facebook：https://m.facebook.com/SNUFactCheck）

（七）新加坡 Factually

新加坡政府网站的事实核查项目，旨在打击虚假错误信息。

新加坡于 2019 年通过《防止在线虚假信息和操纵法案》（POFMA），新加坡政府信息通信媒体发展局（IMDA）下设 POFMA 办公室，负责执行法案。POFMA 办公室定期发布事实澄清公告，呼吁市民不要受虚假错误信息误导。

新加坡政府网站 Factually 的内容很大部分来自 POFMA 办公室的新闻发布，也有部分内容，如经济和金融，由相关政府部门提供。

网址：https://www.gov.sg/factually

网址：https://www.pofmaoffice.gov.sg/media-centre/

（八）印尼 MAFINDO

MAFINDO 最初是一个 Facebook 论坛，原名 FAFHH（反诽谤、煽动和恶作剧论坛），论坛创建于 2015 年。在此基础上，2016 年成立 MAFINDO 协会，2017 年协会扩展到印尼 26 个地区，志愿者人数不断增加。MAFINDO 的目标是让印尼社交媒体清朗化，打击仇恨言论和虚假错误信息，提高公众媒介素养。

MAFINDO 将所核查的信息分为两类标签：真实（TRUE）或者虚假（HOAX），根据 FirstDraft 的分类，将虚假又分为 7 种：讽刺 / 戏仿、虚假连接、错误语境、误导性内容、张冠李戴、操纵、捏造内容等。

MAFINDO 相继开发了打假搜索引擎（Anti-Hoax search Engine），打假聊天机器人（Kalimasada），恶作剧克星（Hoax buster Tools）、COVID-19 事实核查数据库等工具。

网址：https://cekfakta.com/
https://facebook.com/groups/fafhh

（九）印尼 CekFakta.com

由印度尼西亚网络媒体协会（AMSI）、独立记者联盟（AJI）和印度尼西亚 Mafindo.com 于 2018 年 5 月 5 日推出，并与 22 家印尼在线媒体签署协议，CekFakta.com 网站上的事实核查内容，可以被其他媒体使用，以造福更广泛的社区。

网址：https://cekfakta.com/

Facebook：https://www.facebook.com/CekFakta

（十）马来西亚政府打击假新闻门户网站 sebenarnya.my

由马来西亚通讯及多媒体委员会于 2017 年创办的打击网络假新闻的门户网站。公众可以通过这个网站来核查来路不明的网络新闻。经过核查的内容会打上红蓝两色标签，红色 Palsu 表示错误，蓝色 Penjelasan 表示澄清。公众如果发现有涉及公众利益或国家利益的未经证实的信息，可以通过 Salur kepada kami 空间提供相关线索，以便进行事实核查。

网址：https://sebenarnya.my

Facebook：https://www.facebook.com/sebenarnya.myofficial/

（十一）马来西亚《星洲日报》“求真”

马来西亚《星洲日报》事实核查栏目，创办于2016年，是马来西亚首家华文事实核查栏目，内容广泛，揭露涉及政治人物、公共卫生、社会秩序、金融服务等领域的虚假陈述、虚假照片、虚假账号等。

网址：https://www.sinchew.com.my/column/node_22.html

Facebook：https://www.facebook.com/SinChewDaily

（十二）马来西亚 Astro Semak Fakta

Astro是马来西亚跨国传媒娱乐投资公司。Astro AWANI是Astro旗下的新闻平台，以马来语新闻为主。事实核查（Semak Fakta）是其中一个栏目，2016年推出。

网址：https://www.astroawani.com/topic/semak-fakta

Facebook：https://www.facebook.com/astroawani

（十三）马来西亚 The Star Fact Checker

马来西亚英文报纸The Star（星报）2019年推出的事实核查栏目。

网址：https://www.the-star.co.ke/news/fact-checker/

Facebook：https://www.facebook.com/TheStarOnline

（十四）马来西亚 Malaysiakini fact check

马来西亚新闻网站Malaysiakini于2020年3月推出的英文事实核查栏目，最初的内容与新冠疫情相关，后逐渐扩大到国内政治、社会、宗教等多个领域。

网址：https://www.malaysiakini.com/en/tag/fake%20news

Facebook：https://www.facebook.com/Malaysiakini/

（十五）越南假新闻处理中心（VAFC）

越南假新闻处理中心（VAFC），是政府背景的打假机构，由越南广播电视和电子信息局（隶属于信息传播部）于2021年1月11日创立，致力于打击越南境内的虚假错误信息。中心职能包括：核查、评估、标记虚假错误信息，指导公众识别、预防和正确处理虚假错误信息。中心负责核查的信息大致分为以下几类：法律与政策、经济与金融、医疗健康、自然灾害与流行病、国家安全和社会秩序、虚假账户、欺诈链接等。如果经核查消息为假，会在图上盖一个红色的印章，标明是假消息。

网址：https://tingia.gov.vn/

Facebook：https://m.facebook.com/100042789326161/

（十六）泰国打击假新闻中心

英文名称是Anti-Fake News Center Thailand（简称AFNC），由泰国数码经济及社会部（MDES）于2019年创办，致力于打击泰国境内虚假错误信息。红色标签代表假消息，绿色标签代表真实。如果是虚假信息，会在信息开头加上“假消息，请勿转发！”再加一个红叉，提醒公众。

网址：https://antifakenewscenter.com/

Facebook：Anti-Fake News Center Thailand

LINE：@antifakenewscenter

Twitter：https://twitter.com/AFNCThailand

（十七）印度 dfrac.org

全称为数字取证、研究和分析中心（D-FRAC），是一个无党派和独立的媒体组织，专注于事实核查和识别仇恨言论。

网址：https://dfrac.org/hi/topic/fact-check/

（十八）印度 Boomlive.in

印度事实核查媒体，致力于为读者提供经过核查的新闻事实，获国际事实核查网络（IFCN）认证。2018 年与 Facebook 合作开展第三方事实核查，提供三种语言服务：英语、印地语、孟加拉语。在印度、缅甸和孟加拉三国开展业务。

网址：https://www.boomlive.in/fact-check

（十九）印度 Factcrescendo.com

印度独立事实核查平台，通过国际事实核查网络（IFCN）认证。网站内容以印度语为主。核查类别有：选举、新冠病毒和疫苗、讽刺类、视觉类。网站提供英语、马拉地语、奥地亚语、孟加拉语、马拉雅拉姆语、古吉拉特语、泰米尔语、阿萨姆语等 8 种语言。

网址：https://www.factcrescendo.com/

（二十）印度 Youturn.in

非营利事实核查组织，由公民教育团体（People's educational awareness trust）创办。主要核查政党、领导人和其他政治派别中权威人士提出的主张；基于证据和医学专业知识，指出公共卫生政策中的错误信息；揭露社交媒体上流传的错误信息和虚假信息；核查主流媒体无意中或以塑造公众舆论为目的传播不准确或误导性信息。网站可显示泰米尔语和英语。

网址：https://youturn.in/

（二十一）印度 India Today Fact Check

今日印度集团（India Today Group）的事实核查项目，在集团内部相对独立，负责人直接向集团副主席报告。其英语今日印度频道（India Today）和印地语的印度新闻频道（Aaj Tak），都是印度最受欢迎的新闻频道，事实核查节目通过这两个频道与社交媒体上流传的错误信息作斗争。

网址：https://www.indiatoday.in/about-us-fact-check

（二十二）印度 Factly.in

印度新闻网站，设有事实核查栏目，通过国际事实核查网络（IFCN）认证，但事实核查部分 2022 年停止更新。

网址：https://factly.in/

（二十三）印度 thip.media

THIP Media 是健康印度（The Healthy Indian Project）的内容平台，提供医疗保健信息，同时也开展医疗健康信息的事实核查。2021 年通过 IFCN 认证。网站提供包括英语、印度语在内的 6 种语言。2021 年 THIP Media 成为 Facebook 第三方事实核查伙伴，对用户在 Facebook 上发布的各种健康错误信息进行事实核查并标记内容。THIP Media 还与 WhatsApp 合作，通过 WhatsApp Business API 平台运行名为 RAKSHA 的聊天机器人，用户可以提出问题或提交信息以进行事实检查。THIP Media 还与印度微博客 KOO 合作，成为 KOO 资源中心的一部分，任何用户都可以在其中标记特定的健康信息，THIP Media 对其进行事实检查。

网址：https://www.thip.media/

（二十四）印度 Logically

2017 年成立，基于人工智能和机器语言进行事实核查，通过国际事实核查网络（IFCN）认证，目标是将人工智能与专家分析相结合，快速、大规模地处理有害信息和操纵性内容，减少误导性和欺骗性在线话语对个人、机构和社会造成的损害。用户可以下载 APP 或者在 WhatsApp 界面提交信息进行事实核查。

网址：https://www.logically.ai/factchecks

（二十五）巴基斯坦 Soch Fact Check

巴基斯坦首个无党派事实核查团队，是该国唯一经过国际事实核查网络（IFCN）认证的团队，所核查的内容涵盖政治、科技、文化等，经过核查的内容在数字平台 Soch 发表。

网址：http://www.sochfactcheck.com/

（二十六）孟加拉 FactWatch

隶属于孟加拉文学艺术大学，通过国际事实核查网络（IFCN）认证的独立事实核查组织，提供孟加拉语服务。

网址：https://www.fact-watch.org/web/

（二十七）孟加拉 Rumor Scanner

谣言扫描（Rumor Scanner）隶属于孟加拉 RSB Media & Research，是该国第二个通过国际事实核查网络（IFCN）认证的独立事实核查组织。

网址：https://rumorscanner.com/

（二十八）斯里兰卡 Citizen Fact Check

由斯里兰卡媒体组织公民媒体网（Citizen Media Network）运营的该国首个事实核查项目。2021 年 4 月 2 日成为独立网站。

网址：https://citizenfactcheck.lk/author/citizenfc1/

（二十九）非洲 Africa Check

非洲首个独立事实核查组织，成立于 2012 年，初期主要团队位于南非约翰内斯堡的金山大学新闻系。2015 年在塞内加尔达喀尔 EJICOM 新闻学院成立事实核查小组。2016 年在尼日利亚拉各斯开设办事处，2017 年在肯尼亚内罗毕开设区域办事处，雇用了大约 30 名事实核查员。

该组织致力于核查非洲公众人物和媒体的言论，反驳有关非洲的谣言，目标是提高非洲公共辩论和媒体的准确性。

2019 年，Africa Check 主办第二届非洲事实核查会议，来自 7 个非洲国家的约 30 人参加，分享实践经验。

2021 年 3 月，Africa Check 从 Google 新闻倡议（GNI）开放基金获得资助，用来揭露与新冠疫苗相关的假新闻。

Africa Check 从 2014 年起设立非洲大陆首个事实核查奖。近年开展的主要项目包括：核查针对非洲妇女的性别暴力；核查杀害白人农场主的事件；核查非洲移民情况。

该组织 2012 年从法新社基金会和金山大学募得 45,648 英镑初始资金。2016 年筹款 47.3 万英镑，主要来自沙特尔沃思基金会（占收入 26%）、奥米迪亚网络（占 23%）、比尔和梅琳达盖茨基金会（占 13%）、南非开放社会基金会（OSF-SA）（占 12%）、千禧年信托基金（占 9%）和法新社（占 5%）。还有约 6% 收入来自其提供的商业培训、研究和信息部门。

网址：https://africacheck.org/

第四节　YouTuber 和播客的事实核查实践

近年来，大量个人博客、播客、YouTuber、自媒体也以某种方式参与到事实核查的实践中来。

2022 年俄乌冲突期间，俄罗斯指责美国在乌克兰建立生物实验室，美国官方对此予以否认。不少 YouTuber 在节目中开展事实核查。比如英国脱口秀演员拉塞尔·爱德华·布兰德（Russell Edward Brand）在他的 YouTube 频道上传节目《所以这就是他们一直隐藏的》（*So This is What They've Been Hiding*）①，用大量的证据驳斥美国官方试图掩盖事实的虚假陈述，获得 12 万点赞，近 3 万条评论。美国亚利桑那州律师 Robert Gouveia Esq. 在 YouTuber 等平台发布视频，使用事实核查的方法，发表对时

① BRAND R E. So This is What They've Been Hiding.［EB/OL］.［2022-03-24］（2023-05-16）. https://www.youtube.com/watch?v=JCr7zkPAm1Y.

事的看法。①

在中国的互联网上，也有很多自媒体参与到了事实核查中来，比如微信公众号“纳新辨析”，发表了很多“传播逻辑常识，辨析信息真伪，揭穿谎言画皮”的内容。中国高校新闻院系老师在指导学生开展新闻实践中，也尝试引入事实核查的方法，如南京大学新闻传播学院的校园媒体实践平台“核真录”，上海理工大学的“数氧实验室”等。

国外有很多以探究事实为主题的播客节目，虽然与主流的事实核查方法不完全相同，但目的同样也是提高用户关于“事实”的信息素养。Feedsport 从网络数千个播客中挑选出最佳事实类播客列表，按流量、社交媒体关注度、权威度和新鲜度进行排名，这些播客节目来自 Bloggers，Podcasters，Youtubers 和 Instagram 等。②

（1）*No Such Thing As A Fish*，英国

始于 2014 年，平均节目时长 57 分钟，四位主播每周讨论过去 7 天他们发现的最喜欢的事实。

网址：https://www.nosuchthingasafish.com/

（2）*After the Fact*，美国

始于 2017 年，平均节目时长 23 分钟，来自皮尤慈善信托基金的专家和特邀嘉宾讨论塑造社会一些最大挑战的数字和趋势背后的故事。

网址：https://afterthefact.libsyn.com/

（3）*Today I Learned*，美国

始于 2016 年，每日播客，涵盖 25 个随机且有趣的事实。

网 址：https://www.listennotes.com/podcasts/today-i-learned-matt-greene-PMOV7ynGomX/

（4）*The Weirdest Thing I Learned This Week*，美国

始于 2018 年，平均节目时长 45 分钟，周播，本周学到的最奇怪的事情。

网址：https://anchor.fm/popular-science

（5）*Go Fact Yourself*，美国

始于 2017 年，平均节目时长 60 分钟，每月两次的游戏节目，在洛杉矶市中心的现场观众面前录制，喜剧演员和音乐家就他们自称是专家的话题回答神秘的问题。但不要担心，如果他们栽了，有真正的专家可以提供事实！

网址：https://maximumfun.org/podcasts/go-fact-yourself

（6）*Fun Fact*

始于 2018 年，平均节目时长 51 分钟，周播，分享实用的、历史的、技术的和琐

① ESQ R G. Is ZELENSKY still in KIEV? New GREEN SCREEN Video Raises Questions About UKRAINE'S President［EB/OL］.［2022-03-21］（2023-05-17）. https://www.youtube.com/watch?v=5txQHyYQkkI.

② 30 Best Facts Podcasts.［EB/OL］.［2022-08-26］（2023-05-17）. https://blog.feedspot.com/facts_podcasts.

碎的事实趣闻。

网址：https://funfact.fm/

（7）*Your Brain On Facts*

始于2018年，平均节目时长30分钟，主题涵盖多种多样，包括科幻小说、葬礼、食物起源、英勇的动物和战略黄油储备等，包括你不知道的事、你以为你知道的事以及你从来不知道你不知道的事。

网址：https://yourbrainonfacts.com/episodes/

（8）*Facts Machine*

始于2018年，平均节目时长75分钟。对一切事物充满好奇，探索生活中最愚蠢、最意想不到、最令人敬畏的故事。

网址：https://www.factsmachinepodcast.com/episodes

（9）*Facts Zone*

始于2020年，周播，平均节目时长3分钟。真实的故事，了解各种事物中隐藏的事实。

网址：https://anchor.fm/factszone

（10）*The Full Fact Podcast*，英国

始于2020年，周播，平均节目时长4分钟。

网址：https://play.acast.com/s/fullfactpodcast

思考

1. 全球事实核查媒体的发展过程是怎样的？哪些组织、哪些事件对全球事实核查媒体的发展起到了助推作用？

2. 事实核查与辟谣有哪些异同？

练习题

1. 美国国际事实核查网络提出了事实核查的哪几条原则？这些原则是否适合中国的具体情况？为什么？

2. 事实核查媒体的人员和经费都来自哪里？请举不同的例子予以说明。

3. 作为个体，要如何参与到事实核查的行动中？有哪些渠道和方法？

附录一　澎湃明查负责人访谈

一、“澎湃明查”是什么时候开办的？澎湃为什么要推出事实核查产品？

过去十数年间，伴随科技兴起而来的资讯泛化，传统新闻媒体“把关人”的职能在碎片化、实时化、流量化的内容生产中被削弱。虚假信息的广泛传播，已成为公众媒介素养积累和社会文明发展的阻碍之一。

全球舆论场正不可避免地大步迈入“后真相时代”。“事实核查”已经从新闻报道前的发布审核流程，转变为一种专门的报道文体，也成为媒体加强公信力、扩大影响力的专门途径。

因此，澎湃新闻注意到了专业事实核查领域的广阔空间。2021 年 9 月，全球事实核查项目“澎湃明查”应运上线。澎湃新闻力争以最大程度综合发挥原创优势和平台优势，重点打造一个覆盖面更广的、更具专业性与独创性的全球事实核查平台。

在全球范围内，已有众多媒体机构、传媒类院校在过去十多年间开展了“事实核查”项目，例如获得普利策奖的 PolitiFact（《坦帕湾时报》）、备受国内受众关注的 Fact Checker（《华盛顿邮报》）和专注社交传播的 Storyful。此外，许多媒体也开设了专门的事实核查报道栏目。

在中国，起步较早的“事实核查”平台或是发布官方的权威辟谣，或是侧重于健康养生类内容的辟谣，针对大众传播中失真的、被误解的不实新闻信息的专业核查报道较少。

在此背景下，澎湃新闻作为一家中国具有影响力的主流新媒体，主动践行媒体社会责任，强化媒体专业能力，服务国际传播战略，借助严谨、透明、讲求逻辑的溯源核查，厘清网络平台中流传甚广的不实信息，力图让国际新闻的事实层面被更多受众关注。

二、明查有多少专职和兼职的人员？经费如何保证？推出了多少期（个）产品？平均生产周期、人力和财力投入如何？用户的浏览量如何？社会影响如何？

以全球热点新闻事件和涉华不实信息为核查重点，“澎湃明查”践行网上群众路线，用专业赋能品牌，打造全球热点及公共事件的“校准器”。

自 2021 年 9 月 7 日正式上线，一年来“澎湃明查”已发布图文及视频原创核查报道近 400 篇，在澎湃新闻主站点击量超过 2.5 亿，60 余篇稿件单篇点击量达“百万 +”。受到读者、业界、学界的广泛关注。

在原创核查报道的实践中，“澎湃明查”已建立起专业化的信息分类模式和核查分析路径，能够覆盖文字、图片、视频等多模态内容的核查需求，在重大、热点议题的核查上做到“准、快、狠”。

在此基础上，2022 年 8 月 8 日，一个具有独立域名的“澎湃明查”半开放平台网站（www.factpaper.cn）正式上线，以激励更多读者一起参与到事实核查中来。

过去，无论是权威辟谣，还是媒体的核查报道，基本都是单向度的，缺少开放性和互动性，同时也局限了内容生产的数量和涵盖范围。因此，“澎湃明查”致力于打造一个半开放的平台网站，所有用户都可以在平台上主动发起求证，或参与核查，所有内容经“澎湃明查”编辑专业审核后发布。其中，对于用户上传的核查步骤，“澎湃明查”将逐一复核以确保平台内容的准确性。

“澎湃明查”在全环节引入 UGC（用户生产内容），鼓励读者全程参与，一方面将有效提高平台的传播度和影响力；另一方面，也希望读者在参与核查的过程中，提高辨别虚假信息的能力，加强受众的数字媒介素养。

未来，“澎湃明查”网站还将开发中英文双语版。

人员构成方面，“澎湃明查”在小规模专业核查团队的基础上，广泛动员包括高校、专业机构、专业自媒体等在内的社会力量共同参与。

三、“澎湃明查”是如何确定选题的？哪些渠道传播的哪些错误信息、虚假信息或恶意信息会引起“澎湃明查”的注意？这些信息传播到什么程度“澎湃明查”会决定核查？

在选题方向上，“澎湃明查”基于自身定位和澎湃新闻国际部的传统优势，确定了两个大的核查方向——全球热点新闻事件，以及海外社交平台、外媒上的涉华不实信息。

全球热点新闻事件，往往也是虚假信息传播的“重灾区”，需要以事实为根基的专业核查结果来回应读者对信息的渴求。对此，“澎湃明查”力争第一时间对传播度较高的可疑信息开展核查，厘清真相，回应读者关切。

以2022年俄乌冲突为例，在冲突爆发的2022年2月24日当天，“澎湃明查”即对多条流传甚广的虚假信息开展核查，它们中有些是将过往发生在全球各地的爆炸画面，配以俄乌冲突相关的虚假文字信息，造成“有图有真相”的假象；有些则是利用过往的阅兵彩排视频，甚至电子游戏画面，冒充俄乌冲突事件。当天的系列核查报道都受到了广泛的关注，为了增强传播效果，“澎湃明查”微信公众号还于当晚发布《明查丨俄乌“闪电战”，可不要被这些假消息带沟里了》一文，将“澎湃明查”对当天广泛传播的多则视频的核查结果进行集纳式呈现，帮助读者甄别流言。此文一经推出即得到读者和业界的高度关注，阅读量迅速突破10万+，读者大量转发并留言指责制假行为。此后半年内，“澎湃明查”持续追踪俄乌冲突这一全球热点，开展的相关核查报道超百篇。

此外，就2022年7月日本前首相安倍晋三遇刺、8月美国众议院议长佩洛西窜台以及随之而来的解放军演习等重大热点事件，“澎湃明查”亦在第一时间发布相应的核查报道，阻断虚假信息进一步传播，践行主流新媒体的责任担当。

另外，当前全球舆论形势趋于复杂，诸多中国媒体账号在海外社交平台上被打上标签，其传播力在一定程度上受到阻滞，需要有更多垂直领域的专业影响力的品牌发出中国声音。对此，“澎湃明查”另辟赛道，以翔实的网络调查和事实证据，对海外舆论场上涉华不实信息进行校准，并在海外社交平台上及时发布核查结果，从源头上打击涉华虚假信息的制造与传播，这也是对中国主流媒体加强国际传播能力建设、掌握国际传播话语权的必然要求。

在“澎湃明查”项目开展一年间发布的原创核查报道中，约有1/4的稿件涉及中国。其中，2021年11月，“澎湃明查”披露了一个长期在Twitter上用中文炮制不实涉华信息的账号，刊发《明查丨安徽籍偷渡客在缅北圈禁中国青年，5人被抽干血死亡？》一文，引发广泛关注。此后，中国驻缅甸大使馆和当地另一官方账号接连辟谣，该不实账号于12月道歉并宣布整改。“澎湃明查”通过扎实的事实核查报道，有力打击了海外社交平台上炮制负面涉华信息的账号，亦体现出澎湃新闻的责任和担当，成为维护外网空间中文社群清朗的一次有益尝试。

在以上两大选题方向的基础上，“澎湃明查”在具体核查对象的选择上还参考了几个重要维度——社交平台热度榜上的不实信息、连续多日在不同渠道出现的传播度高的信息、可能造成重大误解的信息、已持续多年的错误信息等。综合来说，“澎湃明查”不仅关注一则错误或虚假信息本身的传播度有多高，还同样关注该信息对受众“认知”所产生的影响有害程度有多深，此外也会兼顾到一些长久以来低烈度传播但强化错误刻板印象的信息。

对于一则信息传播到何种程度才称得上“值得核查”，“澎湃明查”在实际操作中并没有一个固定的标准，基于上述选题大方向和具体参考因素，对于选题价值的评估往往是动态而具有弹性的。不可否认的是，由于“社媒泡泡”（bubble）的存在，核查员与读者之间无法避免会有信息差，读者所接触到的可疑信息也许无法及时进入核查员的视野，但这并不代表这些话题不值得核查。从事实核查的本质和最终目标——公众媒介素养提升——来看，与读者保持同频互动、及时回应读者关切是核查工作的本质要求，也是核查工作重要的灵感来源。

也正因此，"澎湃明查"希望未来的事实核查并不是单向度的输出，而是公众广泛的共同参与，囊括各领域的专业社会力量，以及读者群体，形成一个全社会合力的事实核查舆论生态。

四、被核查的不实信息，很多用户可能之前并没有接触过，"澎湃明查"会不会担心它的二次传播？怎么解决核查与可能二次传播的矛盾？

从理论上来说，二次传播引起误导的情况确实可能发生。为了避免这种情况，"澎湃明查"做出了以下两方面的努力：

第一，在报道内容和体例上作出调整。在不断的报道试验中，"澎湃明查"探索出了标签系统（"真的""太假了""误导""没有证据""调查"），并在头图、公众号文章开头等多处使用，就该条信息真实性提供概览式的评级。"速览"部分则言简意赅地呈现核查的主要结果，为读者提供一个不用阅读全文就能获知结论的选项。此外，在遇到一些称得上是荒谬且经评估可能会引起舆情的说法时，核查员也会通过给消息源打红叉的方式阻断假消息的二次传播。同时，我们也在思考改变当前提问式标题的可能性，进一步避免"标题党"误导，将核查结果更直观地呈现给读者。

第二，同社交平台开展合作。目前，"澎湃明查"已经与多个商业平台网站建立了初步的合作机制，对这些网站上的虚假信息进行标记，点击这一标记后，可链接到"澎湃明查"相关核查报道，使用户在看到虚假信息的同时，知晓这是一条虚假信息，进而阻断虚假信息的传播链。当然，这一模式并非"澎湃明查"首创，海外诸多社交平台早前已经与国际事实核查网络（IFCN）达成合作，以标注"警惕"（alert）的方式提请用户注意，切断假消息传播链。但是，这一实践很大程度上为语言所束缚——一条已经由英文媒体或机构核查证伪的虚假信息也许还会改头换面，以其他语言继续传播。未来，"澎湃明查"也希望能够与更多平台进行合作，致力于清朗海内外的中文网络空间。

五、"澎湃明查"推出以来，发现哪些人和机构提供和传播的信息需要特别警惕和重点核查？这些不实信息的始作俑者有什么特点？

"澎湃明查"在不断寻找和筛选选题的过程中，确实发现了一些常常发布不实消息的社交媒体账号，并将他们纳入重点监测名单之中。总结来看，这些账号呈现出以下特点：

第一，政治意图明显，其社媒由利益所驱动。这些账号未必不知道自己发布的信息未经核实，但是发布或转发虚假和错误信息这一行为本身已经为其反华议程（agenda）服务。再比如，不论是俄乌冲突，还是旷日持久的巴以冲突，冲突双方均会放出一些有利于己方或抹黑对方的消息，在枪林弹雨之外的网络空间打起信息战和舆论战，各种信息鱼龙混杂、扑朔迷离，形成真相与谎言交织的局面。同时，这场舆论战也吸引了不同来源的组织和个人加入，这类账号有明显的“亲俄”或“亲乌”倾向，所发布的假信息往往被包裹在看似官方的单一信源中，需要格外警惕。

第二，立场偏颇，鼓吹某种特定的反智意识形态。这一现象在近年来新冠有关议题上尤为突出，包括反疫苗人士，对疫苗效用和相关政府政策捕风捉影，在缺少证据的情况下或指认“福奇发明新冠病毒以毁灭人类”，或声称“辉瑞 / 莫德纳疫苗改变人类基因密码”，在社交媒体上吸引了一大批反疫苗运动的拥趸。此外，还有例如笃信外星人统治地球的阴谋论者、鼓吹“深层政府”的“匿名者 Q”右翼组织等。

第三，言辞耸人听闻，追求轰动效应。此类发布者常常以“标题党”的形式出现，用夸张、耸动的标题和缩略图吸引网友点击以骗取流量。“澎湃明查”在过往文章中所提到的一些披着“讽刺新闻”外衣故意炮制虚假信息误导读者的“Real Raw News”和“世界新闻每日报道”便属此类。这些海外的洋葱新闻、讽刺新闻网站中的内容，在“截图 + 翻译文案”等形式的二次包装后，被当成“重大新闻”在中文社交平台中传播。在这个传播过程中，或许有一部分网友能够了解事件背景，明白原意只是“玩梗”，但也有很大一部分受众，由于对事件背景、他国基本国情，或是对洋葱新闻、讽刺新闻这类载体的不熟悉，进而无法辨别真伪，轻易采信。

六、“澎湃明查”在核查当中会从哪些方面展开核查？在方法论上是怎么考虑的？会用到哪些传统媒体常用的方法？会用到哪些新的核查工具？

在实践中，核查员们首先会对信息的真实性有一个初步的判断。“斯坦福历史教育小组三问”为核查工作的开展提供了方法论上的支撑——“信息背后的是谁？”“证据是什么？”“其它消息源怎么说？”

除此之外，根据一年来的经验，结合美国著名传媒教育机构波因特学院在其开设的《如何识别假消息》课程，“澎湃明查”总结出了假消息的以下 8 条特征：

（1）过于“完美”的故事，极有可能是被有心之人设计成如此，以迎合我们的世界观和价值观，从而赢得人们的支持。

（2）能够引起强烈情绪——譬如惊讶或厌恶——的故事，有可能是为驱使观众接纳其观点、乃至采取行动而设置的。

（3）没有日期或作者使用假名的故事。

（4）未经认证的账号（如微博、Twitter、Facebook 上没有带确认标志的账号）发布的引起病毒式传播的消息——当然这不意味着被认证的账号就不可能发布假消息。

（5）关键信息要素（时间、地点、人物、背景）缺失或模糊化处理，如常见的

“据媒体报道”“有人说”“某某国宣布”。

（6）单方信源，消息无法得到交叉印证。

（7）带有政治立场的个人或机构发布的信息（也包括交战国一方发布的对己方有利的消息）。

（8）讽刺类网站、戏仿类账号发布的“新闻”。

由此可以看出，当拿到一条可疑信息时，核查工作往往从溯源开始。溯源最常用的手段是公开检索。“澎湃明查”主要使用 Google、百度、Yandex、DuckDuckGo 等，辅以关键词限定、时间限定、网址限定（site：xxx.com）等。不同的搜索引擎各有特点，比如，DuckDuckGo 的优势是可以查看不同地区的用户对于同一关键词检索出的不同结果；在特定的国别地域内，百度（中国）和 Yandex（俄罗斯）的检索效率也许要胜过 Google。此外，如果消息源是 Twitter，Twitter 的关键词高级搜索也不失为一个提高效率的好选择。

在工具方面，最常用的就是图片和视频的反向搜索。图片反搜常用的引擎主要有 Google、Yandex、Tineye，等等；视频关键帧反搜的原理与图片反搜类似，通过提取视频中的关键帧图片，再对图片内容进行反向搜索，寻找相同或类似视频。进行视频反搜时，核查员会使用一个额外的软件，叫做 InVid。第一次使用时，需要将 InVid 以插件形式安装在电脑 Chrome 或 Firefox 浏览器上，安装成功后找到页面上的“Tools-Video-Keyframes”按键，上传视频地址或文件后进行关键帧提取，之后便可以使用图片反搜工具进行下一步操作。InVid 软件功能多样，除关键帧反搜外，核查员还可以用它实现图像放大、图像光学字符识别（OCR）、视频元数据提取、图像误差水平分析（ELA）等功能。其中，ELA 鉴定常用于判断图像是否存在人为加工、操纵的痕迹，能够帮助进行 ELA 鉴定的线上工具很多，除 InVid 外，FotoForensics 也是“澎湃明查”常用的工具。

在处理俄乌冲突相关的消息时，由于军事冲突的复杂性，公开检索和图像识别鉴定有时可能无法满足需要。这个时候，“澎湃明查”也会借助一些进阶的地理定位技术进行核查。相关的工具包括 Google 地图 /Google 地球、维基卫星地图（Wikimapia）、NASA 热异常卫星图像（FIRMS）等。这些工具适用场景各异：Google 地图可用于观察地形和街景，Wikimapia 提供在交互式地图上查看设施定位的选项，FIRMS 则多用于确定爆炸和火灾的发生地，等等。

除了以上技术性较强的操作之外，“澎湃明查”也会运用采访、数据库查询等传统媒体常用的方法。例如，2021 年 11 月前后，中外社交平台上流传着一则逸闻，称 1807 年哥本哈根战役失利后，丹麦人为重建海军，种下了 90,000 棵橡树。200 年过后，丹麦自然局通知该国国防部，他们的橡树已准备好了。这则一眼看起来不像是真的、文字来源于一款国外桌游背景介绍的信息，在“澎湃明查”经过丹麦战争博物馆工作人员采访、Google 地图定位，以及丹麦自然局官网、丹麦森林协会资料、丹麦媒体报道、哥本哈根大学林业史学者文章等多重信息相互佐证，最终证实其确有根据，也不失为一次意外收获。

七、“澎湃明查”的产品在发表前，会经过哪些把关程序？把关的重点是什么？产品发表后，有没有发现新的错误信息？

“澎湃明查”隶属于澎湃新闻时事新闻中心国际新闻部，原创核查稿件遵循时事新闻中心一贯的审核流程。通常情况下，核查员完成的稿件将经由编辑、主编、审核领导、分管领导等进行四审流程后，方可发布。

各个审核环节主要考察稿件的文字表述是否通顺、稿件配图是否恰当、关键问题是否得到解答、核查逻辑是否形成闭环、是否还有漏洞与盲点、是否会引发歧义与误解等。在审核流程的各个环节，审核者与核查员密切沟通，时常要求核查员提供稿件中重要细节的出处，斟酌结论措辞是否客观精准、探讨核查是否仍存盲点与歧义等。

经过多重审查的稿件出现错误信息的概率相对较小，但仍难绝对避免纰漏。一旦作品在发表后发现存在错误信息，就需要及时更正，向读者说明情况并致歉。

八、“澎湃明查”还有哪些需要改进的地方？下一步的工作规划怎样？

事实核查的重点和难点在于：需要对抗受众轻易接受信息的思维惯性，使之养成对信息保持怀疑甚至主动核查的习惯；打破受众对某一群体或事件的固有立场偏见及刻板印象；突破同温层，让核查报道传递到那些真正受困于假信息的受众中。

比较乐观的是，俄乌冲突发生后，巨量的虚假信息和及时的核查报道，从客观上提高了事实核查这一新闻体例的认知度，平时大家可能觉得无所谓，但像这次这样集中爆发后，大家会觉得虚假信息实在太多了，真的需要“事实核查”这个东西。

而在“澎湃明查”第一年的实践中，我们发现事实核查还面临着多重困境与挑战，当然，这些挑战也同时让人看到了事实核查未来的发展趋势。

（一）技术的困境

事实核查技术上的困境主要体现在两个方面。首先是核查手段上，目前对核查技术的运用大多是使用搜索软件、图片和视频的反搜软件、地图软件等，也有一些人脸识别工具，但还不足够智能。

尤其值得注意的是，通常而言，核查技术手段的发展，往往要落后于造假技术手段的应用。例如，当下利用 AI 技术编造假新闻的技术已显成熟，人工智能不仅能够编造虚假文本，还能制作模拟真人的图像和视频，而相对应的 AI 识别假新闻的能力则非常有限。

例如，在 2022 年俄乌冲突中，“深度伪造技术”开始被运用到虚假信息的制作中。流传比较广的一个“换脸”视频，是乌克兰总统泽连斯基站在一个讲台后面，说要“对俄罗斯投降”。一方面，有辨别能力的人或许可以提出一些疑点——从当时的局势背景来说，泽连斯基一直是动员抵抗的，没有任何线索显示他有投降的意愿或压力。另一方面，从这则视频本身来说，也有不少破绽——与身体相比，他的头显得过大而且像素更差，并且缺乏灵活度，声音听起来也比本人更低沉，口音也不太自然。但更多普通人似乎难以辨别它的真假。

虽然这则“深度伪造”视频的制作还比较粗糙，但不久的将来这一情况可能会改变。有一家 IT 研究咨询公司曾在 2017 年年末发布预测报告称，到 2022 年，发达经济体中的大多数人接触的虚假新闻将超过真实新闻，AI 伪造虚假内容的能力要大于 AI 检测虚假内容的能力，这将彻底改变人们对数字信息的信任（Panetta，2017）。我们看到，这样一种不信任正在发生，即便是“一眼假”的信息、图片或视频，也会腐蚀人们对真正媒体的信任，对真实消息的接受。

此外，在国际新闻信息中，也有利用语言的鸿沟刻意造假的情况。总体而言，缺乏足够多的必须的基础工具，外加语言限制，开源信息的不充分等，都会限制核查的效率。

除了核查手段，在追踪、收集与判断假消息，就是通常说的找选题的过程中，也缺乏必要的技术支持，大量依赖从业者的判断和经验。这其中，技术难点主要集中在，一是区分信源的可靠度，二是要对浩瀚庞杂的信息进行甄别、筛选。实际应用中还没有成熟的全自动识别虚假新闻的 AI 应用，大多数应用需要人工核查、判断来配合。

目前，全球事实核查的一种相对普遍做法是：通过技术对新闻来源及其传播网络的初步核查，筛选出“可疑”新闻，再交由事实核查机构进行人工核查。这种半人工化的核查方式提高了人工核查的效率，但仍然无法解决人工核查的数量与时效局限。

未来，随着人工智能和机器学习的深度发展，可能我们会有专属的事实核查类人工智能。目前，全球一些大型社交平台正在做一些尝试。例如，Facebook 利用 AI 技术推出虚假新闻辨别系统，通过机器学习、NLP 和语义识别等技术，来提高辨别虚假新闻的准确率，以“升级的机器学习”来探测更多可能的假新闻，并将这些内容发给第三方进行事实确认。

另外，在已有一定规模核查的基础上，也可以建立谣言库，通过训练机器算法来自动识别并剔除出现在信息流中的虚假信息。相信随着现代科技手段强化网络监控、辅助核查力度的提升，将有可能有效降低网络管理成本，提升对假新闻的治理效力。

未来，“澎湃明查”将从多个方向综合发力，首先是融媒化，在目前图文为主的报道基础上，进一步探索视觉化、视频化的创作，探索“澎湃明查”在第三方平台上的进一步拓展。其次，“澎湃明查”将重点运营平台网站，希望以此作为全球事实核查的一个主要阵地，吸引更多读者、同行、研究机构、专业自媒体、行业协会等一起来参与，聚力全社会的力量，打造矩阵和智力支持网络，形成重视事实的舆论氛围。此外，我们还将强化国际传播，对于源发于外媒或海外社交平台上的涉华不实信息，优先核查报道，并力争直接打击发布虚假信息的源头。在技术创新和产业化等方面，澎湃明查也将持续探索各种可能性。我们将以“澎湃明查”作为一个全球事实核查垂直领域的独立品牌，以专业的品牌影响力发出中国声音，加强国际传播话语权，与外媒、外国事实核查机构同台竞争。

（二）核查模式的升级

在技术之外，核查模式的升级、核查结论的社会传播效益增进，也是全球事实核查面临的一大挑战。

当前，全球事实核查的模式，大多是采取描述疑似失实信息、还原事实真相、给出核查结果这样一个流程。包括“澎湃明查”的文本，基本上也是这样的三段式。

然而，也有一些声音认为，这样的流程，并不能够从很大范围上纠正公众的错误想法。这些核查报道，似乎很难打破同温层，深入那些制作、传播、相信虚假信息的人群中。一些人仍然会相信不准确的信息，政客们还会歪曲事实、传播有利于自身的信息。

美国雪城大学副教授艾米莉·A. 托森（Emily A. Thorson）曾经指出，人们在面对错误信息时存在“信念回声”（belief echoes）的现象，也就是说即便意识到接触的是错误信息仍然不会改变自己的看法。此外，事实核查机构在不断纠正虚假信息的同时，无形间也让虚假信息有了更多的曝光机会，事实上促进了虚假信息的传播。

因此，想要改变人们的看法，纠正公众的错误认知，仅仅发布核查信息是不够的。2019 年 6 月 20 日，三家分别来自英国、非洲和阿根廷的事实核查机构在各自的网站上发布联合声明，呼吁全球事实核查向以“发布和行动”（publish and act）为特点的第二代事实核查转变，从舆论场边的观察者，变成积极的行动者。

“澎湃明查”也在这个方面进行了尝试，在日常的核查报道之余，我们也推出了多篇“工具箱”系列的科普文章，介绍我们各类核查中经常遇到的实用工具，或者分享一些理念和观点，如何识别假新闻等，希望帮助读者能够自己积累核查意识和核查技能。

另外，“澎湃明查”也和许多高校、专业自媒体等进行合作，扩大事实核查的参与矩阵，加强对打击虚假信息的相关理论和实践效果研究。这是一个长期任务，我们需要赢得公信力，打造一个良好的、尊重事实的社会舆论氛围，而不只是吸引眼球 10 万 +。

九、怎么评价国内和国外的新闻媒体与商业平台的事实核查开展情况?

杜克大学报道者实验室（Reporter’s Lab）在 2022 年 6 月发布的统计数据显示，在过去 6 年中，全世界从事事实核查业务的人员数量翻了一番，全球有近 400 个核查团队在 105 个国家对政治谎言、骗局和其他形式的不实信息进行核查，2021 年期间活跃的事实核查项目有 391 个，其中 378 个目前仍在运行。

2015 年，传媒教育重镇波因特学院开始组建国际事实核查网络（IFCN），旨在将世界各地不断增长的事实核查人员社群和事实信息的倡导者聚集在一起，共同打击虚假信息。国际事实核查网络通过宣传、培训和全球活动向全世界 100 多个组织推广事实核查的理念，并为事实核查组织及从业者提供了一套规范的操作流程，在促进公共讨论、遏制不实信息传播、提升公众媒介素养和推进新闻问责制方面做出了重要的贡献。

相较于国外尤其是欧美的新闻业，中国的事实核查行动启动较晚。且与国际上约 60%（378 个中的 226 个）的事实核查者隶属于媒体组织的现状相比，国内机构媒体对于事实核查的关注度明显不足。这与中西方不同的政治语境和媒介体制或有关联。直到 2017 年前后，一些商业平台（如腾讯、新浪）和高校（如南京大学新闻传播学院）开始自发地做一些辟谣、核查类工作，国内才有了较早的核查产品，如腾讯较真。2019 年，“有据核查”项目上线，基于志愿原则对中文网络中流传的国际资讯进行核查，成为中国首个独立的事实核查计划。同时间段，中国香港、中国台湾等地也有新的事实核查机构成立，依托于高校或基金会运营。2021 年“澎湃明查”建立，成为国内首个依托于专业媒体机构的全球事实核查平台。

这些平台或项目在近五年来纷纷涌现，似乎表明，事实核查事业在中国已有星火燎原之势。尽管如此，总体上，目前中国大陆的事实核查报道仍处于较为粗糙、原始的状态，既无系统化的理论范式或科研结论作支撑，也未建立起一套专业化、标准化的行业规范，更有将核查与辟谣混为一谈的。此外，平台间、机构间的互动、合作不足，使得国内的事实核查呈现出单打独斗的态势，真正能够将产学研合力、得到具体落实的成果较少。中国的核查事业若想获得发展，还有很长的道路要走。

十、对新闻传播专业的学生学习事实核查，有什么特别的提醒？他们如果想参与“澎湃明查”的事实核查，有没有机会？

对于新闻工作者而言，事实核查是报道刊发前的必要步骤，越是在当前网络信息纷繁复杂真假难辨的情况下，越需要专业的新闻从业者守住底线。不能被带跑偏，要有专业定力。事实上，融媒时代对新闻从业者们的专业能力提出了新要求。传统上，大家可能更关注知识面的广泛；但融媒时代，我们判断信息真假的对象已不是简单的一段文字陈述，而是综合了图片、视频、甚至音效等各种丰富的表现形态，因而从业者们也需要掌握更全面的技术手段，来判断多种类型的“信息”。

这也对新闻传播专业的学生、未来的媒体从业者们提出了更高要求。学习事实核查不仅意味要学习核查技能、学写核查报道，更重要的是，要学会养成核查的意识，锻炼自己搜寻信息的能力和逻辑思考的能力。与此同时，知识面的广泛仍然重要，因此在掌握新闻专业技能以外，建议同学们能够通过阅读、实践等手段积累一些行业以外的知识、经验，努力成为一专多能的人。

核查有时是一门艺术，需要核查员发挥创造力，找寻到所需信息，因此建议同学们在平日多培养自己的发散性思维，尝试“一题多解”“一事多写”“一物多用”。如果穷尽思考后仍无法得出准确结论，则要勇于承认，在写作时诚实地反映。在学习事实核查过程中，要始终保持谦逊的态度，牢记“知之为知之，不知为不知”。“澎湃明查”希望，能有更多媒体从业者和传媒学子一起加入专业的事实核查中来，带动整个社会舆论场上对真相、事实的追求。

注：李怡清为澎湃新闻时事新闻中心副总监兼国际新闻部主编。

附录二　腾讯较真负责人访谈

1.“腾讯较真”是什么时候开办的？腾讯为什么要推出事实核查类的产品？

腾讯较真创办于 2015 年 11 月，创办的背景是谣言和假新闻充斥网络，“后真相”成了全世界讨论的热词。腾讯新闻作为国内影响力较大的资讯平台努力秉持专业理性科学，为用户提供优质资讯和靠谱内容。

2. 最早确定的重点内容、产品形态、更新频率、人员和经费投入、组织形式是怎样的？有没有参考、借鉴的对象？

腾讯较真最开始以专栏的形式存在，每周由编辑团队选择值得较真的选题，撰写专题文章。每周更新 3 篇左右查证文章，每篇文章由一位专职编辑负责。随着谣言的类型和数量的不断增加，且很多谣言涉及专业知识，单篇查证文章已经不能满足用户的需求。在此背景下，腾讯较真开始升级：从专栏到产品，从编辑创作到平台运营。在升级过程中，较真建立起了自己的辟谣数据库和专家资源库，实现了对谣言的完整覆盖和精准打击。

3. 到目前为止，咱们有多少专职和兼职的人员？经费如何保证？推出了多少个（期）产品？平均的生产周期、人力和财力投入如何？用户的浏览量如何？社会影响如何？

腾讯较真有完整的开发—设计—拓展—策划—运营团队，参与到较真项目的人员有几十人。从成立之初到现在，腾讯较真累计上线数十个规模不一的产品和策划，其中影响较大的是疫情期间上线的“新型冠状病毒肺炎”H5。H5 集纳了疫情相关的不实信息和错误知识，累计为超过 10 亿人次提供服务。产品的开发周期一般都比较短，遇到重大突发性事件，时间更加紧张。上文提到的新冠肺炎 H5 就是团队在 2020 年春节期间，仅用了 48 小时就完成了初始版本上线。

4.“腾讯较真”是如何确定选题的？为什么偏重核查健康类的信息？哪些渠道传播的哪些错误信息、虚假信息或恶意信息会特别引起“腾讯较真”的注意？这些信息传播到什么程度腾讯较真才会决定启动核查？

腾讯较真诞生于网络资讯平台，大多数选题也来自网友的关切。之所以偏重查证健康类信息，主要源于两点：第一，根据相关调查，健康类不实信息在中文互联网信息生态中至少占据三分之一；第二，这类信息对公众影响巨大，尤其是一些错误的伪养生知识，轻则延误治疗，重则要人性命。这些信息在社交媒体平台持续传播，一些年纪稍长的用户很容易上当受骗。总之，较真所要查证的内容需要满足传播广和危害大的特点。

5. 被核查的不实信息，很多用户可能之前并没有接触过，“腾讯较真”会不会担心它的二次传播？怎么解决核查与可能二次传播的矛盾？

较真所查证的内容基本上都是传播广影响大的。即便没有接触过相关不实信息的用户，他们在看到较真查证内容时也能快速获取辟谣内容，这得益于较真特有的鉴定标识和结构化形式。较真查证内容的广泛传播也能最大程度挤压谣言的空间。

6.“腾讯较真”推出以来，发现哪些人和机构提供和传播的信息需要特别警惕重点核查？这些不实信息的始作俑者有什么特点？

传播较广的谣言内容基本上都缺乏明确来源，很多时候只是一张图、一段视频或者网友编造的一段话。有些谣言内容言之凿凿来自某权威机构，事后查证发现也都是移花接木。正是因为谣言存在这些特点，给查证过程增加了难度。

7.“腾讯较真”在核查当中会从哪些方面展开核查？在方法论上是怎么考虑的？会用到哪些传统媒体常用的方法？会用到哪些新的核查工具？“腾讯较真”的专家库是如何建立和运转的？

事实查证重点关注某个事件是否真实发生，相关知识点是否科学。前者既需要传统媒体的技能，比如资料搜索、实地探访、多方信息交叉验证等，也需要使用到新的核查工具，包括图片识别、声音辨识、视频抽帧等工具；后者则依靠专业人士和专业机构提供证据充分的科学解析。较真的专家库涵盖食品营养、临床医学、研究科学等多个领域，能够为较真产品和内容提供全方位的专业智力支持。

8.“腾讯较真”的产品在发表前，会经过哪些把关程序？把关的重点是什么？产品发表后，有没有发现新的错误信息？

较真内容上线前会实行严格的考察，确保内容的真实科学。较真的查证基于已有的事实和证据，面对无法得出确切结论的议题，则会保持存疑。相关科学研究如有进展，较真也会及时动态更新。

9.“腾讯较真”的传播策略是怎样的？到目前为止，影响最大的产品有哪些？这些影响大的产品有什么共同特点？

内容型产品本身就自带传播属性，真正切中用户痛点的内容和产品会得到用户自发的传播。除了新冠疫情 H5 外，较真持续关注中老年人的网络信息环境，策划了“关爱爸妈朋友圈”等产品内容，收到了用户广泛好评。这些影响较大的产品都是从用户出发，解决痛点需求，用科技做善事。

10.“腾讯较真”还有哪些需要改进的地方？下一步的工作规划怎样？

较真团队需要利用相对有限的资源做出更多有影响力的产品和内容。另外，真实客观理性一直是较真所追求的，但这也在一定程度上减损了内容的可读性和传播性。后续较真也会在这方面做一些平衡。

11. 怎么评价国内和国外的新闻媒体与商业平台的事实核查开展情况？

国外事实查证和国内差别较大，环境也不一样，不具备可比性。国内不少平台也开始治理谣言，但由于缺乏对内容的严格把控，以及自身发展的需要，很难真正把事实查证落到实处。做好事实查证，需要平台坚定的决心和高效的执行力。较真团队也在不断探索，希望能和同行一起进步。

图书在版编目（CIP）数据

事实核查：理念与方法 / 白净，王辰瑶，周奕欣，庄永志著．-- 北京：中国传媒大学出版社，2023.10
ISBN 978-7-5657-3461-8

Ⅰ．①事… Ⅱ．①白… ②王… ③周… ④庄… Ⅲ．①新闻学—传播学 Ⅳ．① G210

中国国家版本馆 CIP 数据核字 (2023) 第 161792 号

事实核查：理念与方法
SHISHI HECHA: LINIAN YU FANGFA

著　　者	白　净　王辰瑶　周奕欣　庄永志
策划编辑	李水仙
责任编辑	姜颖昳
封面设计	卡古鸟设计
责任印制	李志鹏

出版发行	中国传媒大学出版社		
社　　址	北京市朝阳区定福庄东街 1 号	**邮　　编**	100024
电　　话	86-10-65450528　65450532	**传　　真**	65779405
网　　址	http://cucp.cuc.edu.cn		
经　　销	全国新华书店		

印　　刷	北京中科印刷有限公司
开　　本	787mm × 1092mm　1/16
印　　张	13.5
字　　数	296 千字
版　　次	2023 年 10 月第 1 版
印　　次	2023 年 10 月第 1 次印刷

书　　号	ISBN 978-7-5657-3461-8/G · 3461	**定　　价**	58.00 元

本社法律顾问：北京嘉润律师事务所　郭建平